本书为霍英东教育基金项目"媒介变迁：范式转换与机制更迭"研究成果

媒介的变迁：
从印刷术到互联网

崔 林 著

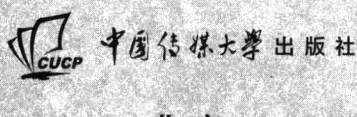

·北京·

目录

第一章　印刷术：信息扩散与变革动因 ········· 1
一、印刷术的演化历程　/ 2
二、印刷术的社会背景与媒介特征　/ 14
三、作为西方近代变革动因的印刷术　/ 21

第二章　报纸（上）：宣传喉舌与攻讦利器 ········· 35
一、报纸的诞生　/ 36
二、政党报刊的发展历程　/ 44
三、攻讦与谩骂　/ 50

第三章　电报：电讯革命与新闻垄断 ········· 54
一、电报的发明　/ 55
二、电讯革命　/ 56
三、通讯社的创立　/ 61
四、电讯垄断　/ 66
五、新的通讯格局　/ 67

第四章　报纸（下）：挣钱机器与公共领域 ………………… *74*
　　一、商业报纸出现的社会背景　/ 76
　　二、廉价报纸　/ 78
　　三、黄色报纸　/ 86
　　四、精英报纸　/ 94

第五章　摄影：光影世界与视觉转向 ………………………… *106*
　　一、摄影的起源与摄影术　/ 106
　　二、摄影的发展阶段　/ 110
　　三、摄影的媒介特征　/ 118
　　四、摄影的文化影响　/ 124

第六章　电影：活动影像与大众文化 ………………………… *128*
　　一、电影的诞生与发展　/ 128
　　二、电影的媒介特性与局限　/ 147
　　三、电影的社会影响　/ 153

第七章　广播：无远弗届与声响幻境 ………………………… *164*
　　一、从无线电报到大众媒介　/ 164
　　二、抒情表意的声响幻境　/ 177
　　三、旧媒介的新生　/ 187

第八章　电视：大众巅峰与人际拟态 ………………………… *191*
　　一、从发明到普及　/ 191
　　二、电视产生的冲击与改变　/ 199
　　三、中国内地电视的沿革　/ 209
　　四、电视的媒介特性　/ 221

第九章　网络:数字连接与虚拟生存 ·················· *228*
　　一、网络的发展历程　/ 229
　　二、网络的媒介特性　/ 248
　　三、互联网与数字文明　/ 254

第十章　手机:移动交互与智慧文明 ·················· *261*
　　一、手机的发明与普及　/ 262
　　二、手机的媒介特性　/ 268
　　三、随身携带的智慧文明　/ 275

第一章　印刷术：信息扩散与变革动因

在没有纸张的情况下，如何做成一本书？

在中世纪的手抄本时代，制作一本书的繁琐程度可能远超你的想象。就书写材料而言，手抄本时代一般以兽皮纸为主，把生皮做成适合书写的纸张的过程缓慢且费力，生皮需要在石灰水中浸泡 3 到 10 天，以褪去动物毛发；之后工匠刮去余下的毛发与残肉，把皮子放入清水浸泡，漂洗掉石灰；接下来将皮紧紧绷到框上，用特殊的月牙形刀具把皮刮至理想厚度，刮皮的过程要持续数天；在这个过程中，工匠不断把皮绷得更紧，皮也不断风干，最终生皮变成皮纸。皮纸书写流畅，经久耐用，可保存上千年。此外，羊皮纸还要用浮石粉打磨，使其表面光滑，而后扑上有黏性的粉末，增加皮纸对墨水和颜料的附着性。整张羊皮纸制作完成后，由匠人按需裁小，大开本的手抄本一页几乎与一张羊皮一样大。据说抄一部《圣经》需用 300 多张羊皮，足够把美因茨半条街的房子都买下来。①

抄写员使用的工具也很简单，用鸟羽制成的羽毛笔书写——鸟羽浸水后晾干，用热沙加工硬化就成了羽毛笔。抄写员把羽柄削成笔尖的形状，刻上导墨槽，再把笔尖削到合适宽度。抄写员用多种材料制作墨水——没食子蜂，一种寄生于壳斗科植物产生的虫瘿，通常用来制作黑色墨水。在抄写过程中，抄写员如果抄错了，就用削笔刀刮去错字，羊皮纸书页结实耐磨，可反复刮除。

---

① 钱萍.古登堡印刷术及其对西欧近代文化的影响[D].呼和浩特：内蒙古大学,2008:20.

待抄写员与画师工作完毕,手抄本就可以装订了。首先,数叠羊皮纸书页组成书帖,工人用结实的亚麻线把书帖与柔性支撑物缝在一起,比如缝在这些细皮条上;其次,装订工缝上堵头布,保护书芯背脊的天头地脚,系上书脊两边的皮条,皮条穿过木板上打好的孔,木板就是手抄本的封面和封底,皮条两端用木楔或铁钉固定,再给手抄本包本;最后,装饰封面,手抄本的封面可以用很多材料装饰,比如皮革、皮面镶金、丝绸天鹅绒等,最精致的封面由贵金属雕刻而成,封面选用的材料取决于赞助人的财力、手抄本的种类与用途。

通过这种方式制作出来的羊皮书价值不菲,据说按照今天的价格换算,生产一本书的成本相当于40万美元,手抄书的昂贵与稀罕决定了只有当时的君王、富人和大学才能拥有书籍。

直到1450年古登堡印刷术诞生,这一切才开始被改写。

一、印刷术的演化历程

印刷术最直接的影响就是可以在很短时间内大规模印刷同一版本的书,机器的高效率印制与纸张材料的完美结合使得书籍要便宜很多。"到1470年——只是在第一批古登堡《圣经》出售15年之后,机械印刷的《圣经》价格已经跌到由抄写员生产出的摹本的五分之一,而这种印刷品制作精良,复制得与手写《圣经》毫无二致。"[①]除此之外,印刷术还大大加快了出书的速度,"在公元1400年,一个人100天抄写一本书,而到公元1500年,一天就能印刷100本书"[②]。在古登堡活字印刷术出现的50年里,机印书的成本变成了手抄书的几万分之一,印刷工的效率比手抄工的效率提高了上千倍,欧洲出版的机印书多达八百万册。[③] 印刷文本的剧增不仅扩大了新信息、新知识的传播,开拓了大众的阅读空间,而且有力地促进了欧洲现代化进程,推进了人类文明的进步。

---

① 陆本瑞.外国出版概况[M].沈阳:辽海出版社,2003:9.
② 房龙.人类的故事[M].石家庄:河北教育出版社,2002:182.
③ 爱森斯坦.作为变革动因的印刷机:早期近代欧洲的传播与文化变革[M].何道宽,译.北京:北京大学出版社,2010:3.

印刷术在全球范围的扩散与普及使得人类信息交流的普遍性达到新高度,尤其重要的是,它是开启西方近代社会大门的钥匙。在美国学者伊丽莎白·爱森斯坦看来,印刷术是欧洲中世纪和近代最重要的技术发明,由此引发的传播革命对欧洲近现代的历史产生了重大影响。① 文艺复兴、宗教改革和启蒙运动这三者启动了欧洲现代化的进程,而这三大运动都与印刷术的发明密切相关。就文艺复兴来说,"意大利人文主义的学问,就是在印刷术问世之后,才得以传遍欧洲"。启蒙运动也因印刷术的推动而蓬勃发展。印刷术确实在宗教改革之前许久,即为自身传播信仰的新角色,预做了准备②。可以说,印刷术对宗教改革时期的欧洲文明产生了重大的社会、经济和思想影响。③

美国《时代周刊》曾列出10位对上个千年影响最大的"时代伟人",其中有13世纪的成吉思汗、17世纪的牛顿、19世纪的爱迪生,而15世纪的代表就是"莱茵河畔的美因茨"的金匠约翰·古登堡。他创造了金属活字排版,使原本作为奢侈品的书成为大众产品,知识的积累、更新、传播的速度加快,范围也更为广泛,人类的自我意识增强,从而产生了一系列的社会文化变革。可以说,时至今日,我们仍受益于古登堡的这一创举。

(一)中国印刷术的西传

虽然暂无直接证据证明欧洲印刷术来源于中国,但无论是发明时间还是中欧印刷术的制作工序以及流传的学者文章都表明欧洲印刷术是受到中国印刷术直接影响的。

1. 中国早于欧洲的印刷实践

美国汉学家卡特在《中国印刷术的发明及西传》中提到:"真正雕版印刷开始的日期……大致当在唐玄宗时(712—756),正是中国国势最盛,文化发

---

① 爱森斯坦.作为变革动因的印刷机:早期近代欧洲的传播与文化变革[M].何道宽,译.北京:北京大学出版社,2010:5.
② 马尔坦.印刷书的诞生[M].李鸿志,译.桂林:广西师范大学出版社,2006:296.
③ 爱森斯坦.作为变革动因的印刷机:早期近代欧洲的传播与文化变革[M].何道宽,译.北京:北京大学出版社,2010:23.

展到登峰造极的时期。"①到了 11 世纪中叶的宋仁宗庆历年间,毕昇发明了胶泥活字印刷术。13 世纪,王祯在《农书》中描述:"近世又铸锡作字,以铁条(铁线)贯之作行,嵌于盔(版框)内界行,印书。"②由此可见,中国的木版印刷至少早于欧洲 750 年,而活字印刷早于欧洲 400 年,③中国在古登堡之前的 100 多年已铸成锡活字。

到了元、明两朝,雕版印刷和活字印刷进入全面发展的阶段,而这时又是中欧直接接触空前活跃之际,欧洲人有可能从中国得到技术借鉴。如法国印刷史家古斯曼认为中国活字技术在蒙元时经两个渠道传入欧洲:一是(欧洲人)与维吾尔人有接触,后来住在荷兰的亚美尼亚人在卡斯塔尔迪活动时期将活字技术传到欧洲;二是古登堡在布拉格居住时学会了经中亚、俄罗斯陆上通道传入欧洲的这种技术。中国活字技术领先于欧洲的那段时期,已经有足够的时间将活字印刷术的信息经陆路或海路传到欧洲。可以说,欧洲研制的含锑的铅锡合金活字无非是对中国锡活字化学成分上的一种改进与完善。

2. 中欧印刷术相似的工序

欧洲早期的木活字、金属活字在形制和制法上与中国活字印刷极其相似。欧洲雕版印刷品现存最早的是 1423 年的圣克里斯道夫像。15 世纪中叶前后的雕版印本书,多不注明年代。印时先以一手蘸墨于阳文木板字画,又以一手铺纸于其上,再用刷子来刷,无所谓压印机。所用之墨为烟炱及胶水溶成,色近樱黄,印刷时只印纸的一面,这些与中国雕版印书的方法并无不同。所以,戴文博说:"欧洲的雕版印书术大概是由中国输入的。"④1954 年,被誉为"20 世纪的伟大学者"的英国著名科学家李约瑟出版了《中国科学技术史》第一卷,他以浩瀚史料、确凿凭据向世界证明,"在现代科学技术登场前十多个世纪,中国在科技和知识方面的积累远胜于西方";1985 年,我

---

① 卡特.中国印刷术的发明和它的西传[M].吴泽炎,译.北京:商务印书馆,1957:44.
② 参见王祯撰《农书·造活字印书法》。
③ 潘吉星.论中国印刷术在欧洲的传播[J].传统文化与现代,1996(4):80.
④ 张秀民.中国印刷术的发明及其影响[M].上海:上海人民出版社,2009:136.

国著名学者钱存训为李约瑟《中国科学技术史》执笔《纸与印刷》一卷,他指出:"欧洲早期雕版书与中国雕版书极其相似,这可能是欧洲印书人仿效中国书最令人信服的证据。"①

除此之外,欧洲早期活字本书版面皆一版双页,作单面印刷,再将印张对折后装册,它的制版、刷印及装订都具有中国风格,而不同于欧洲传统做法,②可以说,中国印刷术为古登堡的活字技术研究奠定了基础。

3. 西欧学者的论证

15世纪,有许多历史学家和学者承认中国使用印刷术早于欧洲几个世纪,并提出欧洲印刷术受到了中国影响的观点。他们的理论虽未得到进一步证实,但也未被证明为虚妄。这种见解,迄今虽尚未有人提出确凿无疑的证据,但已有了具有说服力的旁证。③

1585年,西班牙人胡安·冈萨雷斯·门多萨在罗马首次用西班牙文发表了《中华大帝国志》,明确阐述了欧洲印刷术的发源地是中国:

> 根据大多数人的意见,欧洲印刷术的发明始于1458年,由德国人古登堡完成。据说第一台用以印刷的设备是在美因茨制造的。从那以后,德国人康拉德将同样的发明带到了意大利,其所印刷的第一部书是圣奥斯丁写的题为《上帝之城》的书,这是许多学者都同意的。然而,中国人确信印刷术首先在他们的国家开始,他们将发明人尊为圣贤。显然,在中国人应用印刷术许多年之后,才经罗斯和莫斯科公国(实指蒙古钦察汗国)传到德国,这是肯定的,而且可能是经过陆路传来的。而某些商人经红海从阿拉伯的菲利克斯来到中国,可能带回某些中国书籍。这为古登堡这位在历史上被当作发明者的人奠定了最初的基础。很明显,印刷术这项发明是中国人传给我们的,他们当之无愧。更令人信服的是,今天还可看

---

① 钱存训.中国纸和印刷文化史[M].桂林:广西师范大学出版社,2004:319.
② 潘吉星.论中国印刷术在欧洲的传播[J].传统文化与现代,1996(4):81.
③ 钱存训.中国纸和印刷文化史[M].桂林:广西师范大学出版社,2004:320-321.

到德国开始发明前五百年中国人所印刷的许多书籍,我本人就有一本。我在西班牙、意大利和印度群岛(指美洲西印度群岛)也看到过另外一些中国书。①

英国东方学家柯曾 1860 年发表的《中国与欧洲印刷史》一文指出欧洲与中国雕版印刷物在各方面完全相同后,写道:"我们必须认为欧洲木版书的印刷过程,肯定是根据某些早期旅行者从中国带回去的中国古书样本模仿的,不过这些旅行者的姓名没有流传到现在。"

法国人阿伯尔认为中国人发明之航海罗盘针、火药、钞币、纸牌、算盘,皆由蒙古输入欧洲,活字版印刷术同时亦由远东而输入欧洲。② 英国著名蒙古史学家亨利·霍华斯爵士说:"我自己毫不怀疑……印刷术、罗盘针、火器,以及社会生活上很多东西,都不是欧洲发明,而是经过蒙古的影响,由最远的东方传入的。"③

通过以上所述,中国雕版印刷技术对欧洲的直接影响明显可见。正如美国传教士卡特所言:"在欧洲雕版印刷的肇端中,中国的影响实为最后的决定性因素。"

(二)欧洲雕版印刷术

木雕版和活字版是现代印刷机的祖先,活字印刷又是现代印刷的始祖,这两项机械发明都是在中国完成的。④ 尤为巧合的是,宗教对中外印刷术都有很大影响。中国传世出土的早期雕版刊本多属唐五代的佛教印刷品,分藏于世界各地,此后宋元、明清刊本甚多⑤,欧洲早期的木刻版画也多为宗教肖像与信仰图画。

欧洲雕版印刷是从纺织品逐步发展到图画、书籍的。木版雕刻压印技

---

① Mondoza J G de. The history of the great and mighty kingdom of China and the situation there of[M]. Robert Parke,Translated. London:Edward white,1588:131-134.
②③ 张秀民. 中国印刷术的发明及其影响[M]. 上海:上海人民出版社,2009:137.
④ 潘吉星. 中国科学技术史:造纸与印刷卷[M]. 北京:科学出版社,1998:23.
⑤ 潘吉星. 中国科学技术史:造纸与印刷卷[M]. 北京:科学出版社,1998:25.

术可能首先在纺织品中应用,利用凹刻的印版,就可以把图样压印在皮革表面①。最晚到6世纪时,埃及人就已经使用了这种方式装饰纺织品,欧洲现存最古老的纺织品大约生产于12世纪②。最早的木刻版画(通常为凸版),可以追溯至14世纪末甚至更早。③ 通过这种制作工艺,大量宗教图画被复制。木刻印制的图案(通常还有些文字④),可以用来描述传奇故事或圣人事迹,因为这些图画便于携带,一般人可以拿回家,在闲暇时欣赏、沉思,目睹基督的神迹、耶稣受难的经过,感受《圣经》人物在他们手中活灵活现。⑤ 此后,木刻印刷的纸牌、海报、日历、4开小书陆续诞生,可以说,这种趋势也反映了当时通俗文学需求的增长。从这类书籍印制所标明的印刷日期以及纸在欧洲开始较大规模的普遍应用的证据表明,它们大致开始于1370—1380年,比活字印刷仅仅早70年左右。⑥

在19世纪以前的印刷史学中,学者普遍认为欧洲活字印刷是从雕版印刷发展而来的,但种种迹象表明欧洲的雕版印刷与活字印刷并无承接关系。因为许多木版,尤其是那些包含文字的版,大概出现于15世纪下半叶。也就是说,它们出现时,印刷术已经发明,两者在通俗读物的领域互较长短。雕版书主要的缺点在于,用木头刻出的字母不够精准,线条无法清晰呈现,而且木头过干或受潮都会变形,用它们来排版甚不容易。木头字母的耗损快,这么一来就得反复刻制大量字母。若说是这些师傅把活字材料从木头换成金属,同样不合理。毕竟,把金属浇铸、制作成活字的技术,从事木雕的人可是一窍不通。⑦ 从现存材料看,第一本活字印刷书籍也并非出自刻工之手。⑧

---

① 马尔坦.印刷书的诞生[M].李鸿志,译.桂林:广西师范大学出版社,2006:20.
② 项翔.近代西欧印刷媒介研究——从古腾堡到启蒙运动[M].上海:华东师范大学出版社,2001:35.
③ 马尔坦.印刷书的诞生[M].李鸿志,译.桂林:广西师范大学出版社,2006:20.
④ 项翔.近代西欧印刷媒介研究——从古腾堡到启蒙运动[M].上海:华东师范大学出版社,2001:36.
⑤ 马尔坦.印刷书的诞生[M].李鸿志,译.桂林:广西师范大学出版社,2006:20.
⑥ 项翔.近代西欧印刷媒介研究——从古腾堡到启蒙运动[M].上海:华东师范大学出版社,2001:36.
⑦ 马尔坦.印刷书的诞生[M].李鸿志,译.桂林:广西师范大学出版社,2006:24.
⑧ 项翔.近代西欧印刷媒介研究——从古腾堡到启蒙运动[M].上海:华东师范大学出版社,2001:37.

(三) 古登堡活字印刷术

虽然雕版印刷术可以高效率地复制文本,相较于手抄书已经有了巨大飞跃,但是每印刷一本新书就需要一套新的木刻板或印板,这仍然限制了书籍出版的种类与速度。可以说,欧洲活字印刷术的出现正是对雕版印刷术的改进。

通过目前留存的档案材料,可以确定欧洲活字印刷术出现过程中最重要的人物是约翰·古登堡,他制造了印刷机以及创造了金属活字印刷技术。古登堡大约于1398年出生于美因茨的一个富裕家庭,受父亲金属铸币职业的影响,他在年幼时期就曾学习金匠手艺。1428年,父亲去世后,他就离开家乡,在斯特拉斯堡度过了将近20年。古登堡与活字印刷术的重要关系可以在两起诉讼案件的遗存档案中找到材料和线索,即1439年的"斯特拉斯堡文件"和1455年的"海尔曼斯伯格公证人文书"[①]。

1434年,古登堡在斯特拉斯堡与当地人安德烈·德里策恩、汉斯·里费等人合作,共同加工宝石和制镜,其他人出资金,古登堡出技术,成果共享。德里策恩1438年死后,其兄弟以继承人身份要求古登堡转让技术秘法,被拒绝,于是起诉了古登堡,结果败诉。这份"斯特拉斯堡文件"显示,1436年,古登堡向来自法兰克福的金匠迪内支付100个金币,以换取"与印刷有关的东西",这说明他在此时已受到同时代其他人的金属活字试验的影响,用自己的钱秘密做活字试验,以改进木版印刷之不足,但是没有成功。

复杂的活字印刷术实验使这位欧洲活字印刷术先驱倾尽财力,负债累累,然而他并没有放弃。1448年,古登堡在对荷兰、瑞士和意大利等地进行技术考察后回到故乡美因茨,继续进行试验,他的一个亲戚帮他贷了一笔巨款。在这笔资金的支持下,他建起了一个车间并制造了印刷机及手工铸字设备。为了发展金属活字印刷技术,1450年,古登堡以6%的利息向当地富商约翰·富斯特借了800基尔特,如果到期偿还不上,那么富斯特将有权搬

[①] 项翔.近代西欧印刷媒介研究——从古腾堡到启蒙运动[M].上海:华东师范大学出版社,2001:39.

走他的设备。1452年,看到印刷术大好前景的富斯特给了古登堡更多的贷款支持,他们建起了一个合资印刷企业,不久后便铸成了较大号的活字并印制了《拉丁文文法》,这标志着古登堡的印刷术进入实用阶段。然而,好景不长,由于印刷《圣经》所得利润分配的纠纷,1455年,富斯特将古登堡告上法庭,要求他立即偿还所有贷款,共计2020基尔特(当时的10基尔特即可买到郊外一栋带花园的房子)。这一官司的有关记录就是"海尔曼斯伯格公证人文书",古登堡显然无力偿还,富斯特获得了印刷厂,并与古登堡原来聘用的技师舍弗一起,对活字字体、版面设计、铸字进行了改进。

古登堡活字印刷术成熟的标志是1456年完工的"四十二行圣经",但由于古登堡输掉了官司,也失去了该成果的所有权。这部半手工的活字铸造,双面印制(每一页印好了都要先晾干,再印制另一面),共641张[①],1282页《圣经》的印制堪称当时的一项伟大工程,古登堡必须铸造约40万个活字才能完成。边框和栏间都彩绘有装饰物,不仅有花草、鱼虫和仙女,还有白鹤、孔雀等飞禽,十分精美华丽。正文用的是哥特体,字形粗黑,庄重古朴,所以哥特体后来又被用来指黑体字。这部《圣经》是西方第一部活字印刷的完整书籍,当时印数不详,现在尚存的只有47部。

古登堡在与富斯特分道扬镳之后,利用他的第一套活字继续开办印刷厂。"1460年,谷登堡完成了第二版被称作'36行古登堡圣经'的印刷。为此,他重新制作了一套新的'B36Donatus日历活字'"。[②] 同年,拉丁语学术大词典也印刷完成。

1462年,选帝侯阿道夫洗劫了美因茨,富斯特印刷厂在战火中被毁,印刷工们四散逃亡,促进了活字印刷术的传播。古登堡为了避难,不得已去了艾尔特威勒市。"艾尔特威勒是一个距美因茨不远的美丽的小城。当时,在战争中赢得胜利的美因茨大主教也到这个小城居住。古登堡就住在大主教城堡附近。大主教本人有机会接触当时的印刷新技术,从而发现了古登堡的才华。为了奖赏古登堡的发明与贡献,大主教于1465年任命他为教会廷

---

① 项翔.近代西欧印刷媒介研究——从古腾堡到启蒙运动[M].上海:华东师范大学出版社,2001:41.
② 程常规,何远裕.约翰·谷登堡及欧洲印刷发展史简介[J].印刷杂志,2002(7):62.

臣,并赐予他各方面的优厚待遇。"①古登堡在目睹了其技术成果传遍欧洲后,于1468年辞世。

纵观19世纪前的欧洲印刷史,欧洲印刷术在技术上与15世纪相比并没有革命性的突破,②可以说,古登堡在印刷技术上的创造与革新保持了300年左右的稳定期,到工业革命时才开始了较大的技术改进。古登堡对活字印刷术进行的技术革新主要表现在以下几个方面:

1. 铸字材料的选择与活字制造

古登堡是金匠出身,鉴于制作小号的木活字有困难,于是选用熔点较低,易于浇铸,冷却后坚硬不易变形的锡合金作为制作字模的材料。由于拉丁字母有26个,在理论上算上字母大小的变化只需准备52种模板,因而铸字过程比数千个常用的中国汉字简单得多。但在实际中需要考虑字号、字体等因素,所以古登堡制造了规范化的活字。"其原则是完善活字线条并且遵循字母的先后顺序,由于要用很少的字母构成无限的组合,活字的数量要远远大于字母的数量,因此有大、小写之分以及特殊活字,用于区分的符号防止了一些词的混同,还有不断发展的缩写、联体字、标点符号等。"③

除此之外,古登堡还发明了铸字机。"每个活字的线条一般首先是以一种印模的形式在铜制的软金属印模上凸刻出来,然后用锤子敲击而铸成活字。之后,模子被安装在铸字机中,它能保证产品类型的标准化,也就是以同样的高度排成行。"④

2. 印刷设备的研制

"中国的活字印刷和欧洲早期的木版印刷都把纸覆在上墨的印版上,以棕刷或皮垫擦拭,只印单面。"⑤这种木版印刷方法适合印薄纸,而不适合厚

---

① 程常规,何远裕.约翰·古登堡及欧洲印刷发展史简介[J].印刷杂志,2002(7):62.
② 项翔.近代西欧印刷媒介研究——从古腾堡到启蒙运动[M].上海:华东师范大学出版社,2001:45.
③ 巴比那.书籍的历史[M].刘阳,等译.桂林:广西师范大学出版社,2005:101.
④ 巴比那.书籍的历史[M].刘阳,等译.桂林:广西师范大学出版社,2005:100.
⑤ 吴廷俊.科学发展与传播革命[M].武汉:华中科技大学出版社,2000:85-86.

麻纸或羊皮纸。后来改用压榨葡萄汁或湿纸的立式压榨机,古登堡在此基础上创造性地研制出螺旋压印器,以方便厚纸、羊皮纸的双面印刷。"用这种方法一小时最多可印 20 张,一天可印 300 页。"①

3. 油墨的改进

"中国古代木版印刷用的油墨是用松烟炭黑加胶制成着色剂,宋以后对松烟炭黑加以改进,制成适于铜版、铜活字使用的墨。"②木版雕刻印刷所使用的水性墨并不适用于金属活字,因此必须使用新的着色剂。古登堡将亚麻仁油煮沸,加蒸馏松树脂的松节油精等物,制成适于铅活字的油墨。直到今天,这种方法也没有什么变化,只是现在要在溶液中加一种干燥剂。

综上,古登堡对活字印刷术进行的革新虽然于人类大有裨益,但从严格意义上讲,古登堡印刷术并不能算做一项发明——"发明无不包含创意与实践两个方面,没有创意的各种方法不能称为发明。欧洲活字印刷的材料与工具,包括墨、金属及印刷机,均可能与东方有所不同,但都是在已有的原理与方法上进行改进以适应不同的条件。如果印刷术的根本原理是'由反到正',规定为用墨在纸上利用反体图文得到正体的多份复本,那么这种理念的本身即是一种发明。依据这一原则来判断,雕版印刷实为一切印刷术的始祖,不论用木料还是金属,雕版还是活字,也不论是平版、凹版或凸版印刷均源出于此。"③毕竟,如果活字印刷算作单独的发明,那么之后的石印、胶印、照相铜版以及目前的新法排印都可算作新发明。

(四)印刷术在欧洲的广泛传播

虽然印刷术的早期实验在欧洲各地都有进行,但是 1450 年以后,逐渐遍布欧洲的印刷所都是从美因茨开始向外传播的,这是一个商业传播和文化传播并举的过程。④ 古登堡发明欧式印刷术不久,恰好遇到 15 世纪末的世

---

① 潘吉星.中国、韩国与欧洲早期印刷术的比较[M].北京:科学出版社,1997:193.
② 吴廷俊.科学发展与传播革命[M].武汉:华中科技大学出版社,2000:85.
③ 钱存训.中国纸和印刷文化史[M].桂林:广西师范大学出版社,2004:324.
④ 项翔.近代西欧印刷媒介研究——从古腾堡到启蒙运动[M].上海:华东师范大学出版社,2001:51.

界地理大发现,于是伴随着西班牙、葡萄牙、荷兰商人向全球的扩张,印刷术和最初简单的新闻公报式的新闻纸传到了全世界。① 除此之外,印刷术的高效率、低成本也是其快速向外传播的重要因素。"尽管古登堡的印刷机一小时只印15张纸,但它一天的工作量,远远超过了手工抄写一年的数量。"②传播印刷技术的多是作坊的学徒,虽然古登堡要求学徒及工人不准泄露关于印刷术的机密信息,然而在巨大的商业利益与知识传播需求面前,保持这种技术垄断似乎不可能。加上1462年的美因茨战火,一大批印刷工人四散逃亡,这也极大地促进了印刷术的传播。

活字印刷术的诞生地——德国占尽天时地利,自然是最先且广泛传播该技术的地方。"1465年起,德国各地科隆(1466)、巴塞尔(1468)、奥格斯堡(1468)、纽伦堡(1470)、施派尔(1471)、乌尔姆(1473)、吕贝克(1475)等都陆续开设了印刷所。到1480年,共有30个左右的城镇开设了印刷所。"③ 1480年之后,吕贝克开始取代美因茨在印刷品生产上的重要地位,成为欧洲东北部和东部印刷术传播的要塞。

意大利是接受德国印刷术向外传播的第一个国家,德国的印刷匠们也最先在这里失去了技术垄断地位。意大利具有基督教文明的中心、文艺复兴"新学问"的发源地、现代金融业的策源地、欧洲早期资本主义工商业发展的中心等多重身份,为印刷业发展提供了绝好的经济制度、社会基础和文化土壤。④ 1465年,罗马设立了印刷所。1467年,来自德国的约翰和文德林在威尼斯建立第一个印刷所。在15、16世纪之交,威尼斯有150家左右的印刷所,并已成为欧洲最重要的图书市场。⑤ 印刷术在1471—1472年传入米兰和佛罗伦萨。

印刷术在法国头一百年的发展历史中,行业的集中化和产品的雅致表现了浓厚的法国特色,这与印刷术最先进入法国的方式不无关系。⑥ 1470

---

① 陈力丹,王辰瑶.外国新闻传播史纲要[M].北京:中国人民大学出版社,2008:3.
② 侯建新.经济社会史评论[J].北京:生活·读书·新知三联书店,2006:210.
③ 项翔.近代西欧印刷媒介研究——从古腾堡到启蒙运动[M].上海:华东师范大学出版社,2001:53.
④ 项翔.近代西欧印刷媒介研究——从古腾堡到启蒙运动[M].上海:华东师范大学出版社,2001:55.
⑤ Steinberg S H. Five Hundred Years of Printing[M]. New York:Dover Publication,Inc,2005:73.
⑥ 项翔.近代西欧印刷媒介研究——从古腾堡到启蒙运动[M].上海:华东师范大学出版社,2001:57.

年,印刷术传入巴黎。1473 年,里昂建立印刷所。1476 年,印刷术传入昂热和南部的图卢兹。1479 年,印刷术传入普瓦蒂埃。受文艺复兴的影响,法国印刷业在 16 世纪前期后来居上。"据估计,在整个 16 世纪,巴黎总共印刷了 2.5 万种书,里昂印了 1.5 万种左右。"①里昂注重印刷大众性的图书,骑士小说、历史故事和其他形式的大众文学在这里繁荣起来。② 巴黎、里昂成为新的出版中心,出现了一批具有人文主义思想、学识渊博的印刷商。他们在印刷宗教图书时大力普及罗马体以取代不易辨认的哥特体,同时还印刷出版了很多法文著作。

在英国,长达 100 年之久的"玫瑰战争"使英国早期的印刷水平和规模落后于欧洲大陆。当时的纸张和铅字需从大陆进口,印刷商也多是外国人。在印刷术发明后的 100 年内,英国一直是欧洲印本书有利可图的市场。为促进和保护本国出版业,亨利八世于 1523—1534 年,三次下令对英国的外国印刷工匠人数进行限制,并最终禁止自由进口图书。把印刷术引进到英国的是一个名叫卡克斯顿的人,1471—1472 年,他在科隆学习印刷术。1476 年,卡克斯顿回到英国,在威斯敏斯特的一家修道院中开设了英国第一家印刷所。③ 他的突出贡献是首次用尚处于演变状态的英文印刷图书,打破了拉丁文图书在英国一统天下的局面。"他去世后,其助手 W. 沃德接办印刷所,到 1530 年共印刷图书 800 余种,绝大多数是面向平民的英文小开本图书。他们二人对英文的规范化和图书的民众化作出了突出贡献。"④ "大多数的英文图书是在伦敦印刷的,但牛津、约克、剑桥、圣奥尔本也建立了印刷所。"⑤

"1474 年,印刷术由佛兰德和德国传入西班牙。到 15 世纪末,印刷活动在巴伦西亚、萨拉戈萨、巴塞罗那、塞维利亚等城市展开。"⑥由于西班牙当时称霸海洋,西方印刷术首先自西班牙输出欧洲。在哥伦布发现美洲之后不

---

① Febvre L, Martin H J. The Coming of the Book: The Impact of printing 1450-1800 [M]. London: Humanities Press, 1997: 189.
②⑤⑥ De Lamar Jensen. Renaissance Europe[M]. Lexington: D. C. Health and Company, 1981: 187.
③ 项翔. 近代西欧印刷媒介研究——从古腾堡到启蒙运动[M]. 上海: 华东师范大学出版社, 2001: 59.
④ 解光云, 房列曙. 中外文明史纲[M]. 合肥: 合肥工业大学出版社, 2005: 346.

久,西班牙人克伦伯格 1502 年在墨西哥开设了欧洲以外的第一家印刷所。总之,"至 1480 年,欧洲不少于 110 座城镇开始了印刷活动,其中意大利约 50 座、德国约 30 座、荷兰和西班牙各 8 座、瑞士和比利时各 5 座、英国 4 座。"①"到 15 世纪末,已有 1100 多家印刷所遍及欧洲 236 个城市。"②到 15 世纪末,除大中城市外,欧洲的一些小城镇甚至村庄都成了印刷业中心。

印刷媒介的诞生与发展使得各个国家、各个阶层都乐于接受并利用这个新型媒介——"教士用它来传播教义,商人用它来传播商品信息,政客用它来作宣传"。③ 但对于当时的统治者而言,印刷媒介并不利于王权的集中,因此,统治者制定了很多与传播内容相关的禁锢政策。可以说,近代欧美国家出版自由法的确立,与大众长期以来同这种集权主义时期对出版内容严厉禁止的机制斗争是分不开的。

二、印刷术的社会背景与媒介特征

(一)社会背景

古登堡印刷术的发明并不是偶然的,它是伴随着中世纪的世界观及其制度的解体和各种近代模式的产生而诞生的,有着独特的社会背景。

1. 大学与资产阶级的兴起

自 11 世纪起,法国、英国和意大利的教会为培养高级神职人员陆续兴办了西方首批附属教会的大学,主要是神学院、法学院和医学院。继 12 世纪后半叶意大利、英、法等国的一批著名大学,如巴黎(1160)、罗马(1303)、牛津(1167)、剑桥(1209)相继建立之后,14—15 世纪的德国也相继建立了海德

---

①② Febvre L, Martin H J. The coming of the Book: The Impact of printing 1450-1800 [M]. London: Humanities Dress, 1997: 182.
③ 黄春平. 西方印刷媒介内容监管的制度变迁及历史启示 [J]. 中国出版·海外视窗, 2010(6): 62.

堡大学(1381)、莱比锡大学(1409)、弗莱堡大学(1457)等一批著名的高等学府。① 16世纪之后,大学约有18所。② 大学的建立进一步推动了一个新的阅读阶层的产生③,而且学生的学习内容由纯宗教领域扩大到非宗教领域。为此,大学急需为学生和教师提供配备各种参考图书的图书馆;教师的讲课稿需要发表并作为学生的课本;学生的听课记录有的也要流传下来④。在这种情况下,修道院的手抄书已经满足不了大学对非宗教著作的需求,因此,附属于大学的,由抄写者、各种职业性工匠和文具商组成的工厂或作坊产生了。

随着封建社会的逐渐变化,资产阶级作为一个新的阅读阶层在13世纪后半叶开始崛起。律师、宫廷的世俗顾问、国家官员,以及后来的富商和城市市民渴求知识,有富余的钱买书,有闲暇的时间读书,他们不仅仅需要各自专业方面的书籍,而且需要各种通俗、休闲的文学。⑤ 在12世纪末的法国和14世纪早期的英国,雇佣抄写者抄写民族语言书籍的工厂开始出现。随着书籍需求的增加,抄书者及与其相关的制作书籍的工匠开始对他们的生产过程进行合理化的改进,提高生产率。⑥ 工场经常制作的书籍就是祈祷书,这在当时的资产阶级家庭中很流行,随着资产阶级的逐步兴起,他们对这种祈祷书的需求也越来越多。由此可见,12世纪以来,无论是在大学内还是在大学外,西欧的读书人大大增多,社会需要大量、正确的抄本,迫使人们寻求快速便捷的印刷方法。

2. 社会对知识的需求

当时的欧洲正处在中世纪向资本主义的转型时期,城市复兴、商业经济崛起,圣奥古斯丁的神学体系开始瓦解,基督教共同体演化为世俗的民族国家,

---

① 路宪民.印刷术与民族国家[J].兰州学刊,2005(4):287.
② 林恩·桑戴克.世界文化史(上)[M].陈廷璠,译.陈恒,整理.上海:上海三联书店,2005:356.
③ 项翔.近代西欧印刷媒介研究——从古腾堡到启蒙运动[M].上海:华东师范大学出版社,2001:25.
④ 项翔.近代西欧印刷媒介研究——从古腾堡到启蒙运动[M].上海:华东师范大学出版社,2001:25-26.
⑤ 项翔.近代西欧印刷媒介研究——从古腾堡到启蒙运动[M].上海:华东师范大学出版社,2001:26.
⑥ 项翔.近代西欧印刷媒介研究——从古腾堡到启蒙运动[M].上海:华东师范大学出版社,2001:27.

起源于意大利的文艺复兴运动已散播到整个欧洲,鼓励商业、科学研究和技术创新的人文主义成为潮流,社会对知识的需求空前增加。①"书籍是满足这种渴望的最好工具,这是印刷术发明于15世纪的欧洲的基本动力。"②

然而,印刷机发明前夕的1450年,欧洲人口约有一亿,而主教堂、修道院图书馆、宫廷、城堡收藏的图书加在一起大约只有几万册,大部分是木版印刷(雕版)或手抄本。私人——君主、贵族、名流、高级神职人员、大商人、银行家——能收藏有几份手稿,已经很难得了。③

由此可见,一方面,当时的西欧社会需要更多数量的书籍;另一方面,由于技术的限制,手抄书工艺繁琐、原料昂贵,羊皮纸价格不菲,"150页手稿要用12头绵羊的羊皮"④。除此之外,"从中国回到欧洲的人,特别是教士们,势必会谈起远非欧洲所能及的中国书籍广布远近的情形。这种报道在文化觉醒的时代传到欧洲,对印刷的发明一定会起到一种推动作用"⑤。可以说,一场关于书的技术革命势在必行。正如威尔·杜兰所说,即使没有古登堡,活字印刷术也会由别人发明,因为这是由于时代需要所促成的。⑥

(二)媒介特征

弗洛伊德认为,文明的产生和发展总是伴随着缺憾。每一次科技的革新都会让人们在获得更多便利和满足的同时抱有缺憾之感,这显然既符合事物发展的辩证法则,也是人类文明进程中的普遍现象。⑦印刷术在跨越了时间约束的同时,也带来传播过程中的异化解读;印刷书写文明在替代口语文明实现视觉阅读时,口语交流中的多种非语言符号就会被损失。

---

① 钱萍.古登堡印刷术及其对西欧近代文化的影响[D].呼和浩特:内蒙古大学,2008:17.
② 侯建新.经济-社会史评论[M].北京:生活·读书·新知三联书店,2007:205.
③ 施拉姆.人类传播史[M].游梓翔,吴韵仪,译.台北:远流出版事业股份有限公司,1994:197.
④ 布罗代尔.十五至十八世纪的物质文明、经济和资本主义[M].顾良,施康强,译.北京:生活·读书·新知三联书店,2002:469.
⑤ 卡特.中国印刷术的发明及西传[M].吴泽炎,译.北京:商务印书馆,1957:205.
⑥ 杜兰.世界文明史·宗教改革[M].北京:东方出版社,1998:216.
⑦ 胡凯.媒介形态变迁视野下阅读行为嬗变——以印刷媒介和数字媒介为例[J].中国出版,2014:12.

1. 时间媒介与传播异化

哈罗德·伊尼斯在《传播的偏向》中提出传播和传播媒介可分为两类：口头传播的偏向与书面传播的偏向、时间的偏向与空间的偏向。① 时间媒介可以长久保存但难以运输；空间媒介可以远距离运送但难以长久保存。偏向时间的媒介有助于树立权威，偏向空间的媒介有助于远距离管理和进行广阔地域的贸易，有助于领土扩张。虽然说印刷术使用的纸质材料不如羊皮纸或牛皮纸耐久，然而，"复原和复制技术的发展使失传的著作重见天日……保存宝贵材料的最佳途径就是将其公开……这是早期近代科学和启蒙思想的核心观念。"②由此可见，印刷文本的固化功能与保存威力使得印刷术这一媒介成为倚重时间的媒介。正如路易斯·芒福德所认为的那样——钟表消灭了"永恒"这个人类动态的度量和关注点，但印刷机又使"永恒"得以恢复。

古登堡金属活字印刷术的诞生使得文字信息的机械化生产和大量复制成为可能，③正如麦克卢汉在《传播工具新论》中所说的那样，"重复性是机械原则的核心，它从印刷技艺发明之后，就一直主宰着我们的世界。印刷与排字的信息，主要就是指'重复性'"。这种传播符号的长久保存与信息存储，使得它加快了信息传输④，并将其传至广大群众⑤，对社会的影响力是扩散性的，并且随着科技的发展，传播速度也越来越快。⑥ 以印刷机为中心的知识垄断结束了人们对空间的执著，结束了对连续性和时间问题的忽视。⑦ 可以说，印刷机的出现使印刷术实现了消息的广泛传递、思想的广泛交流，从而动摇了封建专制政体，促进了理性主义的兴起。⑧

---

① 伊尼斯.传播的偏向[M].何道宽，译.北京：中国人民大学出版社，2014：6.
② 爱森斯坦.作为变革动因的印刷机：早期近代欧洲的传播与文化变革[M].何道宽，译.北京：北京大学出版社，2010：68.
③ 郭庆光.传播学教程[M].北京：中国人民大学出版社，2011：26.
④ 麦克卢汉.理解媒介——论人的延伸[M].何道宽，译.北京：商务印书馆，2010：202.
⑤ 施拉姆.人类传播史[M].游梓翔，吴韵仪，译.台北：远流出版事业股份有限公司，1994：204.
⑥ 吴廷俊.科学发展与传播革命[M].武汉：华中科技大学出版社，2000：89.
⑦ 伊尼斯.传播的偏向[M].何道宽，译.北京：中国人民大学出版社，2014：47-48.
⑧ 吴廷俊.科学发展与传播革命[M].武汉：华中科技大学出版社，2000：89.

此外，根据伊尼斯对时间型媒介性质的罗列——"笨重、耐久、非集中化、有利于宗教的传承、倚重视觉、汉字、羊皮纸、书籍……"①可以得知，印刷媒介是明显偏向于时间的。印刷术的出现使得书籍走向平民大众，走向"非集中化"，然而相比今天的互联网，纸质媒介仍然显得"笨重"，不便于空间传输；除此之外，"印刷术的传入使欧洲宗教改革的主张广为传播"②，这也"有利于宗教的传承"。

根据伊尼斯的观点——某种媒介可能更加适合知识在时间上的纵向传播，而不适合知识在空间中的横向传播。③ 在印刷文本漫长的传播过程中，"过去"积累下来的知识成果、思想成果，往往会被"未来"所塑造。④ 在时间的长河里，一部印刷作品的语境会发生改变，因此，在传播过程中，由于媒介的"时间偏向"，其本来面目会发生扭曲和变形⑤，这种异化也是不可避免的。

印刷媒介除了可能产生的传播异化外，还有一些固有的缺憾，如制作周期长使得它的时效性差；阅读需要识字能力使得文盲或文化程度较低的人无法或不能充分使用这种媒介；此外，印刷媒介作为一种"热媒介"，接受者不需要动员更多的感官和联想活动就能够理解⑥，因此，它远不如手写本"要求读者卷入的程度高"⑦。

2. 视觉符号与信息损耗

偏重视觉要素是印刷技术对人类传播所造成的一项重大影响⑧。12世纪的听众采用分集连播的方式来听取文学作品，而今天的我们可以自主地选择场合进行阅读，并随意翻回之前的书页。由此可见，从抄本到印刷的进

---

① 伊尼斯.帝国与传播[M].何道宽,译.北京:中国人民大学出版社,2003:IX.
② 钱存训.中国纸和印刷文化史[M].桂林:广西师范大学出版社,2004:379.
③ 伊尼斯.帝国与传播[M].何道宽,译.北京:中国人民大学出版社,2003:IX.
④ 龙迪勇.学术传播与时空偏向——兼析全球文化语境下我国学术期刊的现状和走向[J].江西社会科学,2004:196.
⑤ 龙迪勇.学术传播与时空偏向——兼析全球文化语境下我国学术期刊的现状和走向[J].江西社会科学,2004:198.
⑥ 郭庆光.传播学教程[M].北京:中国人民大学出版社,2011:120.
⑦ 麦克卢汉.理解媒介——论人的延伸[M].何道宽,译.北京:商务印书馆,2010:205.
⑧ 施拉姆.人类传播史[M].游梓翔,吴韵仪,译.台北:远流出版事业股份有限公司,1994:193.

步史也是传播和接收思想的视觉方式逐渐取代听觉方式的历史。然而,印刷媒介在给人们带来思维与行为方式的积极影响时,也带来集体记忆的下降与信息传播的损耗。

(1)视觉属性——阅读习惯与权威象征

虽然15世纪中叶印刷术的发现意味着……我们又回归于眼睛占支配地位的文明,而不是耳朵占支配地位的文明①,但是抄本文化到印刷文化的过渡对大众而言并不是即刻就可以适应的。在抄本时代,作者通过表演的发表形式与他的"听众"进行沟通联系;而在印刷时代,不乏证据表明,贯穿整个古典时代和中世纪世界,"阅读"对于读者意味着高声朗读,甚至一种魔咒。② 声音和景象,言语和印刷,眼睛和耳朵是截然不同的两件事。人类大脑所产生的任何成就,都无法媲美两种语言形式连接所囊括的多种理念的这种融合。③ 大众对视觉符号的偏爱更多地体现在印刷过程中——字母表将口语的视象成分作为最重要的成分保留在书面语之中,将口语中其他所有的感官成分转换为书面形态。④ 除此之外,中世纪的聆听型公众和同时代的早期近代的阅读型公众之间,横亘着一条心理上的鸿沟。正如麦克卢汉所言,抄本文化的人和印刷文化的人之间的差别几乎就像书面文化和非书面文化的人之间的差别一样巨大。⑤

印刷媒介的视觉符号属性给人类的行为方式带来巨大改变。在印刷术发明之前,一切人际交流都发生在一定的社会环境下,甚至连阅读也采用口语模式,一个读者大声朗读,其他人随后跟上。但自从有了印刷的书籍之后,另一种传统便开始了:孤立的读者和他自己的眼睛。口腔无须再发声音,读者及其反应跟社会环境脱离开来,读者退回到自己的心灵世界。⑥ 毕

---

① 伊尼斯.传播的偏向[M].何道宽,译.北京:中国人民大学出版社,2014:译序7.
② 麦克卢汉.古登堡星汉璀璨——印刷文明的诞生[M].杨晨光,译.北京:北京理工大学出版社,2014:164.
③ 麦克卢汉.古登堡星汉璀璨——印刷文明的诞生[M].杨晨光,译.北京:北京理工大学出版社,2014:169.
④ 麦克卢汉.理解媒介——论人的延伸[M].何道宽,译.北京:商务印书馆,2010:204.
⑤ 麦克卢汉.古登堡星汉璀璨——印刷文明的诞生[M].杨晨光,译.北京:北京理工大学出版社,2014:173.
⑥ 波兹曼.童年的消逝[M].吴燕莛,译.桂林:广西师范大学出版社,2004:40.

竟阅读是一种纯粹用眼而非用耳的技巧,在传播过程中不会牵涉到非语言线索及口头传播方面的隐含意义,在多数情况下,阅读是自己一个人进行的,因此它鼓励个人学习而非团体讨论。① 文本形式的嬗变使得"事务缠身、知识丰富的人每天都要独处一段时间,不和同伴打交道,这是日益明显的潮流"②。

新的传播技术不仅给予我们新的考虑内容,而且给予我们新的思维方式。书籍的印刷形式创造了一种全新的组织内容的方式,从而推动产生了一种新的组织思想的方式。印刷书籍所具有的一成不变的线性特点——一句一句排列的序列性,它的分段,按字母顺序的索引,标准化的拼写和语法——导致一种詹姆斯·乔伊斯戏称为"ABC 式"的思维习惯,即一种跟排版结构非常相似的意识结构。③ 此外,印刷术的发明使印制的语言广为传播④,书籍内在组织的清晰度与逻辑性会让读者觉得书中的知识、信息量是可靠的,久而久之,人们就形成了对印刷语言的"权威"印象。

(2)信息损耗——文本失真与记忆退化

在人类传播的进程中,一种技术的产生并非只带来积极的一面,它往往是一把双刃剑,在推动传播获得更大自由度的同时,也往往会带来对传播效果的伤害:它使信息不再那么保真了。一些技术在缩小时间和空间成本的同时正是以信息量的损耗为代价的,这种损耗尤其表现在对时间跨越的目标追求中:技术的进步使得信息在跨越时间时所占用的空间成本缩小。

从手抄时代到印刷时代的改变,尽管带来了文字传播在跨越时空上的巨大革命,但印刷使得文字变成千篇一律的符号,将口语交流中的多种非语言符号损失掉了。尽管印刷文字有着各种字体和字号,但它无法弥补手书文字中所附带的诸多个性特点,一封电报、一封电子邮件和一封手写的信所传递的情感是非常不一样的。

---

① 施拉姆.人类传播史[M].游梓翔,吴韵仪,译.台北:远流出版事业股份有限公司,1994:193.
② 爱森斯坦.作为变革动因的印刷机:早期近代欧洲的传播与文化变革[M].何道宽,译.北京:北京大学出版社,2010:77.
③ 波兹曼.童年的消逝[M].吴燕莛,译.桂林:广西师范大学出版社,2004:44-45.
④ 麦克卢汉.古登堡星汉璀璨——印刷文明的诞生[M].杨晨光,译.北京:北京理工大学出版社,2014:170.

此外,"活字版十分容易把字误植造成文本的失真"①,印刷文本在传输知识的同时也会传递一些错误或不科学的讯息,16、17世纪的出版物,很多都是极具摧毁性的,比如1487—1669年出现的29个版本的《女巫之槌》,使处死女巫的行为合法化——这波及整个欧洲的狂热,导致了1.2万—4.5万人(尤其是女性)的死亡。②

印刷书籍的大面积普及也带来集体记忆的退化。在抄写书的时代里,读书写字同通过当学徒、口耳相传和特别记忆的办法去学习是同步进行的。然而,印刷术出现之后,书面传输的效率大大提高,"不仅大学校园外的工匠靠自学受益……聪明的大学生也有机会超越老师掌握的知识了……靠阅读学习获得新的意义之后,记忆术发挥的作用就下降了。再也不需要靠韵律来保存公式和处方,集体记忆的性质因此改变"③。

三、作为西方近代变革动因的印刷术

印刷术的发现是人类历史上伟大的转折点之一④,它标志着人类掌握了文字信息的大批量复制技术,从而使知识、思想、宗教有了传播的载体。作为"变革动因"的印刷术,它不仅是一场科技革命、文化革命,还对西方近代社会文化、经济制度的变革产生了巨大的推动作用,甚至改变了"历史的经纬"⑤。

(一)社会文化的巨变

1. 宗教改革如火如荼

1517年的宗教改革及西方基督教随后的四分五裂,从很大程度上要归

---

① 项翔.近代西欧印刷媒介研究——从古腾堡到启蒙运动[M].上海:华东师范大学出版社,2001:31.
② 弗格森.文明[M].曾贤明,唐颖华,译.北京:中信出版社,2012:46.
③ 爱森斯坦.作为变革动因的印刷机:早期近代欧洲的传播与文化变革[M].何道宽,译.北京:北京大学出版社,2010:38.
④⑤ 爱森斯坦.作为变革动因的印刷机:早期近代欧洲的传播与文化变革[M].何道宽,译.北京:北京大学出版社,2010:317.

功于印刷机所发挥的革命性作用,可以肯定,印刷机是工业革命前意义最重大的一项技术创新。①

(1) 印刷术为宗教改革打下技术、思想和群众基础

同 14 世纪在意大利兴起的文艺复兴不同,德国的这场宗教改革开始前,印刷机就已经充分地发挥了它的功能,从某种程度上说,印刷机可以被看成是宗教改革的先决条件,在马丁·路德降生之前,就为改革奠定了技术、思想和群众基础。

技术方面,在印刷术诞生之前,人类早就进入了文字传播时代,但手抄书这种媒介形态,依然难以克服时空的局限。手抄书的制作时间太久,使其无法被快速地生产出来;手抄书的成本过于高昂,使得这类书籍往往被视作珍宝而密藏,无法广泛地流通。但印刷术产生之后,书籍在时间和空间上的偏向性被极大地释放出来,传播内容也因完全还原的复印而固化。由此,地方性的、过渡性的影响被广泛流布的、永久性的影响所取代。马丁·路德拥有了印刷术这一技术来发布思想,这就使得他领导的德国宗教改革注定要比中世纪异端人士的反叛更加深刻。

思想方面,在路德成年之前,教会传统就已经受到了印刷术的影响。爱森斯坦认为,以新的形式和新的方式固化以后,正统观念必然要发生变化。传统的讲演布道形式也受到印刷新势力的影响,人们可以通过默读的方式来认识宗教,这就让传统的讲演布道的重要性大打折扣,传统的权威被逐步消解。学者、印刷商的学识开始超越同时代的大学神学家,他们不像过去的抄书人那样无条件顺从教士的判断。从当时来看,这种解构的速度和范围是相当惊人的。正如丹尼尔·笛福所说:"布道辞针对少数几个人,印行图书却是在对全人类讲话。"②在路德发表论纲之前,他就已经可以阅读到人文主义者伊拉斯谟翻译的希腊语《新约全书》;在他来到大学执教前,图书馆里已经藏有 16 世纪初最优秀的学术著作;甚至在路德出生之前,《圣经》德文版已经印行,教会的地位与基督教信仰的性质已经发生了变化。

---

① 弗格森.文明[M].曾贤明,唐颖华,译.北京:中信出版社,2012:43.
② 爱森斯坦.作为变革动因的印刷机:早期近代欧洲的传播与文化变革[M].何道宽,译.北京:北京大学出版社,2011:195.

群众方面,印刷产品使得人们的文化素养得到提高,公民参与公共事务的能力和积极性得到提高。例如,从1480年到1510年,大量杰出学者和文人来到德国的斯特拉斯堡担任编纂、翻译、校对等与印刷相关的工作。世俗人的公民义务和宗教责任经过了重新评估,新的公共教育体制也被制定出来。过去出身寒门的年轻人也有了新的机会,他们成为口才雄辩、思想开放、反叛传统的教士。这些都为日后马丁·路德等改革者发动运动提供了深厚的群众基础。

(2)印刷产品成为运动的重要载体和主要武器

宗教改革的肇始,即马丁·路德张贴《九十五条论纲》,可以说,从一开始,宗教改革就是一场以"笔仗"为主要斗争方式的社会运动,而印刷术则成为改革派倚重的主要武器。他们将路德的主张印刷出来,广泛散发。刊载着《九十五条论纲》的宣传单和小册子在半个月内传遍德国。公众对于印刷物的热情,形成了一种集体信号机制,无疑又增加了改革者们写作和发表的动力,也让公众勇于公开发表意见。宗教改革的高涨期同德国印刷的飞速发展期高度重合,印证了印刷品在改革中冲锋陷阵的巨大作用。

在这一时期众多的印刷品中,小册子无疑是最为强有力的武器之一。这种四开本或八开本的印刷品工艺简单,易于印制,方便携带,便于流通,并且价格非常低廉,易于被大众接受。小册子全部采用德语进行书写,使得新教思想在向民众传达时最大程度地克服了语言障碍。马丁·路德等人在写作小册子时,非常注重运用通俗易懂的语言进行说理,路德本人就特别擅长运用生活中常见的事物来打比方,从而宣传新教,抨击教会。除此之外,大量的插图也增加了阅读的趣味,使得目不识丁的民众也可以通过阅读接触改革派的思想。小册子的时效性也使得它可以及时地传播思想,在宗教改革中扮演了大众传媒的角色。

正因如此,小册子成为出版领域的主宰,并且成功地主导了公共舆论。仅仅是发行于1520—1530年,并流传至今的小册子,就超过630种。[①] 可见,如果没有印刷术这一成果,搅动基督教世界的改革是无法顺利完成的。

---

① 马尔坦.印刷书的诞生[M].李鸿志,译.桂林:广西师范大学出版社,2006:298-299.

总之,印刷术以文本的形式实现了信息的固化和复刻,终结了知识资源只能为少数人所掌握的时代,使得新知识与新思想能够在更为广大的范围内传播,印刷术为信仰指出了更为民主与民族的形式,印刷出版使得宗教控制程度降低,最终成就了宗教改革。正如前人所述:"印刷机的重要意义似乎怎么夸张也不过分;没有印刷机,宗教改革这样一场重大的革命是不可能完成的。""路德派一开始就是印刷机的孩子;凭借这一媒介,路德能够在欧洲人的思想上打上准确的、标准化的、难以磨灭的印记。"[①]

2. 文化产业发展兴盛

(1)催生了印刷出版等文化产业

在古登堡的印刷术产生之前,欧洲的图书只能以手抄本的形式存在,这种书籍生产方式费时费力,价格高昂,且因为抄书人的疏忽,难免会出现纰漏。印刷术的出现则使得同一内容能够在很短的时间内、别无二致地大量复印出来,这大大提高了图书的生产效率,使得图书出版业迅速发展起来。在德国,早在印刷术发明短短几十年后的1470年,纽伦堡作为欧洲中部的商业中心就建立了综合印刷、出版、销售等业务的具有较大规模的国际企业。在1500年以后,德国共有140个城镇开设过印刷所。[②] 在古登堡发明之后的50年里,机印书的成本只相当于手抄书成本的几百分之一,印刷工的效率比手抄工的效率提高了上千倍,欧洲出版的机印书多达八百万册。[③] 这一时期,不仅书籍的数量大大增加,图书的品质也因为印刷术有了很大提升,而价格却大为下降,从欧洲的"王谢堂前燕"飞入了"寻常百姓家"。

除了书籍之外,报纸、期刊等文化产品也大放异彩,促成了近代新闻业的萌芽。1609年,在德国奥格斯堡出现了世界上第一份周报《通告——报道与新闻报》,此后,各类报纸就如雨后春笋般在德国各大城市涌现,英法等欧

---

① 爱森斯坦.作为变革动因的印刷机:早期近代欧洲的传播与文化变革[M].何道宽,译.北京:北京大学出版社,2011:187.
② 余君华,李贞芳.印刷术与西方世界的兴起:经济学视角的解读[J].经济师,2007(2):19.
③ 爱森斯坦.作为变革动因的印刷机:早期近代欧洲的传播与文化变革[M].何道宽,译.北京:北京大学出版社,2011:4.

洲国家的报业也迅速发展起来,成为欧洲重要的文化产业。与报纸的发展类似,期刊这一文化载体也随着印刷术传遍欧洲大地,成为人们文化生活中不可或缺的文化产品。

(2)培养了固定的文化产品消费群体

随着书籍报刊的推广,阅读越来越成为人们必不可少的生活习惯,印刷品将社会中的人群凝聚成较为固定的消费群体。正如波兹曼所言:"印刷机不仅是机器,而且是一种话语结构,既排除某些内容,又坚持另一些内容,比如形成特定形式的读者群。"① 在德国,18世纪70年代开始就出现了私人性质的读书会,到了18世纪末,全国这样的群体已经多达270个。他们在诸如咖啡馆、沙龙一类的公共领域内集合,一起阅读并各抒己见。这个消费群体的范围相较于以往阅读手抄书的人群也有了极大的拓展,路德在与反对他的人进行神学辩论时,就曾邀请一位农民裁判谁说的更有理,可见,消费文化产品不再是僧侣和权贵的特权了。与此同时,随着印刷品的增多,人们的识字率得到很大提升,学术水平也得到极大提高,知识阶层开始产生,并成为文化产品生产和消费的中坚力量。

(3)推动了文化产权意识和制度的形成

在印刷术出现之前,"知识产权"的意识非常模糊,甚至是不存在的。例如《圣经》就是很多作者在各种场合口头和书面语的记录,并没有确切的产权所有者。再者,在手抄书这类文化产品流传的过程中,抄写者和稿本编辑者往往根据自己的喜好对原文进行取舍,甚至加入自己的意见。而新加入的文字,都会被当成原文,被下一个抄写者写入正文之中。如此一来,著作几经抄写后往往会出现多个版本,混入多个作者的文笔,这就导致了版本的混乱与作者的不可考。印刷术出现之后,由于印刷品可以带来丰厚利润,印刷商开始将知识产权牢牢掌握在自己手中。"知识产权历史的一个里程碑出现在1469年,当威尼斯印刷商获得指定时间段里印刷和销售一本指定的书籍这种权利时。"② 此外,印刷术的诞生带来了书籍的标准化、规范化,也从

---

① 林文刚. 媒介环境学:思想沿革与多维视野[M]. 何道宽,译. 北京:北京大学出版社,2007:268.
② 余君华,李贞芳. 印刷术与西方世界的兴起:经济学视角的解读[M]. 经济师,2007(2):19.

客观上保证了知识产权制度得以实施。

3. 学术思想广泛传播

印刷术发明之前的文献均以手抄的方式来进行传播,学者之间的交流非常困难。印刷术的诞生极大地促进了学术界的发展,推动了科技革命,使现代科学初具雏形。爱森斯坦认为,印刷术的出现是近代科学革命的动因。首先,印刷术改变了知识的储存、更新和扩散方式,印刷书籍成为科学文化知识普及的重要载体,缩小了大众与专家学者的知识鸿沟,为人们的世界观从神学走向科学奠定了基础;其次,印刷术的发明使一批有影响的科技著作得以出版传播,科技文献传播的思想和理论冲破了居于统治地位的神学的禁锢,使自然科学从神学中解放出来,过去秘而不宣的大量古典科学典籍被刊印出来,例如欧几里得的《几何原本》、远古天文学家的基本论著《星象古说》、古代医学家阿维森纳的著作等各类天文、医学、地理、物理巨著进入人们的视野,普及了科学思想与知识;再次,印刷术使当时杰出科学家的著作得以及时出版和大量传播,哥白尼、伽利略等人的科学思想虽然受到了教会的严厉批判,但却通过印刷书籍得到了保存和传播,先进的科学思想得以在各个领域渗透开来,促进了思想解放,在人类科学史上发挥了不可估量的作用;最后,印刷术的发明引发了翻译时代的到来,在16世纪的英国,大量欧洲古代和现代的文学作品被翻译成英文出版。1550年之前的英国,古典作品译成英文的仅43种,1550—1600年,则增为119种。① 许多经典除了被译成英文,还被翻译成西欧各国的文字。如"顾瓦拉的《马可·奥里略的黄金书》1529年首次出版,至1579年已翻印出33种西班牙文版本,1530年被译成法文,1532年被译成英文"。② 书籍的广泛翻译与传播有利于各种先进的思想向社会各个领域渗透,有效地传播新思想、普及新文化,从而改变人们的观念,引发根本性的社会变动;此外,标准化的印刷术促进了学术的规范化,使学术活动有了互相参照引证的可能,降低了学术交流的解码成本,进一步促

---

① 费夫贺,马尔坦.印刷书的诞生[M].李鸿志,译.桂林:广西师范大学出版社,2006:275.
② 费夫贺,马尔坦.印刷书的诞生[M].李鸿志,译.桂林:广西师范大学出版社,2006:276.

进了学术的繁荣。这一切,都为现代科学的发展打下了坚实的基础。

4. 西欧各国语言大统一

一方面,印刷术大大促进了各国民族语言的普及与固化。长时间以来,拉丁语在欧洲占据主导地位,各国方言虽然一直存在,但版本众多、发展缓慢,很多语言一直处于口语传播阶段。而印刷术的发明,则成为民族语言的统一和固化的重要动因。以德国为例,为了使每个信徒都可以自由地阅读和理解《圣经》,路德将《圣经》从拉丁语翻译成了德语,成为近代德语发展史上的里程碑事件。越来越多的国家开始使用本民族语言翻译和出版著作,这又大大推动了民族认同感。

另一方面,印刷机加强了世俗的权威。印刷商更加服从世俗权力而非神权,而国王又可通过掌握着印刷权力的商人来对教会施加影响。这一切都使得民族国家的意识逐渐超越宗教意识,民族文化在欧罗巴大地迅速崛起。

5. 文化环境被重构

首先,印刷术打破了教会在文化领域的垄断专权。在中世纪的欧洲,教会长期控制着文化领域。只有僧侣才能有机会获得教育,而接受教育的主要目的是"修来世"或为教会服务。印刷品被教会用来宣传教义和法令,如印刷赎罪券,加强对全社会的思想控制。但当印刷术普及之后,这种情况就大为改观。马丁·路德率先发表《九十五条论纲》,扛起了反对教会的大旗。路德和其追随者们使用印刷术传播思想,从 1517 年路德发布《九十五条论纲》到 1520 年不到 4 年的时间里,路德的 30 本书就印行了 30 余万册。荷兰著名的人文主义者伊拉斯谟著作的发行量又大大超过了路德的著作。稍后,加尔文的《基督教原理》也传遍欧洲。人文主义、新教思想随着印刷品深入人心,大大松绑了教会的思想控制。与此同时,越来越多的人通过阅读教科书、科学典籍提高了文化水平,使得神学教育一统天下的局面被打破。印刷术犹如一把火炬,将欧洲从中世纪的黑暗中解救出来,教会再也没有办法像从前那样垄断欧洲文化了。

其次,印刷术提高了社会公民的人文素养。印刷术不仅改变了知识扩散的方式,使得纸质媒介在传播的过程中能更大限度地突破时空限制,还从根本上改变了人们搜索知识的方式,使得人们在获取知识时可以不再依赖记忆,也使得经验的传授从过去的同一时空里的口耳相传变为时空可以分离的撰写—阅读。正如爱森斯坦所说,从吃力的抄写和徒劳无益的书籍搜寻中解放出来尤其有助于师生的教学。① 印刷术的发明大大提高了人们的学习能力。与此同时,廉价的教科书的出现使得普遍化的教育成为可能。在现在德国东部领土上建立的魏玛公国从 1619 年起开始实施义务教育,其他各地也纷纷跟进。有研究表明,在 15 世纪中期,欧洲会识字的男人还不到 10%,但是到 17 世纪早期,已经有超过 30% 的男人和 10% 的女人会读和写了。② 印刷术使得欧洲从教会的愚民政策中挣脱开来,文化水平两极分化、目不识丁者占大多数的文化环境一去不复返。

最后,印刷术使得西方近代思潮深入人心。印刷术与欧洲的文艺复兴、宗教改革有着密不可分的关系。爱森斯坦认为,印刷术将文艺复兴一分为二,使其在广度和深度上得到拓展:"文艺复兴字体之所以留下永恒的印记,并不是因为它吸收了一种风格而不是另一种风格,而是因为它是字钉印出的,而不是手写的。"③ 正是因为印刷术保留和传播了文艺复兴的文化成果,才使得这股人文主义思潮深入人心。与印刷术相伴相生的宗教改革运动则打破了教会对欧洲文化铁网般的控制,使得个人主义、民族国家意识成为潮流。印刷术对于科学技术的推动,无疑又使得理性的种子在欧洲萌芽。而在 18 世纪,从法国起源的启蒙运动,也正是因为有了印刷术,才有了生长的土壤。可以说,人文主义、个人主义、崇尚自由、理性、民族国家意识等西方价值观的核心内容,都在印刷术的作用下得以确立,构成了欧洲乃至整个西方世界的意识形态,其中的不少内容更成为普世价值,影响至今。

---

① 爱森斯坦.作为变革动因的印刷机:早期近代欧洲的传播与文化变革[M].何道宽,译.北京:北京大学出版社,2011:326.
② 余君华,李贞芳.印刷术与西方世界的兴起:经济学视角的解读[J].经济师,2007(2):18.
③ 爱森斯坦.作为变革动因的印刷机:早期近代欧洲的传播与文化变革[M].何道宽,译.北京:北京大学出版社,2011:126.

(二)经济生产的变革

印刷机带来的经济益处影响着整个社会。在 16 世纪的发展中,相比那些没有印刷设备的城镇,利用印刷技术的城镇的发展要快得多。[1] 印刷术深刻关联着现代资本主义经济的产生和发展,是西方近代社会生产要素、企业结构、经济制度等经济元素产生深远变革的主要动因之一。

1. 生产要素

印刷术在促进生产要素进步方面的作用主要体现在两方面:一是提升了劳动力素质;二是推动了科学技术的进步。

(1)人力因素

一方面,人们获取知识的难度大大降低。在印刷术发明之前,知识的获取主要依赖聆听布道或阅读手抄书,但这两种方式对大众来说都是有难度的。聆听型的公众只能依靠大脑的记忆储存知识,难免造成对知识的记忆偏差,人们能够记住的知识也相当有限。一本手抄书的完成则需要依靠大量的人力劳动,这就使得手抄书在抄写的过程中难免出现差错,昂贵的价格更是让一般百姓难以接触,获取书面知识的能力基本上成了僧侣阶层的一种特权。

在印刷术出现之后,大量标准、低价的书籍、小册子、报刊开始出现,人们的大脑终于可以从无休止的记忆中得到释放,通过阅读这些极易获得的印刷品增长知识。还有学者认为,印刷术使得封建经济的手工业行会最先受到冲击,因为以往师傅与徒弟之间的经济关系依靠面对面传承的学习方式来维系,机印书的出现促进了劳动力知识学习方式的进步,徒弟只需要买一本价格便宜的相关技术指导的机印书,就有可能摆脱师傅乃至封建经济管理体系的各种束缚。[2]

---

[1] 弗格森.文明[M].曾贤明,唐颖华,译.北京:中信出版社,2012:44.
[2] 郑达威.近代欧洲印刷术传播的经济偏向研究[J].郑州大学学报(哲学社会科学版),2015(3):173.

另一方面，人们接收的知识范围得到了拓展。过去，欧洲民众取得的教育、获得的知识大多源自教会的宣传，内容集中在理解宗教教义、为来世修行等。在印刷术出现之后，这种情况得到了改观。尽管最早使用印刷术进行宣传的恰恰是罗马教会，在之后的宗教改革中，印刷术也被改革派作为斗争的工具，但是随着印刷术的发展，仍有大量古典科学著作、文学作品和当代人文主义者的著作广泛流传，人们的视野大大开拓。总之，印刷术提高了人们的知识素养，增加了人力成本的积累。

（2）技术因素

一方面，印刷术促进了科学技术的创新。印刷术的出现打破了教会在欧洲思想文化领域长期一统天下的局面，改变了人们对待传统观念的态度。由于印刷术改变了知识积累的方式，人们得以用创新的态度看待过去，这触发了人们思考新观念的意愿。

另一方面，印刷术也极大地推动了科学技术的扩散。过去，科学技术往往只被数量极少的知识分子掌握，技术交流的机会在口语传播和手抄书时代更是寥寥无几。印刷术则减少了技术传播的成本，推动了新技术的普及。先进的技术慢慢从少数人的书屋走向大众的世界，走入生产车间。印刷术在带来信息的爆炸式增长的同时，也让信息变得统一和固定，为学者间的交流创造了条件，这就使得科学技术在交流切磋的火花中不断磨砺进步。总之，印刷术拉开了科学革命的序幕，成为了资本主义工具理性的先导。

2. 企业结构

印刷术推动了现代企业结构的建立，在每一座安装了新印刷机的城镇里，一些传统的障碍都土崩瓦解，并产生了新的职业机会，特别是商人、工匠和学者（大学教授和知识渊博的教士），他们共同参与到印刷业中来，甚至有人兼具数重身份。例如，15世纪德国奥格斯堡有一位牧师转行从事印刷事业，随后还曾担任巴塞尔一家大公司的代理人。[①]

[①] 爱森斯坦.作为变革动因的印刷机：早期近代欧洲的传播与文化变革[M].何道宽，译.北京：北京大学出版社，2011：251.

大型出版物的生产使富商和学者集中起来,以前分割的部门开始打破壁垒,进行有规律的直接沟通和交流。一方面,在日常的经验之中,印刷商已经认识到实践就是金钱,他们成为了"资本主义精神"的载体,并且认为这种精神与虔诚的信仰并无冲突。他们不仅需要获得资金、原材料和劳动力,也要培育优秀的作家和艺术家,因为后者可以为他们带来利润和名望。另一方面,学者也要倚仗印刷商更广泛地传播自己的思想,在这里,他们同资本主义的扩张精神达成了统一。印刷商、学者以及承担技术工作的工匠们指向了同一个新的方向,那就是渴望扩张市场并推出差异化的产品。

这种"印刷商—学者—工匠"的联合体成为了印刷业的主力,他们不依附于教会和政府,而是听命于利益的独立力量。这就导致了一种完全不同于中世纪家庭作坊式的手工业生产结构,催生出类似现代企业的、分工明确的新型结构。资本、知识和技术这三个经济学要素被紧密地结合在了印刷行业当中。他们有着各自的专职工作并互相配合:印刷商要开拓书籍市场,准备资金、原材料和劳动力,并安排复杂的生产计划、应对罢工等问题、预计市场规模,等等;学者出于共同的学术兴趣和经济利益汇聚一堂,相互交流、创作作品、考证书籍;不同种类的技术工人在印刷所内进一步接触,使印刷工艺不断结合、改进、创新。马克思就将伦敦的"印刷所广场"指向现代企业的形成——外部融合资源,内部专业分工。[1]

从微观上看,印刷术对于现代企业管理同样贡献不小。印刷术逐步成熟后,印刷业也逐渐产生较大规模的公司。例如15世纪90年代,斯特拉斯堡的印刷商柯伯吉尔的工厂里就有24台印刷机器、百名学徒。此外,他还在法国、意大利、荷兰的多个城市设有分支机构。爱森斯坦称,这门新产业促进了辛迪加和远程网络的形成。这些网络和近代早期商人开辟的棉布贸易和其他大型产业的网络不无相似之处。[2] 一些印刷公司正是依靠精细的分账经营管理才能在山水相隔的情形下运行分公司。这种"复式记账法"正是

---

[1] 郑达威. 近代欧洲印刷术传播的经济偏向研究[J]. 郑州大学学报(哲学社会科学版),2015(3):174.
[2] 爱森斯坦. 作为变革动因的印刷机:早期近代欧洲的传播与文化变革[M]. 何道宽,译. 北京:北京大学出版社,2011:82.

威尼斯印刷商在经营印刷所的过程中学会的。

计算书的大量发行也为企业走向统一化、精细化作出了巨大贡献。例如年鉴含有计算产品成本和支付工资的统一表格、度量衡换算表、城镇间距等,为商人进行企业管理提供了极大的便利。到17世纪,至少在英格兰,年鉴的销量甚至已经超过了《圣经》。①

3. 经济制度

印刷术产生的年代刚好是欧洲资本主义萌芽的阶段,可以说,印刷术从诞生之日起,就流淌着资本主义的血脉;同时,与新教伦理以及资本主义精神相结合的印刷术促进了私人产权和知识产权制度的形成,加速了欧洲社会经济制度从封建向资本主义的变革。

哈罗德认为,储存信息成本的下降将会导致经济行为的分散化。中世纪的欧洲社会以口语传播为纽带,形成了一个个聚集的社群。印刷术的扩散让信息储存成本下降,这种社群的中心力量开始分解。有研究表明,印刷术的出现导致了政权集中势力的瓦解,权力开始分散出现在县级区域。每一个地主和贵族的财产都受到绝对保护,世俗君主的权力不能凌驾其上。产权确定以后,土地所有者开始在土地上创新和扩散技术,提高生产率。

在私人产权制度之中,知识产权制度的形成则同印刷术有着更为密切的关系。在印刷术诞生之前,知识产权几乎从未存在(后文印刷术与文化变革一节会着重谈到),作者的权属暧昧不清。在印刷术诞生之后,新的作者身份形式和文学产权破坏了过去集体作者身份的观念,在界定文学产权、塑造新的作者身份观念、利用畅销书、开发市场潜力等方面,早期的印刷商发挥了重要的作用。到了1500年,已经有人设计法律推定来判定发明的专利和授予文学著作的版权,个人的首创精神从依靠行会保护中解放出来。有了法律保障之后,对于文字的篡改、剽窃都受到了有效的约束,"公共领域"和"私人领域"的界限也更加分明。

---

① 爱森斯坦. 作为变革动因的印刷机:早期近代欧洲的传播与文化变革[M]. 何道宽,译. 北京:北京大学出版社,2011:239.

"印刷机的固化功能在许多活动领域都产生了偏离先例的新倾向,其标志是更加明确地承认个人的发明,是宣示发明、发现和创造。"①印刷术促进了产权制度的形成,不论在物质财富上还是精神财富上,个人的所有权得到了最大程度的强调,构成了资本主义制度赖以存在的基石。

除此之外,印刷资料还提供了丰富的交易信息,促进了契约法典化,降低了交易成本。"最有说服力的表现,是我们的统一价格体系,这一体系扩散到遥远的市场,加速了商品的周转"②,使得国际贸易和资本市场得以充分发展。航海图、地图、指南等印刷品则进一步促进了地理大发现,促进了欧洲商业和资本主义制度向外扩张。可以说,在欧洲经济制度向资本主义转型的过程中,印刷术毫无疑问是一个重要的变革动因。

> 你不也是神吗?
> 你在数百年前给予思想和言语以躯体,
> 你用印刷符号锁住了言语的生命,
> 要不它会逃得无踪无影。
> 如果没有你哟,
> 时间也会吞噬自身,
> 永远葬身于忘却之坟。
> 但是你终于降临,
> 思想冲破了藩篱,
> 在它的襁褓时代就长久地限制着它的藩篱,
> 终于展翅飞向遥远的世界。③

以上节选于恩格斯翻译的西班牙启蒙学者金塔纳的诗——《咏印刷术的发明》。无论是诗歌的赞美,还是全文的梳理总结,古登堡印刷术可谓时

---

① 爱森斯坦.作为变革动因的印刷机:早期近代欧洲的传播与文化变革[M].何道宽,译.北京:北京大学出版社,2011:70.
② 麦克卢汉.理解媒介——论人的延伸[M].何道宽,译.北京:商务印书馆,2010:181.
③ 马克思,恩格斯.马克思恩格斯全集[M].第41卷.中共中央马克思恩格斯列宁斯大林著作编译局,编译.北京:人民出版社,2016:42.

代的产物,在欧洲中世纪史上,极大地促进了人类文字信息传播与社会文明发展,并引发了社会变迁的"洪流"①。可以说,西欧图书出版的繁荣,报纸、期刊的出现,学术活动的活跃,宗教改革的顺利进行,各国近代民族语言的统一,人们文化水平的提高等都受益于印刷术。

20世纪80年代以后,新的电子信息技术开始推动一场新的印刷传播革命。电子排版、电脑编辑、网络传输等新的出版技术不断应用于印刷媒介,人类告别了熔金铸字的"铅与火"时代,进入了一个全新的数字印刷传播时代。在21世纪的今天,数字印刷技术已经全面取代了传统印刷,极大地提高了书刊、报纸等印刷媒介的出版效率,使出版传播在现代政治、经济、文化和社会生活的各个领域发挥着更为活跃、更加广泛和日益重要的作用。②

如果说,印刷术在近代文明的知识积累扩散、意识形态重构、社会运动方式变化、生产方式转型等方面都产生了巨大的影响与推动,那么,互联网的诞生则直接、迅速地给全球社会形态、社会结构、社会价值、社会层级、公共领域、权力结构、时空范式、文化特征等各个层面带来了更为广泛、深刻的影响。中国虽然是印刷术的诞生地,但文字符号构成、生产方式、社会运动、意识形态、文化传统、消费需求等诸多因素使得印刷术这一"变革动因"未对当时的中国产生深刻影响。正因如此,当下的中国应重视并把握互联网在社会转型过程中所发挥的作用,避免像印刷时代一样错失历史的机遇。

---

① 施拉姆. 人类传播史[M]. 游梓翔,吴韵仪,译. 台北:远流出版事业股份有限公司,1994:172.
② 郭庆光. 传播学教程[M]. 北京:中国人民大学出版社,2011:26.

第二章　报纸(上):宣传喉舌与攻讦利器

当人类文明的步伐进入到 15 世纪的时候,文明发展的方式、节奏和方向发生了大的扭转,就全球意义而言,近代化到来了。自魏晋以来不断攀爬文化高峰的中华文明即将进入低谷期,而在战争、瘟疫、饥荒中度过了千年暗黑时光的西方文明却正在发生对此后 500 年影响深远的变化。此时的西方,中世纪即将结束,文艺复兴星火燎原,地理大发现的航船已经起锚,印刷书籍逐渐蔓延,科学主义正在兴起,宗教改革如火如荼,教会的权力即将土崩瓦解。这一切历史大变革的背后,是人类生产方式的全新变革。

无论是屡遭中断的西方文明,还是一直延续的东方文明,在此之前的历史进程中,其主要依赖的生产方式都是自给自足的农业耕作。然而,当近代化过程开始的时候,商业逐渐取代农业,成为社会主要的生产方式。"商业的扩张往往先于并决定工业的进步。"①"英国在变为典型的工业国,即变为拥有矿山、制铁厂和纺纱厂的国家以前 50 年的时候已经是一个大商业国,正如一句名言所云:是个商人的国家。在那里,商业发达,走在工业变化的前头,而且,它也许决定着工业的变化。"②被人们用来命名接下来的时代的工业,其实不过是商业链条上的一个环节而已,因为所有工厂生产的产品都要拿出去售卖,而不是为了满足生产者自己的需求。因此,哥伦布的航船出发时,与郑和的目的完全不同,哥伦布等人要寻找原料和金银,而不

---

① 芒图.十八世纪产业革命[M].杨人楩,陈希秦,吴绪,译.北京:商务印书馆,2012:73.
② 芒图.十八世纪产业革命[M].杨人楩,陈希秦,吴绪,译.北京:商务印书馆,2012:75.

是为了显示天朝威仪。

生产方式的变化必然带来社会运行方式的革命。代表新的商业社会生产方式的阶层兴起了,历史学家、社会学者们把这些阶层分为资产阶级和无产阶级,他们将主导新的经济运行方式,建立与之相适应的新的政治制度,并带来全然不同于以往的文化形态,使得社会运行的节奏大大加快。

当商业社会的利益追求催生出全新的社会运行方式,人类对能量和信息的需求必然发生根本性的改变。从技术的角度而言,蒸汽和电力成为解放能量的标志,而电报和网络成为解放信息的标志。也正是在人类对能量和信息的利用获得前所未有的自由之时,在全球范围内,媒介开始了历史上从未出现过的井喷式发展,仅仅在 500 年的时间里,对政治经济文化有着广泛影响的媒介接连出现,信息传播及其载体对社会生活的影响越来越深刻。

在这 500 年汹涌的媒介浪潮中,出现的第一种媒介,便是报纸。

一、报纸的诞生

一般意义而言,人们现在所说的报纸指的是近代以来产生的报纸。从最早的近代报纸诞生,至今已有 400 年左右的时间,从作为近代报纸标志的日报出现,到现在也已 350 年。在近现代以来的媒介中,报纸毫无疑问是历史最长、积淀最为丰厚的媒介了。就信息传播而言,报纸在发展过程中积累下来的经验是近现代传播的基础,其后出现的各种媒介都或多或少地继承了报纸的衣钵。

(一)社会背景

中世纪即将结束、近代化逐渐开始的大背景为近代报纸的诞生提供了至关重要的历史契机。作为西方近代化的标志,文艺复兴、宗教改革与地理大发现等社会运动的兴起强化了人们的信息需求,同时也为信息的大规模扩散创造了条件。"从 15 世纪开始,西方社会一系列政治、经济和文化因素的交织作用,特别是文艺复兴以及随之而来的宗教改革运动,使人们追求新闻的欲望显著增强。地理大发现又开阔了欧洲人的视野。伴随着金融、贸易交往的发达,信息交流活动空前发展。"①

一方面,当商业逐渐成为主导社会的新的生产方式,经济活动的转型以及随之而来的政治斗争的发展为报纸的诞生提供了直接的社会需求。"报纸诞生在欧洲北部,是因为有强大的社会与技术潮流相结合。其中一股潮流是商业活动逐渐兴盛,人们需要有关价格、供给、需求的资讯,这些资讯有时是来自另一个国家,有时则是来自另一块大陆。另一股潮流是除了宫廷官员和贵族外,连一般大众也开始对政治感兴趣,而且大众有兴趣的范围还超过自己的邻近地区,涵盖全国及其他国家。"②随着商品经济的发展,社会对信息的需求日益增长。在此基础上,代表商业社会生产方式的资产阶级必然与代表农业社会生产方式的教会贵族发生难以调和的矛盾,随着这样的社会矛盾日益尖锐,西方社会逐渐进入冲突多发的不稳定时期,进一步刺激人们去获取更多的信息。

另一方面,随着全新的社会生产方式的出现,技术的创新、社会的发展又为报纸的诞生提供了相应的社会条件。我们在前面已经谈到,后来被视为"变革动因"的印刷术的诞生,对西方社会近代化过程中的信息扩散产生了至关重要的推动作用,并与当时的社会运动一起,形成了摧枯拉朽的变革力量。对于报纸的诞生而言,古登堡的发明产生的直接效应就是出版物由手抄变为印刷,由不定期变为定期。15世纪末至16世纪,欧洲各国印刷商在出版书籍的同时,也印刷大量活页印刷品来报道国内外的重大事件,成为近代印刷报纸的雏形。随着商品经济的发展,越来越多的人口集中到城市生活,以商业为运转内核的都市大量出现,不仅为报纸提供了大量读者,而且也降低了报纸发行的成本。到了17世纪初,随着陆路交通的发展,欧洲各国建立了发达的邮政系统,四轮的公共驿车甚至承担了几乎所有的长途运输任务,为报纸投递效率的提升提供了交通保障。

当一系列社会条件的发展正好满足了当时的社会需求,经过一个多世

---

① 熊澄宇.媒介史纲[M].北京:清华大学出版社,2011:87.
② 施拉姆.人类传播史[M].台北:远流出版事业股份有限公司,1994:222.

纪的酝酿,报纸这种新的近代媒介便在17世纪的欧洲应运而生。

(二)最早的报纸

到了近代社会,传统农业社会金字塔形的社会结构在商业发展所要求的平等自由基础上逐渐崩塌,社会结构逐渐扁平化。在摆脱传统的政治、经济、文化力量的束缚之后,新技术的出现往往对新的社会事物和现象的出现产生强势的驱动效应,成为近现代社会的一个重要特征。近现代媒介的发展也不例外,新媒介总是出现在掌握着最先进传播技术的国家和地区,报纸就是一个典型的例子。1609年,德意志出现了最早的两种周报:《通告、报道和新闻报》以及《报道》,这与这一地区最早掌握了印刷术这一当时最先进的传播技术有直接关系。

此后将近一个世纪的时间里,作为定期印刷出版物的报纸在西方各国相继出现。较早出现报纸的是英国和法国——英国1621年出现第一家定期刊物《每周新闻》,法国巴黎1631年出现第一家周报《各地见闻》。意大利作为手抄新闻的发祥地,在这里出现的《威尼斯公报》被视为近代报纸的先声。然而,由于16世纪天主教对新闻的残酷迫害,迟至1714年,意大利才出现近代第一家长期发行的报纸《罗马新闻》,这一时间甚至比近代化过程中步履沉重而缓慢的俄国还晚。1703年,彼得堡和莫斯科两地出版了俄国第一份近代报纸《新闻报》,内容是莫斯科王国和邻国发生的值得知道和记载的军事和其他事件新闻。在当时作为北美殖民地的美国,1690年,本杰明·哈里斯创办的《国内外公共事件》只出了一期即被查封。到了1704年,《波士顿新闻信札》出版,北美地区才算有了真正意义上的报纸,这份邮政局创办的报纸同时也开启了"邮报"的传统。

作为近代报纸的主体,日报的出现意味着报纸这一近代媒介开始进入人类每天的社会生活,报纸自身也开始进入较为稳定的发展阶段。日报在各国先后出现同样用了一个多世纪的时间。最早的日报是1650年在莱比锡出版的《新到新闻》,这份日报奠定了德国在世界新闻史上的地位:其日报的出版比英国、法国和美国等要早50至100年。英国的日报在半个世纪之后出版,这就是 1702 年的《每日新闻》。法国日报的出版则要更晚,直到 1777 年,《巴黎新闻》的出现才宣告日报在法国的诞生。美国则到 1783 年才出版了日报《宾夕法尼亚晚邮报》。

尽管中国有着一千多年邸报传接延续的过程,但是,中国显然无法在这样的历史基点上创办日报。当历史的步伐进入由西方文明定义的近代化过程之时,中华文明面临前所未有的困境,列强用坚船利炮打开了这一东方古国紧闭的大门,让这一曾经长期在世界文明发展中领先的国度陷入一个多世纪落后挨打的屈辱历史阶段。中国近代报刊正是在这样特殊的历史背景下出现的。

最早的中文近代刊物由西方传教士和商人创办。1815 年 8 月 5 日,英国传教士米怜在马六甲创办了第一份中文月刊《察世俗每月统记传》。1822 年 8 月,葡萄牙人在澳门创办周报《蜜蜂华报》,这是中国第一份外文报纸(葡萄牙文)。1833 年 8 月,米怜在广州创办了中国境内第一份中文月刊《东西洋考每月统记传》。1857 年,美国商人莫罗在中国境内(香港)出版了第一份日报《孖(音"妈")剌报》。

中国人自己创办的近代报刊到 19 世纪 50 年代才开始出现。在早期国人自办报刊中,晚清思想家王韬 1874 年在香港集资创办并任主笔的《循环日报》较具代表性。这份报纸出版至 1947 年才停刊,是早期国人创办的报纸中出版时间较长、影响较大的一份。《循环日报》开启了鼓吹变法自强的政论之风,在后来历次救亡图存的革命运动中,各党各派创办的报纸都成为其传播思想、推动革命的重要工具。也正是在这样的历史进程中,中国报业逐渐形成了具备本国特点的行业体系与传播格局。

(三) 思想基础

作为近代新生的传播媒介,报纸要在接下来的几百年中成为人类社会的主要信息载体之一,还需要经过充分的发育。在这一过程中,只有经过时代精神与杰出思想的充分滋养,报纸才能从起初不为人重视的媒介小苗成长为影响人类社会文明生态的媒介种属。在报纸诞生之初,对言论、出版自由的充分讨论及在此基础上形成的"自由、民主、平等"等基本观念,成为报纸在日后获得长远发展的思想基础。

在争取言论、出版自由的过程中,西方各主要资本主义国家都有各具代表性的阶段和人物,其中,英国是比较具有代表性的国家。自17世纪以来,英国争取言论、出版自由的过程经历了3个世纪,而基本上在每个世纪,英国都会因争取言论、出版自由而产生一位影响世界政治思想史的卓越思想家。这些思想家的著作对英国以及整个西方世界的近代化过程产生了直接的影响。

英国在争取言论、出版自由方面的第一位代表人物是约翰·弥尔顿(1608—1674)。弥尔顿在英国近代史上卓有声名,他的《失乐园》与《荷马史诗》、但丁的《神曲》并称西方三大诗歌,而在英国本土,他也与莎士比亚、乔叟齐名。弥尔顿一生结过3次婚,因为婚姻的磕磕绊绊,弥尔顿发表了一些论述离婚的小册子。1644年,他因此被国会质询时,慷慨陈词,这就是后来成为自由主义里程碑的《论出版自由》。在这篇被后世广泛引用的文章中,弥尔顿写道:

> 请给予我依据良知去获知、去陈述、去辩论的自由……虽然这世上各家各派的主张四处横行,但是真理一直在保持警戒;如果我们用许可或禁止的方法伤害她,便是怀疑她的力量。让她和虚假战斗吧!只有在自由和开放的对抗中获胜的,才能被视为真理。

自15世纪开始,英国的集权主义出版不断发展,出现了多种相关机构和制度,其中最具代表性的如1487年设立的"星法院"、1528年建立的"皇家特许制度"、1570年成立的皇家出版法庭,以及1586年颁布的"出版法庭命令",这些机构和制度的目的都在于压制异己思想和信息传播。而在弥尔顿看来,出版自由是人民与生俱来的权利,限制言论自由即妨碍真理本身,唯有保障言论自由,才能使真理战胜谬误。弥尔顿相信真理是肯定的,是可以表达出来的,并且只要让真理参加"自由而公开的斗争",真理本身就具有战胜其他意见而存在下来的无可比拟的力量。真实的、正确的思想会保存下来,虚假的和错误的思想会被丢弃。虽然虚假的思想可能会取得一时的胜利,但真实的意见会通过吸引新的力量来维护自己,"会通过自我修正过程最终战胜其他意见而保存下来"。①

正是由于弥尔顿的这种思想,现代关于"观点的公开市场"以及"自我的修正过程"等重要观念才得以形成。这些观念归结起来,就是让所有想说什么的人都能自由地表达自己的思想。实际上,弥尔顿的慷慨陈词以及《论出版自由》的出版在当时并未广泛流传并产生太大影响,直到法国大革命和美国独立战争期间,他的思想才真正受到重视而广受推崇。这部著作的影响也并不局限于资产阶级革命期间,时至互联网时代,维基百科在关于弥尔顿的词条中都清晰地注明:"维基百科的编辑和书写理念也源于此。"

不过,时过境迁往往让一个人的命运带上讽刺与沧桑的意味,弥尔顿后来的境遇正是如此。"当清教徒掌权时,克伦威尔建立了比他过去的对手更独裁的控制,清教徒任命了一位压制反清教徒的主任检查官,而这位检查官正是弥尔顿,也就是上面那段掷地有声地保卫出版自由文献的作者。"②在担任检查官期间,弥尔顿双目失明。不久,保王党重夺政权,弥尔顿的政治生涯结束了。在一片黑暗之中,他创作了后来为他赢得极高声誉的作品《失乐园》。

比弥尔顿稍晚出现的另一位英国思想家是约翰·洛克(1632—1704),他是英国资产阶级革命时期杰出的唯物主义哲学家和激进的政治思想家,被视为西方自由主义理论的创始人之一,其主要著作有《政府论》《人类理智论》《论宗教宽容》等。洛克对西方资产阶级革命影响至为深远。他的自然法思想后来发展为"天赋人权"和"自由、平等、博爱"的资产阶级口号,成为法国《人权宣言》和美国《独立宣言》的理论依据;其社会契约论主张被孟德斯鸠发展为三权分立的国家学说,成为法、美等资本主义民主国家的立法原则。正因为如此,伏尔泰称赞说,只有洛克才算是我们时代胜似希腊最辉煌的时代的伟大榜样。马克思也将洛克视为同封建社会相对立的资产阶级社会的法权观念的经典表达者。

---

① 施拉姆.报刊的四种理论[M].北京:新华出版社,1980:51.
② 施拉姆.人类传播史[M].台北:远流出版事业股份有限公司,1994:231.

在洛克看来,人的自然权利有4项内容,即生命权、自由权、财产权和惩罚权。自由是其余一切的基础,但离开思想、意愿、意志,就无所谓自由。人只有能凭头脑中的思想,自由地说话或保持沉默,才算获得了言论或保持安宁的自由。洛克认为,任何人都有一种不可侵犯的自由权利,即任意使用各种词汇来表达自己的思想。我们不能指望任何人抛弃自己的观点,盲从于不可理解的权威,无论人们的理解怎么错误,理性是其唯一的向导。在不同的见解中保持和平、履行人类的职责和培养友谊,对所有人有益。

另一位具有代表性的英国思想家是约翰·斯图尔特·密尔(1806—1873)。他集中了欧洲思想启蒙的精华,在《论自由》(*On Liberty*)一书里,全面论述了封建专制的严重危害以及言论思想自由与个性解放对于人类社会发展的推动作用。该书被认为是为自由主义辩护并进行充分论证的经典作品。

在密尔看来,每个人都应享有良心的自由、思想的自由、发表意见的自由。在只涉及本人的那部分,他的独立性在权利上则是绝对的。对于如何判断思想、意见是否正确,密尔认为我们永远不能确信我们力图扼制的意见是谬误;即使我们能确信,要扼制它也仍是罪恶的。对于不同意见,必须兼顾双方、无所偏重,仔细辨别冲突双方的理由,才能获知真理。关于压制真理的后果,密尔说真理的真正优越之处在于一个意见只要是正确的,尽管可以一次甚至多次被压制下去,但在悠悠岁月的进程中一般总会不断有人将它重新发现,直到某一次重现时的情况恰好对它有利,幸得逃过迫害,直至它崭露头角,能够抵住随后再试图压制它的一切努力。

英国的这些思想家的卓越思想不仅影响到英国本土的资产阶级革命进程,还影响了包括法国、美国在内的资产阶级革命运动及其思想家的出现,其中,美国《独立宣言》的起草人、第三任美国总统、启蒙思想家托马斯·杰斐逊最具代表性。1787年,杰斐逊在一封致友人的书信里写下了这句名言:"如果要我来决定究竟是有政府而没有报纸,还是有报纸而没有政府,我会毫不迟疑地选择后者。"在临终之前给友人的信里,杰斐逊写道:"自由报业是开化人类的心灵,促进人类成为理性、道德与社会动物的最佳工具。"为此,他一向将言论出版自由看得高于一切。①

当然,并不是所有的启蒙思想家都像杰斐逊一样对报纸这一新生媒介情有独钟。不同的国家有着不同的文化传统,思想家们所处的具体时代又有着具体的历史诉求,因此,尽管伏尔泰、孟德斯鸠、卢梭、狄德罗等法国启蒙思想家的名字和他们对人类思想作出的贡献众所周知,但他们对报纸的态度却出乎大多数人的意料。对此,法国传播学者、历史学家让纳内在《西方媒介史》中对此有如下的记述:②

> 伏尔泰痛恨报纸,他只接受为承袭勒诺多的《报纸》或《学者报》这种传统的官方报纸写赞词。提及法国的官方报纸,他在《百科全书》"报纸"一条中写道:"从未被谗言污染,而且向来书写合乎规则。外国报纸没有能做到这一点的。伦敦的报纸,除了宫廷的报纸以外,都写满了观念自由所容许的不正派之事。"不久后他宣称:"报纸已成为社会的一种祸害和一种不可容忍的劫掠。"这便是长期从事写作的作家们面对他们所蔑视的报界小群体时所表现出的蔑视程度。他指责报纸既不正派又轻浮:报纸永远达不到审慎的书籍那样的严肃程度。
>
> 《百科全书》中狄德罗的措辞是同样的含义:"所有的报纸都是无知者的精神食粮,是那些想不通过阅读就说话和判断的人的对策,是劳动者的祸害和他们所厌恶的东西。这些报纸从来没有刊登一句杰出人物所说的话,也不阻止一部劣等作者的拙作。"在"记者"一条中,狄德罗控诉道:"法国现在有大量报纸。有人发现写一本书的分析要比写一篇好文章容易得多,于是很多思想贫乏的人转而为此。"他这样旨在表明哲学家与蹩脚的记者之间的一种等级制度。
>
> 而卢梭,他的思想更为抑郁,因而他的批评更为尖刻。1755年,他刚获悉一个在日内瓦的朋友创办了一份报纸时,给那个朋友

---

① 李彬.全球新闻传播史(公元1500—2000年)[M].北京:清华大学出版社,2009:153-154.
② 让纳内.西方媒介史[M].段慧敏,译.桂林:广西师范大学出版社,2005:42-43.

写信:"先生们,你们这样便成为期刊作者。我向你们保证这一计划不会令我欢欣,同样也不会令你们欢欣。我很遗憾地看到可以建造纪念碑的人却满足于搬运材料,建筑师却变成了普通工人。一本期刊是什么?一种昙花一现的作品,既没有价值也没有用处,有知识的人都忽略去读它或是蔑视对它的阅读。它只能供妇女或是没有受过教育的自负的傻瓜们去阅读,它的命运不过是早晨在梳妆台引人注目而晚上又沉寂在衣柜里罢了。"

最后是孟德斯鸠,在《波斯人信札》中借郁斯贝克之口说:"有一种我们在波斯没有见过的书,在这里却很流行,叫'报纸'。懒人们读这些感觉很得意。"

二、政党报刊的发展历程

在迄今四百余年的历史中,报纸经历了多种媒介形态与社会功能的变化。实际上,在进入20世纪之前,报纸的面貌与现在能看到的报纸大不相同。从形式上看,报纸从诞生到20世纪之前,基本上都是彻头彻尾的文字媒体;从内容上看,报纸并不像现在这样以客观的信息为主,而是以主观的观点为主。更重要的是,当时报纸的主要社会功能是为政治和党派的宣传服务,这使得政党报刊成为相当长时间里的主要报纸类型。

随着近代以来社会生产方式发生巨大变革,社会运动以不同利益阶层之间激烈斗争的方式进行,在这种剧烈的社会运动过程中,报纸成为各阶层争相使用的利器。无论是在资产阶级上升期还是在无产阶级上升期,报纸都扮演着党派政见宣传的重要角色。在17世纪到19世纪的历史段落中,报纸是唯一能够面向大众实现大范围传播的信息通道,在动员、说服、劝导和组织民众参与党派活动、政治斗争乃至战争过程中,报纸显然比传统的大众集会、私人信函等传统方式更为有效,因此也就成为政党宣传的主要媒介平台。显然,政党报纸的出现和发展不仅是政党的选择,更是历史和时代的选择。

政党报纸首先出现在资产阶级革命过程中,由于在此期间报刊大都直接服务于某个资产阶级政党,成为不同政党的喉舌,故有政党报刊之称。有学者则认为,这个时期的报纸与其说是政党报刊,不如说是观点纸,或者说是党派的宣传工具,因为政党报刊的内容"主要是政论,即使新闻也大都带有比较明显的倾向性或偏见,而读者则主要局限于社会的中上层——这个时期识文断字的主要是这些阶层"①。和今天比,那时人们读报都很仔细,甚至逐字逐句来读,这主要是因为当时有价值的可读性材料非常少。② 不管读者情况如何,重要的一点是:政客、编辑和普通公民都认为报纸是政治体系很重要的组成部分。所有政党都有成员相信报纸的重要性,并且认为应该使用报纸为党派目标服务。

在西方各国的资产阶级革命运动中,政党报纸鼓吹革命、动员民众的社会功能都得到充分发挥,在美国独立战争期间,这种鼓动作用体现得尤其明显。由于战争期间舆论管制相对减少,报纸和宣传小册子非常流行。1786年,本杰明·富兰克林评论道:"美国人醉心于报纸和小册子,以至于没有时间来看书。"③在这些报纸和小册子中,潘恩的《常识》《危机》最受人欢迎。

1776年,北美殖民地的许多报纸转载了潘恩撰写的一本小册子的内容,从而使他赢得了作家的声名。这本小册子就是《常识》,它促使那些各自观望的爱国者加入到革命运动中。潘恩1737年1月29日出生于英国诺福克郡塞特福德一个穷苦的胸衣匠人家庭。他幼年失学,曾相继当过店员、胸衣匠、教员和税吏,屡遭失业和饥饿的威胁。他一直把自己的姓写成"Pain"(意即痛苦)。

1776年1月,也就是这位痛苦的英国移民来到美洲一年后,《常识》首次发表。这本小册子发表后立即畅销,在头3个月销出了12万册。潘恩在书中写道:"我要问问最热衷于鼓吹调和的人,要是我们的大陆继续与英国保持联系,他怎样举出哪怕是一个好处来。"这一挑战是向一听到"独立"一词就会浑身发抖的辉格党人发出的。作为回敬,他们在当地报纸上撰文诋毁一夜成名的潘恩。不过在几周之后,有点文化的美国人差不多都知道了潘

---

① 李彬.全球新闻传播史[M].北京:清华大学出版社,2005:155.
② 斯隆.美国传媒史[M].刘琛,戴江雯,苏曼,等译.北京:人民出版社,2010:108.
③ 波兹曼.娱乐至死[M].章艳,译.桂林:广西师范大学出版社,2011:40.

恩在《常识》中所阐述的观点。而且值得注意的是,仅仅6个月之后发表的《独立宣言》表明,各个前殖民地都支持他的理论。①

1776年战事爆发之后,美国人发觉自己的处境十分艰难。这些仓促组建起来的部队对于战争的看法依然十分模糊,各连队毫无斗志可言。在潘恩志愿参战的新泽西安博依镇,英国人把美国人的部队分割成小股。潘恩在前往华盛顿设在李堡的总部的途中,看到战败的美国人正在舔着他们的伤口,并准备撤退到特拉华河沿线。由于他是外国人,身份特殊,既不是军官,也不是被招募来的士兵,因此他能够与交战双方的人接触。他冒着严寒赶路,一路上与形形色色的美国人攀谈。事实上,这个季节的气候通常是温和的,但是对于这支衣着单薄的队伍来说,夜间露营所带来的只有难忍的痛苦。在此关键时刻,潘恩写下了他的第一篇《危机》文章。

第一篇《危机》文章受欢迎的程度超过了《常识》。这篇文章于1776年12月27日首先发表在《宾夕法尼亚邮报》上,这一响亮的号角引起了各殖民地爱国派报纸的反响。潘恩这篇文章刚刚脱稿,华盛顿就让人念给他手下已经冻得浑身麻木的士兵听。而就在潘恩向这支军心涣散的队伍第一次发出恳求之后的那个星期里,他们向敌人发起进攻,在特伦顿打了一场迫切需要的胜仗。②

实际上,除了在当时鼓舞人心,潘恩的文字世代流芳。在第二次世界大战的艰难岁月中,当听不到任何胜利的消息时,纳粹占领区的人民对自由的希望变成了绝望,然而当他们偷偷地从收音机中听到下面这些写于1776年12月19日的文字时,心中便油然升起希望的火花:

> 此时此刻,正是考验人的灵魂的时候。在夏天的时候才当兵、在阳光明媚的时候才爱国的人,在这场危机中自然会将为国效力视为畏途;而那些在现在这个时候挺身而出的人,才值得同胞的敬

---

① 迈克尔·埃默里,埃德温·埃默里,南希·L·罗伯茨. 美国新闻史——大众传播媒介解释史[M]. 9版. 展江,译. 北京:中国人民大学出版社,2004:70.
② 迈克尔·埃默里,埃德温·埃默里,南希·L·罗伯茨. 美国新闻史——大众传播媒介解释史[M]. 9版. 展江,译. 北京:中国人民大学出版社,2004:72.

爱和感激。暴政如同地狱一样,是不会轻易被征服的,然而我们有一点聊以自慰,那就是战斗愈是艰苦,胜利就愈是辉煌。

在法国资产阶级革命期间,报纸同样受到各个政治派别和党派的重视,并在鼓动民众参加革命、推动运动蓬勃开展的过程中起到了非常重要的作用。不过,由于法国大革命的过程非常激烈和曲折,报纸和报人也遭遇了与时代一样激烈变化的命运。

《人民之友报》由法国大革命期间雅各宾派主要领导人之一的马拉(1743—1793)创办,是在法国资产阶级革命中创办的最具影响力的报纸,是革命民主派的喉舌。它发表了马拉一系列揭露大资产阶级两面性和叛变倾向的政论,主张直接依靠人民,实行革命专政。

《人民之友报》很善于通过报道事实,揭穿敌人的伪善面目。1789年10月4日,它第一个以确凿的事实,及时地披露了王室的阴谋活动。马拉在报纸上号召巴黎人民向凡尔赛进军,制止国王和贵族的反扑。1790年7月30日,马拉在《人民之友报》上第一次提出了革命专政的必要性:"压迫我们的人会心甘情愿地决心和我们平等相处,那是狂言乱语;他们将永远阴谋反对我们,除非他们自己被消灭。如果我们不当机立断,通过必要的,也是唯一的暴力手段,那么我们将不可能逃脱内战的危险,将落得横遭屠戮的下场。"

由于《人民之友报》常发表马拉的激烈言论,马拉和《人民之友报》成了保皇派、大资产阶级、吉伦特派的"眼中钉"。马拉先后七次被通缉或审讯。为了及时出版报纸,马拉经常躲在地窖或下水道里编辑、撰写稿件,"通宵不眠,忍饥挨饿","忍受着地狱般的生活"。

另一份有广泛影响力的报纸是《杜歇老爹报》。这份报纸紧跟形势,旗帜鲜明,文字通俗,文笔泼辣。"什么鬼迷了这些市政议员的脑袋,使他们不能制止这些给千万人带来不幸的暴行?说话呀,你们这些衣冠楚楚的先生们!难道要等到公民们被踩躏得肢体不全时你们才睁眼吗?"这是1791年2月18日,《杜歇老爹报》对贵族议员们投出的战矛。

《杜歇老爹报》由阿贝尔(1757—1794)创办,这位创办人出生于金银匠家庭,在大革命中是城市平民的主要发言人。阿贝尔担任过巴黎革命政权的副检察长,积极推动过雅各宾派政府抗击外国干涉、镇压反革命和普遍限价政策。1790年6月,阿贝尔发表了政治小册子《杜歇老爹》,之后又以杜歇老爹为中心人物写过几篇文章。1790年9月6日,他创办《杜歇老爹报》。杜歇老爹是法国民间喜剧中的角色,机智灵活、疾恶如仇,是法国人民喜闻乐见的艺术形象。这份报纸创办初期,"态度"比较温和,随着革命的深入和保皇派真面目的暴露,它开始猛烈抨击贵族和天主教。

《杜歇老爹报》是"长裤汉"(城市贫民)的机关报。到了雅各宾派专政的后期,阿贝尔成为左派代表,主张用暴力镇压一切反革命,认为"神圣的断头台"是解决一切问题最彻底的手段。1795年3月,企图发动暴动的阿贝尔被罗伯斯庇尔逮捕后处死。法国新闻史学家雅克·哥德硕对《杜歇老爹报》的评价是:"某种革命报纸的典型,它的影响尽管无法准确估计,但无疑是十分巨大的。"

在轰轰烈烈的法国大革命中,资产阶级政党中的吉伦特派和雅各宾派都曾出现过为了保护自己的权利而打击新闻自由的行为。1792年8月,吉伦特派取缔了全部保皇派报纸,并停止执行新闻自由政策。罗伯斯庇尔执政以后,打击了整个自由新闻界。一时间,反对派所有的报纸相继被取缔或自行停刊。不论是吉伦特派的布里索、激进派人物阿贝尔还是温和派人物德穆兰都相继遭到镇压,接二连三地被处决。雅各宾派专政后期,只剩下《小岳党报》《自由人报》和很少的半官方报纸。法国学者贝尔纳·瓦耶纳认为这是"法国新闻史上最黑暗的时期"。

1799年11月,拿破仑发动"雾月政变",推翻督政府的统治,1804年正式称帝,建立"法兰西第一帝国"。拿破仑十分懂得报纸的威力,认为"一张报纸抵得上三千支毛瑟枪",因而严格控制报业。他经常阅读报纸,动不动就对新闻检察官横加训斥,甚至直接授意撰写某些文章。看到报刊上一星半点的批评,他都会大发雷霆:"请再遏制一下报纸吧!让它们登出好稿来。要让《论争报》和《政论家报》的编辑明白,不久之后,我将认为它们对我毫无用处,我要把它们连同其他所有报纸统统予以取缔,只留下唯一的一份报纸……大革命的时代业已终结。在法国,只能存在独一无二的党派,我绝不容忍报纸说出或做出有损于朕利益的事情来。"①

1814年3月,欧洲各国反法联军攻入巴黎,波旁王朝复辟,国王路易十八不敢忽视资产阶级的力量,实行君主立宪制。在严格管制出版事业中,路易十八曾短期颁发塞尔新闻法(塞尔是当时的司法部长),废除了初版预审制、保证金制和印花税制。这部法令从诞生到废止不过半年时间,却有着重大历史意义。历史的进程让复辟的封建王朝废除了由资产阶级建立起来的各种限制新闻自由的制度,不由得让人感叹历史本身的复杂性。

与资产阶级革命相比,在无产阶级革命过程中,报纸除了同样起到鼓动宣传的作用外,还承担着强大的组织功能。这种功能是在俄国的无产阶级革命运动中首先发展出来的。

1900年12月24日,第一份全俄政治报——《火星报》在德国莱比锡创办。从《火星报》创办的全过程看,列宁起着主导作用。《火星报》的宣传内容主要集中在两个方面:同经济派论战和宣传党的纲领。② 在宣传党的纲领、路线,为建党奠定思想基础的同时,《火星报》还通过代办员网同各个地方组织建立密切的联系,为建党奠定了组织基础。关于报纸是集体的组织者,列宁打了一个比喻:"报纸可以比作脚手架,它搭在正在建造的建筑物周围,显示出建筑物的轮廓,便于各个建筑工人之间进行联络,帮助他们分配工作和观察有组织的劳动所获的总成绩。"

1912年5月5日,布尔什维克党在彼得堡创办了大型的群众性政治日报《真理报》。《真理报》的工作主要是在列宁领导下进行的。报纸涉及的内容相当广泛:阐述马克思主义的学说,分析俄国和世界资本主义的发展,介绍工人、农民运动的状况,评论俄国政党的活动和国际政治领域中最重要的事件,等等。《真理报》曾于1914年7月8日停刊,又于二月革命后复刊。作为中央和彼得格勒市委的机关报,《真理报》在此过程中发挥了重要的作用:揭露临时政府的本质,宣传将革命进行到底的思想;宣传列宁《四月提纲》,统一全党思想;宣传四月代表会议精神,促进苏维埃改组;宣传和推动

---

① 阿尔贝,泰鲁.世界新闻简史[M].北京:中国新闻出版社,1985:32.
② 郑超然,程曼丽,王泰玄.外国新闻史[M].北京:中国人民大学出版社,2000:216.

十月武装起义。随着十月革命的胜利,《真理报》成为世界上第一个执政的无产阶级政党的第一份中央机关报。

实际上,当报纸这种可以大范围传递信息的媒介出现之后,它就成为近代以来各种社会运动中不可或缺的工具、手段和力量。无论是资产阶级还是无产阶级,无论是渐进改良还是激烈革命,都离不开报纸。在中国近代以来的历次政治运动中,报刊始终都是各种政治力量和党派倍加重视的传播工具。在清末的维新变法运动中,随着变法运动的开展,第一次国人办报的高潮出现了。以康有为、梁启超为代表的资产阶级改良派人士,率先以报刊为阵营,办起了《万国公报》(后更名《中外纪闻》)、《强学报》和《时务报》等政论报刊,宣传维新变法,力图唤醒沉睡的国民。以孙中山为首的资产阶级革命派创办了《中国日报》《民报》等机关报,并在推翻清廷后颁行的《中华民国临时约法》中明确宣告"人民有言论、著作、刊行及集会、结社之自由"。

最终领导中国人民获得胜利、建立民族独立国家的无产阶级政党——中国共产党,在其领导的革命运动中非常重视报纸的作用,早早创立并不断发展自己的党报系统。在新文化运动中由陈独秀创办的《新青年》、陈独秀与李大钊等人创办的《每周评论》及在五四运动后由毛泽东任主编的《湘江评论》等都在宣传民主、科学、革命的思想方面有着广泛而深入的影响。在中国共产党成立之后,《向导》《中国青年》等党团机关报相继出版,在其后历经重重艰难的革命运动过程中,瑞金中央苏区的《红色中华报》、国统区的《新华日报》及延安的《解放日报》等报刊都发挥了重大的历史作用,不仅是无产阶级革命运动的宣传工具,更是无产阶级政党的组织力量。

三、攻讦与谩骂

在代表商业社会生产力的资产阶级在西方各国登上历史舞台,经过资产阶级革命运动建立起资本主义制度之后,掌握了国家政权的资产阶级首先要面临的却是代表不同利益的党派之间的纷争。对于这种需求,资产阶级的政党报刊不再像资产阶级革命运动中的那样,而更多地体现为党见派性,即为自己所代表的党派服务。在这方面,美国独立战争胜利之后的报纸体现得最显著。

美国立国之初，联邦党和共和党两大政党形成。此时的共和党一定意义上是今天民主党的前身。联邦党的领袖人物是华盛顿内阁的第一任财政部长亚历山大·汉弥尔顿，而共和党的领袖人物就是《独立宣言》的执笔人、美国第一任国务卿托马斯·杰斐逊。联邦党主张建立一个强大的中央集权政府，共和党主张州和地方的控制权；联邦党倡导工业文明，共和党倡导农业社会；联邦党主张与英国交好，共和党主张与法国结盟。汉弥尔顿个人带有更多的贵族派头，杰斐逊则有更多的民主意识。两党之间的分歧与对立带来了报界的激烈争论与相互讨伐。

联邦党的机关报《美国公报》于1789年创刊，由约翰·芬诺编辑。共和党的机关报《国民公报》于1791年创办，由菲利普·弗雷诺主编。当芬诺嘲弄普通公民对政府官员提出控诉的权利时，弗雷诺对读者说，"对政府保持始终不懈的戒备"对于防止"野心勃勃的图谋"是必要的。他还警告说："如果有的地方这种戒备没有达到合理的程度，那么人民很快会受到压迫。"

于是有一天，弗雷诺对着汉弥尔顿猛烈开火了，抨击他在把短期借款转为长期借款的过程中有不法行为。那天弗雷诺用了"布鲁图斯"这个笔名，汉弥尔顿这位联邦党人领袖马上就发现他在新闻界碰上了一位不可等闲视之的劲敌。继第一篇文章之后，弗雷诺日复一日地开火攻击。他的无所顾忌激励着其他能言善辩的"喉舌"喊出了各就各位的口号，即使那些文采稍逊的反联邦党人编辑，也可以通过转载《国民公报》的"交换稿"来唤起读者。而惊恐万状的联邦党人则连篇累牍地撰写社论，对他极尽侮辱谩骂之能事，但是对于这些，弗雷诺也照样能够加倍奉还。

弗雷诺如此令人气恼，惹得汉弥尔顿亲自加入论战，从而犯下了错误。汉弥尔顿给芬诺的报纸写了一篇不署名的文章，说政府职员不应该批评政府的政策。弗雷诺反击说，杰斐逊的国务院发给他的一点点薪俸并不能封上他的嘴巴。汉弥尔顿作为那篇文章作者的身份已经暴露，他便攻击杰斐逊是《国民公报》上那些污言秽语的真正作者。两位内阁官员间的这场纷争只得由华盛顿总统来仲裁，但总统发现这一裂痕是无法弥合的。事实上，华盛顿总统也被他所称的"无赖弗雷诺"搞得甚为狼狈，因为弗雷诺写过这样的报道:"一国之首长……几乎不了解国家的真实情况,尤其若是他因身居要职而自认为偶尔到人民中间去一下会有失身份。"弗雷诺把华盛顿当成一个理所应当的攻击目标,因为在这位主编看来,老将军华盛顿把自己的大名提供给了联邦党人做"招牌"。

无论是反对派还是政府,最终都没能制服弗雷诺。到头来,《国民公报》只不过是由于财政拮据才停刊的。与芬诺曾经得到汉弥尔顿的资助不同,没有什么好心人向弗雷诺伸出援手。杰斐逊本可以提供一点帮助,但在他于1793年离开内阁后,弗雷诺便基本上得不到任何财政支持了。当黄热病袭来时,他的工人纷纷逃出城去,弗雷诺关闭了报社,此后再也没有复刊。他的报纸只出版了两年,但很难说当时是否还有别的出版物取得过如此巨大的成功。

本杰明·富兰克林·贝奇是接过弗雷诺扔下的反联邦党人火炬的主要新闻工作者之一,他是本杰明·富兰克林的外孙。贝奇是一位性格活泼的年轻人,他感情冲动、才华横溢,常常出言不逊。他的作风受到弗雷诺的影响,他的报纸的党派倾向甚至比《国民公报》还要强烈,进行彻头彻尾的恶毒攻击对他来说简直就是家常便饭。

贝奇小时候生活在法国和瑞士,是由对他百依百顺的外祖父带大的。因此从他踏入报界起,年轻的贝奇就对法国人的事业给予了同情。当华盛顿总统开始支持以汉弥尔顿等人为首的反法政党时,贝奇的态度使他站到了这位独立战争的老英雄的对立面。像弗雷诺一样,贝奇在他想要置联邦党人于死地的宣传活动中采取了人身攻击的手段。他甚至企图侮辱这位"美国国父"的人格。他在1796年12月23日一期的《曙光女神报》上写道:"如果说曾经有人破坏过一个民族的话,那么华盛顿已经败坏了美利坚民族。"

作为报复,联邦党人砸烂了《曙光女神报》报社,并且殴打了这位主编。芬诺在大街上杖笞贝奇,科贝特则在《箭猪公报》上这样描写他:

> 这个穷凶极恶的家伙(他不愧是老本杰明的子孙)知道,但凡有点见识的人都瞧不起他,把他当成一个不可救药的骗子、一个工

具、一个别人的走狗……他是个容貌丑陋的恶魔。他的眼睛从没有看到别人的膝盖以上。他脸色蜡黄，两颊凹陷，目光呆滞，给人的印象就像是一个在绞刑架上吊了一星期或十天的家伙。

由于报刊上谩骂成风，一些历史学家把这一时期称为"新闻事业的黑暗时代"。杰斐逊在1807年写道："如今报纸上的东西，没有一样是可以相信的。""没有哪一个细节是可以依靠的。我还要加上一句话：从来不看报的人，比看报纸的热闹更加消息灵通。"①

令人唏嘘的是，当1798年一场史无前例的黄热病肆虐当时的美国首都费城时，无论是联邦党的芬诺，还是共和党的贝奇，都无法再继续他们的论战，他们都死于这场可怕的流行病，弗雷诺的《国民公报》也被迫停刊。在黄沙一般袭来的黄热病面前，人们曾经无比热衷的相互中伤似乎都被无情掩埋而不值一提，正所谓"天地不仁，以万物为刍狗"。

美国政党报刊的相互谩骂并非一国一时之现象，实际上，因为政党报刊是政党的宣传工具，在进行维护本党派利益、打击对立党派利益的活动时，政党报刊就容易变成相互攻讦的利器。不过，从历史的另一面来看，不同政党、派别之间的争论在一定程度上也可以起到传播思想、推进社会运动的积极作用。在这方面，中国资产阶级革命派与保皇派之间的论战就是很好的例子。

清朝末期，以孙中山为首的革命派创办了《民报》，提倡建立民主共和制的资本主义国家。而以梁启超为首的保皇派创办了《新民丛报》，主张建立君主立宪制资本主义国家。1906年，这两份报纸围绕要不要进行民族革命，要不要进行民权革命，要不要实行土地国有、平均地权三个问题进行了一系列论战。论战以1907年《新民丛报》停刊而告终。经过这一番政党报刊的大论战，民主革命思想在中国得到普遍传播，三民主义逐渐深入人心，许多保皇派人士转向革命，加入同盟会，为后来的辛亥革命提供了相当厚实的思想和组织基础。

---

① 伊尼斯.传播的偏向[M].何道宽,译.北京:中国人民大学出版社,2003:135.

第三章　电报：电讯革命与新闻垄断

"文革"时期，北京一位老大娘在西北工作的儿子要带着名叫兵兵的孙子回北京探亲。那时候发电报一个字要5分钱，而当时的5分钱恐怕比现在的5元钱还要贵，为了省钱，他发给母亲的电报是这样的："某日某车带兵进京。"这封电报被居委会戴红袖章的老太太们截获，立刻如临大敌，草木皆兵。她们分析了情况的严重性，第二天就和派出所的公安人员一起到车站堵截，结果上演了一场闹剧。①

电报带来的类似结果在100年前就让英国记者安德鲁·温特感同身受："电报体让任何形式的礼貌说法都无容身之地。'May I ask you to do me the favour'（劳驾）这么一句话，传输五十英里的距离就要六便士。这个可怜的人要把类似温文尔雅的形容词无情地砍掉多少，才能将他的信函开支降到一个合理的水平呢？"②

与让人们拍发报文时字斟句酌相比，电报对人类传播活动的改变要更为深远。这种我们如今已经不太熟悉的传播技术和载体让人类的文字传播进入全新的时代，而天气预报的出现、通讯社的诞生、新闻业垄断格局的形成，也都因为电报的发明而产生。与麦克卢汉把电力时代的媒介看作是人的中枢神经的延伸一样，詹姆斯·格雷克在《信息简史》中把电报称为"地球的神经系统"。在互联网出现之前，一个全球性的信息网络实际上已经因电报线路的交织而形成了。

---

① 盖英利.电报的消逝[J].档案,2006(4):16.
② 格雷克.信息简史[M].高博,译.北京:人民邮电出版社,2013:149.

一、电报的发明

在人类传播活动的历史中,文字的出现无疑具有划时代的意义。当口耳相传的语音被凝结为抽象线条组合的文字符号之后,如何让它在空间上传播得更为广泛,在时间上流传得更为久远,就成了文字媒介发展中不断出现和需要被解决的两大难题。甲骨和竹简虽能长久保存,但却因不便运输而难以在空间上广泛传播;飞鸽传书、驿马快报尽管在很大程度上跨越了空间的界限,但巨大的运输成本又阻碍了信息的大规模流通。

造纸术的出现和流传,印刷术的发明与改进,让进入印刷时代的人类能够大批量、高频率地复制文字,文字跨越空间散播信息的能力得到了空前的解放。不过,印刷时代文字对空间的跨越必须借由交通工具进行,无论从成本还是效率上来说,文字传播在跨越空间方面仍未获得真正的自由。直到西方印刷革命发生400年以后的电力时代,随着低成本地进行远距离信息传输的技术在人类的欢呼声中面世,这一问题才真正得以解决。

1844年5月24日,在美国华盛顿最高法院旧议事厅里,出身画家的美国科学家莫尔斯当着众多名流的面,演示了自己发明的有线电报传输装置。接通电源后,莫尔斯在一只电键上摁出一串嘀嘀嗒嗒的电码,等候在巴尔的摩的助手把这些声音翻译出来,当时围观的人们看到电讯内容是"上帝创造了何等奇迹!"刹那间,人群一片欢呼。

当天下午晚些时候,莫尔斯发出了第一条登在报纸上的电讯稿,这家报纸是《巴尔的摩爱国者报》,电讯内容是:"1时,众议院刚刚就俄勒冈问题提出一项动议并交由全体委员会。被否决——79票赞成,86票反对。"[①]

至此,人类有史以来拍发的第一份电报和第一条登在报纸上的电讯稿正式诞生。它之所以意义重大,是因为电报"把我们带入一个同时性和瞬间性的世界,这是人类历史上从来没有经历过的"。[②] 1844年5月24日也成为

---

① 迈克尔·埃默里,埃德温·埃默里,南希·L·罗伯茨.美国新闻史——大众传播媒介解释史[M].9版.展江,译.北京:中国人民大学出版社,2004:144.
② 波兹曼.童年的消逝[M].吴燕莛,译.桂林:广西师范大学出版社,2011:88.

国际公认的电报发明日。

电报的发明拉开了电信时代的序幕,开创了人类利用电来传递信息的历史。莫尔斯电报的原理是利用电流的接触与断开,形成一短一长两种声响,然后这两种声响通过不同的排列组合代表 26 个英文字母和 0 到 9 十个数字,便可以隔着空间迅速传递信息了。"嘀嗒"一响,只要 1 秒钟,电报便可以载着人们所要传送的信息绕地球走上 7 圈半。这种速度是以往任何一种通信工具望尘莫及的,人类跨越空间传递信息的效率得到前所未有的提升。"由于电报的出现,时空的距离被大幅度压缩,人们的生活世界以及人们对这个世界的感知与感知方式,随之发生巨大的、潜移默化的变化。"①

二、电讯革命

在人类利用媒介拓展传播活动范围的历程中,莫尔斯发明的电报同 400 年前古登堡发明的金属活字印刷术一样,都具有开天辟地的里程碑意义。

(一)传播与交通的分离

电报打破了人类历史上传播与交通之间的依赖关系。电报这个人类历史上首次使用电流进行信息传输的媒介,可以通过电路传输的信号将世界上几乎任意两个点连接起来。自此以后,文字的传递开始脱离对交通工具的依赖。正如传播学者詹姆斯·凯瑞所言:"在电报之前,'communication'被用来描写运输,还用于为简单的原因而进行的讯息传送,当时讯息的运动依仗双足、马背或铁轨运载。电报终结了这种同一性,它使符号独立于运输工具运动而运动,而且比运输的速度还要快。"②

在电报发明之前,"'通信'问题基本上等同于交通问题"③,所有的信息,包括用书面表达的,只能通过交通工具进行传播。中国古代最快的传讯

---

① 李彬.全球新闻传播史[M].北京:清华大学出版社,2009:185.
② 丁未.电报的故事——詹姆斯·凯瑞《作为文化的传播》札记[J].新闻记者,2006(3):45.
③ 吴伯凡.孤独的狂欢——数字时代的交往[M].北京:中国人民大学出版社,1998:212.

方式就是驿马快递,所谓"校尉羽书飞瀚海,单于烈火照狼山""一骑红尘妃子笑,无人知是荔枝来"等,正是驿马快递情景的形象再现。世界上最早的通讯社——哈瓦斯社创办之初,由于既无铁路又无电台,其快讯主要依靠驿马传递。为了尽快获取与传递新闻,哈瓦斯还用过信鸽,开辟了布鲁塞尔到巴黎、伦敦到巴黎等信鸽传讯线路。在哈瓦斯社发展成19世纪第一大通讯社的过程中,信鸽立下了头功。

随着电报的发明,信号的传输与实物的运输分离开来,基于传输的传播与基于运输的交通分离开来,人类的信息传播能力得到前所未有的提升。正如尼尔·波兹曼所说,电报"使信息从时空中脱离出来,远远超过了书写和印刷文字的传播能力"[1]。

传播与交通二位一体的终结,意味着文字传递在空间上开始获得彻底的自由。电报使得文字能以几乎可以忽略不计的时间成本跨越空间,当文字以每秒30万公里的速度传递,地球上的任何距离几乎都可以瞬间跨越。当然,电报时代的文字仍然受到时间的重重限制,电传的文字信息依然要靠纸张来保存,尽管纸张让文字能以很小的空间成本跨越时间,但要使文字跨越时间所耗费的空间达到可以忽略不计的水平,还要到由计算机开启的数字时代才能实现。

当电报彻底在空间上解放了文字之后,这种媒介在接下来的一个世纪里直接促成的传播革命和间接引发的社会变革迅速蔓延至全世界,这是电流律动的全新节拍,这是电报开启的崭新时代。电流载动的信息传递得如此之快,以至于曾经阻碍人类传播活动的空间距离仿佛瞬间消失了,与跨越空间相联系的时间耗费和能量消耗也不再是人类固有的传播经验。

于刚刚进入电报时代的人们而言,尽管还无法获得数字时代全球范围的信息瞬息即至、世界仿佛就在眼前的超级体验,但与电报发明之前相比,信息传递得太快了。马歇尔·麦克卢汉说:"电讯传播的同步性……使我们每个人都可能受到世上的其他影响。在很大程度上,电力时代里我们同时

---

[1] 波兹曼.童年的消逝[M].吴燕莛,译.桂林:广西师范大学出版社,2011:87.

在各地共处这一事实,是一种被动的,而不是积极的经验。"①信息来得太快了,因而每个人能够接收的信息也太多了,尼尔·波兹曼忧心忡忡地指出:"在人类历史上,人们第一次面对信息过剩的问题。"他认为,在电子时代到来之前的口头文化与印刷文化中,信息的重要性在于它可能促成某种行动,但由于电报的发明以及其他技术的发展,"人们将面对丧失社会和正式活动能力的问题"②。

显然,麦克卢汉和波兹曼着眼的是西方社会生活的日常现实,就全球范围而言,电报诞生之后的世界正处于波澜壮阔的变动之中,电报带来的信息传递的提速与这样的社会现实相结合,就会产生人们意想不到的历史结果。在这一点上,如果观察电报在为中国近代社会注入全新能量的"五四"运动中所起的作用,波兹曼就不会得出如此悲观的结论。

1919 年 1 月至 6 月,第一次世界大战的战胜国在法国凡尔赛宫召开了协调战后国际关系的巴黎和会。中国作为战胜国出席,却在山东问题上遭到了外交失败,操纵会议的美、英、法三国背着中国将山东的主权出卖给了日本。这一消息传到国内引起了广大民众的极度愤慨和强烈抗议,并直接导致了"五四"爱国运动的爆发。

在这场跨国信息传播中,电报这一媒介扮演了十分特殊的历史角色。《大公报》记者胡政之在巴黎和会拍发的新闻专电和通讯在国内外引起了巨大的反响,让中国在山东问题上外交失利的消息迅速地传到国内,又让国内的舆论得以传递至千里之外的巴黎,进入中国代表的视线。③ 显然,正是电报带来的快速信息传递,引发了激烈的社会反应和行动,而作为引爆此次社会运动的媒介,电报所发挥的作用正可以用麦克卢汉所言的"社会激素"④来形容。

(二)新闻内容与形式的改变

传播与交通的分离,使信息得以大范围快速传递。与过去通过驿马将

---

① 麦克卢汉. 理解媒介——论人的延伸[M]. 何道宽,译. 北京:商务印书馆,2000:306.
② 波兹曼. 童年的消逝[M]. 吴燕莛,译. 桂林:广西师范大学出版社,2011:75.
③ 方汉奇. 发现与探索:方汉奇自选集[M]. 北京:首都师范大学出版社,2009:315.
④ 麦克卢汉. 理解媒介——论人的延伸[M]. 何道宽,译. 北京:商务印书馆,2000:304.

信息由一个人传递给另一个人的一对一传递方式相比,电报让信息的获取变得更为容易,普通人获得信息的能力和诉求大大提高,信息于是成为可以售卖、获取利润的产品。"电报创造了读者和市场,他们不仅消费新闻,而且消费各种支离破碎、不连贯的、基本上互不相干的新闻。这些直到今天仍是新闻事业的主要商品。"① 随着新闻行业生态与格局的变化,新闻的内容与形式也发生了彻头彻尾的改变。

电报改变了新闻价值的基本取向。当电报创造了超越时空的奇迹后,本地新闻和那些没有时效性的新闻便失去了在报纸上的中心位置。当整个行业为了寻求电子的快速而普遍使用电报时,无可避免的是,信息变得比信息来源更重要。"截稿时间""第一时间"的观念越来越成为制约新闻的首要因素。正如尼尔·波兹曼所说:"报纸的财富不再取决于新闻的质量和用途,而是取决于这些新闻来源地的遥远程度和获取的速度。"②

电报催生了新的内容。电报使人们对天气的感知发生了变化。英国的谷物投机商们利用电报来相互传递简单的天气报告,人们开始意识到天气是一种大范围的、相互关联的事件。到了1854年,英国政府在贸易部下设立了一个气象办公室。办公室主任罗伯特·费兹罗伊海军中将(他曾是达尔文搭乘的"小猎犬号"的船长)选定了伦敦国王街上的一间办公室,并在里面配备了晴雨表、气压计和气象表。携带同样装备的观察员们则被分派到了海岸沿线的各个港口,他们要用电报每天发回两次当地风和云的报告。从1860年开始,《泰晤士报》也开始每日登载这些预报了。③

电报产生了全新的新闻格式。电报带来的另一个重大变革是报纸报道的消息头,也称为电头。按照复旦大学刘海贵和尹德刚所著的《新闻采访写作新编》所言,消息头的意思就是:报纸上刊登的消息,其开头部分往往冠以"本报讯"或"××社××地×月×日电"的字样。如今,不论是报纸、电视,还是广播,在新闻报道前依然保留了消息头的样式。

电报产生了新的新闻文体。电报对于媒介文本最深刻的影响在于催生

---

① 波兹曼.童年的消逝[M].吴燕莛,译.桂林:广西师范大学出版社,2011:89.
② 波兹曼.童年的消逝[M].吴燕莛,译.桂林:广西师范大学出版社,2011:73.
③ 格雷克.信息简史[M].高博,译.北京:人民邮电出版社,2013:145.

了一个在当时全新的、至今也仍然通行的新闻文体——"倒金字塔"体。电报业务刚开始投入使用时,由于技术上的不成熟和军事临时征用,稿件有时不能完全传送,时常中断。1861年,美国南北战争爆发。战争期间,记者通过电报传送的稿件经常因此丢失。后来,记者们想出了一种新的发稿方法:把战况的结果写在最前面,然后按事实的重要性依次写下去。最重要的写在最前面,这种应急措施产生了新的文体——"倒金字塔"体。"倒金字塔"也成为目前新闻写作的基本结构。

关于"倒金字塔"体的起源,也有人认为是美国内战后产生并普及起来的,电报电话业务的逐步普及、自由竞争市场的形成迫使所有的记者运用客观写作手法,把纯粹的事实交待给读者,让读者自己得出结论,于是,"倒金字塔"结构应运而生。

其实不论是哪一种观点,都认可这一文体同电报的出现息息相关。这种伴随着电报技术运用而成熟起来的文体的寿命甚至远远超过了作为新闻传播手段的电报的存在时间。"倒金字塔"体不仅被文字记者奉为写作的圭臬而统治了报纸的绝大多数版面,甚至深深烙印在其后出现的视听媒介之中,成为一种新闻传播的惯有思维。比如主要依靠影像传递信息的电视媒介为了弥补线性传播的缺点,也会在新闻的开头对最重要的信息进行提示,告诉观众最重要的信息并吸引他们留在电视机前。这种"以事实的重要程度或受众关心程度依次递减的次序,先主后次地安排消息中各项事实内容"的做法,无疑构成了标准的"倒金字塔"。从这个角度来说,近现代的广播、电视媒介尽管不是电报技术的直接产物,但其新闻文体却未走出电报构建的传播逻辑,仍是"电报体系"的一部分。

电报也带来了行文的变化。这一点在汉语文稿的写作中尤其明显。莫尔斯电报以电流接触、断开的时长代表字母,而汉字博大精深,太复杂,不能像字母一样直接传递。于是,中国的电报就需要用十个数字再次排列组合,四四一组代表一个方块字,这就使得中文电报多了两道译电的工序。而要背熟那么多的数字组合,等同于学会另一种文字,耗时费力,这也是电报费用昂贵的原因之一。由于电报费用较贵,人们拍发电报前要打草稿,反复修改行文,可谓字字珠玑,也正因为如此,才会出现本章开篇"带兵进京"的误会。

三、通讯社的创立

随着新闻行业格局与内容形式的变化,一种新的新闻机构——通讯社应运而生。如果说商业报刊的崛起,为通讯社的问世提供了必要性,那么电报的发明,就为通讯社的发展提供了可能性。通讯社正是在历史必要性与现实可能性的双重驱动下,成长壮大起来的。[①] 随着通讯社的发展壮大,全球新闻传播格局与秩序都受其左右。电报的发明人莫尔斯难以想象,这种随着电流嘀嗒作响的媒介将对世界产生如此深远的影响。

如前一章所述,廉价报业的发展带来了新闻需求的旺盛和新闻市场的繁荣,当时已经没有任何一家报馆或小型通讯社能完全靠自身的力量来采访新闻。即使是小城的周报都需要与当地的某些民众合作,请他们代为注意是否有读者关心的事件发生。19世纪时,欧美部分关注世界局势发展的报纸,已有专员负责阅读外国报刊,并挑选读者会有兴趣的文章加以转载。这些报社也会派人访问乘船入境的旅客、与某些贸易金融界人士保持联系,以了解最新情势,并且在可能获知值得报道之消息的警局、消防队、铁路车站、旅馆与其他组织中布线。有的报社还会付钱请居住在国外、各州首府或都会区的人为其撰写新闻稿。不过即使如此,各报漏新闻的情形仍然相当普遍。正是在这种直接而强烈的需求中,各大通讯社在短短的几十年间次第出现。

(一)哈瓦斯社

1833年,一位名叫哈瓦斯的人在巴黎买下一间翻译社,从事新闻服务。其主要业务是从外国报刊上选出法国人感兴趣的报道,翻译成法文,卖给巴黎的各家报刊。由于哈瓦斯既有新闻敏感,又有外语能力,所以他编译的稿件比较受欢迎,他的新闻社就日益兴旺起来。

为了建立一个能为他设在巴黎的新闻机构服务的记者网,他早在1825

---

① 李彬.全球新闻传播史[M].北京:清华大学出版社,2009:236.

年就游历了欧洲。他还雇佣了一些翻译、信使和职员,这其中就包括马克思和海涅,以及日后与他分庭抗礼的两个死对头——沃尔夫和路透。他的新闻的第一批订户是金融家、商人及外交官之类的人。他专门传播股票行情和金融界感兴趣的其他新闻。

哈瓦斯一开始就把"速度"奉为根本,为了尽快获取、传递新闻,最初他使用信鸽传送巴黎、伦敦与布鲁塞尔之间的信息。莫尔斯发明电报后,1850年的欧洲各国已普遍建立有线电报网络。1866年,第一条大西洋海底电缆铺设成功,又把美洲与欧洲的电报线路连为一体。哈瓦斯利用这一系列新发明逐步加快新闻的传递速度。随着有线电报的飞快发展,哈瓦斯通讯社的事业也迅速蓬勃壮大。

1848年欧洲大革命时,法国猛增的上千家报纸竞相从哈瓦斯社订购新闻,使哈瓦斯社顾客大增。此外,哈瓦斯社也开始联系国外订户,积极向海外发展。比如,沙皇俄国的宫廷就订购了哈瓦斯社的新闻稿。到19世纪60年代,哈瓦斯社已漂洋过海,将触角伸到拉丁美洲,其对拉丁美洲新闻的垄断曾在1912年阻止了美联社向南美的新闻业进军。1856年,哈瓦斯开始以提供新闻来交换报纸的广告版面,再由广告客户处获取利润,经营广告业务。

一战结束后,该社已控制法国80%的报业广告,成为法国最大的广告垄断组织。1930年,法国一位记者在普林斯顿大学召开的报业会议上发言:"对一家报纸来说,疏远哈瓦斯通讯社实际上意味着丧失其全部的广告收入。"①

(二)沃尔夫社

哈瓦斯的成功与他所提供之服务的实用价值,吸引了更多的人加入竞争,沃尔夫就是其中之一。他原本是哈瓦斯手下的员工,在听说德国柏林至亚琛的电报线路开通后,立即从哈瓦斯社"神秘失踪"。

离职后的沃尔夫在柏林开设了一家电报新闻服务公司,利用这一渠道来供应诸如市场、价格与其他层面的商业消息。后来,他也提供政治与经济

---

① 霍恩伯格.西方新闻界的竞争[M].魏国强,等译.北京:新华出版社,1985:423.

方面的新闻。第一次世界大战后,德国战败,沃尔夫社退出国际新闻服务的竞争行列。

二战期间,沃尔夫社被法西斯政府接管,与另一个民间通讯社"联合电讯社"合并为德国通讯社,简称 DNB。具有 80 多年历史的沃尔夫社就此告终,后在 1945 年随希特勒的垮台而寿终正寝。①

(三)路透社

与沃尔夫几乎同一时间从哈瓦斯社失踪的还有路透。

路透首先在亚琛开始了自己的新闻服务事业,创办了一家电报事务所,收集各地的股票行情、证券交易之类的商业金融信息,提供给银行家、商人、投资者等。当时,巴黎到布鲁塞尔已通电报,但布鲁塞尔到亚琛还有一段电信空白。这样一来,路透占据的亚琛便成为一个连接巴黎与柏林的通信中继站,地位非常重要。为了加快传讯速度,路透也照搬哈瓦斯的老办法,用信鸽来填补亚琛到布鲁塞尔之间的电信空白。如今,在路透当年电报事务所旁边,还立有一块路透纪念碑,碑上用德语写着:

保尔·朱利叶斯·路透。1816—1899,路透通讯社的创始者。1850 年,他曾在此接收用信鸽从布鲁塞尔送到这里的消息。这是他毕生从事的国际新闻事业工作的开端。

可惜,路透在亚琛好景不长,他的事务所刚开张一年,亚琛到布鲁塞尔也通了电报。柏林的沃尔夫社与巴黎的哈瓦斯社之间可以直接联系,不再需要路透社作为中转站。路透不得不再次放弃他的事业。而恰好这个时候,路透偶然得知英吉利海峡正在铺设海底电缆。这项工程竣工后,伦敦、巴黎、布鲁塞尔、柏林之间的电报线路就可连为一体。在亚琛经营的失利、伦敦市场的前景促使路透于 1851 年告别亚琛,来到英国伦敦,正式亮出"路透通讯社"的招牌。

但从 1851 年挂牌成立到 1858 年的七年之间,没有一家报纸同路透社打

---

① 郭亚夫,殷俊.外国新闻传播史纲[M].成都:四川大学出版社,2004:42-43.

交道,对于新闻界来说,路透社仿佛不存在。1858年,为打破新闻通讯上的空白,路透首先叩开了伦敦《广告晨报》的大门。在攻下《泰晤士报》之后,路透社开始有了长足发展。在伦敦,路透首先以供应英国报纸商业及金融咨询为主要服务项目,他的业务范围很快便扩大开来。①

路透社的崛起得力于"天时、地利、人和"。由于几家通讯社的发展过程与该国的殖民扩张过程相联系,路透社凭借当时日不落帝国殖民全球的赫赫之势扶摇直上,将其触角伸展到世界许多角落,并"逐渐取得了领导的地位"。② 路透社的兴旺发达进一步促使伦敦成为"世界新闻的中心",从而巩固了大英帝国的霸权地位。

(四)美联社

19世纪,马克·吐温曾说:"给地球各个角落带来光明的只有两个:天上的太阳和地上的美联社。"印度"圣雄"甘地对美联社记者吉姆·米尔斯说过一句令美联社不无得意的话:"我猜想,当我死后站在天堂之门的时候,碰到的第一个人会是名美联社记者。"

美联社的诞生始于墨西哥战争中的新闻竞争。为报道墨西哥战争,早在1846年,《纽约先驱报》和《论坛报》已开始刊登发自华盛顿的相同的电讯稿。这些相同的日常电讯稿新闻报道,几乎是每日拍发,这便为创办新闻通讯社奠定了基础。③ 在高度竞争的环境下,即使连纽约财务状况不错的大报都觉得报道1846年到1848年之间美墨战争的费用高得难以负荷。这促使纽约地区六家报社(《太阳报》《先驱报》《信使与问询报》《论坛报》《纽约快报》《商业日报》)于1848年共同创立了一个采集新闻的合作组织:纽约新闻联合社,以便共同分担派遣特派员的费用,并有更多的新闻选择。④

不过,关于美联社起源的各种说法并不一致。埃默里父子在《美国新闻

---

① 施拉姆. 人类传播史[M]. 游梓翔,吴韵仪,译. 台北:远流出版事业股份有限公司,1994:269.
② 施拉姆. 人类传播史[M]. 游梓翔,吴韵仪,译. 台北:远流出版事业股份有限公司,1994:270.
③ 迈克尔·埃默里,埃德温·埃默里,南希·L·罗伯兹. 美国新闻史——大众传播媒介解释史[M]. 9版. 展江,译. 中国人民大学出版社,2004:145.
④ 施拉姆. 人类传播史[M]. 游梓翔,吴韵仪,译. 台北:远流出版事业股份有限公司,1994:270.

史》中讲述道:关于在1848年正式组建通讯社一说,并没有资料可以佐证。发展成为现代美联社的组织正式创办的最确切的日期是1849年1月11日。正是在这一天,上面提到的6家纽约日报签署了一项协议,组成"港口通讯社"。显然是由于通过电报出售新闻的生意变得越来越重要,1851年,该组织签署协议,改名为"电讯与综合新闻联合社"。1856年,该组织通过了《纽约市综合新闻联合社章程》,从而使组织工作更为严密。该组织不久之后便被称为"纽约联合通讯社",它建立了对合作电讯新闻报道的牢固控制,并向外地报纸出售新闻。1856年,港口新闻联合社改称"纽约联合新闻社"。纽约联合新闻社除了向自己的会员提供服务,也开始向其他地方拓展服务。不过,这一机构并不直接向各地报纸供稿,而是向各地的报业团体集体供稿。由于这些团体类似于纽约联合新闻社的二级机构,所以也都冠以"联合新闻社"的名称,比如"费城联合新闻社""南部联合新闻社""西部联合新闻社"等。其中,"西部联合新闻社"(由美国中西部报业于1862年组成,总部位于芝加哥)的势力最大,构成了今天美联社的基础。

1882年,芝加哥又出现了一家新的通讯社"合众社"(United Press,与今天的合众国际社无关)。该社与纽约联合新闻社展开激烈竞争,结果纽约败北。纽约联合新闻社的大多数会员加入合众社,其余小部分会员则与西部联合新闻社合并,于1892年成立"伊利诺伊联合新闻社",社址还在芝加哥。纽约联合新闻社与合众社的竞争,变成了伊利诺伊联合新闻社同合众社的竞争。

伊利诺伊联合新闻社的第一任社长是斯通。他一上任便马上赶赴欧洲,以巨大的代价同当时三大通讯社签订了独家交换新闻的合同,从而切断了合众社的国外新闻来源。1897年,合众社倒闭。1898年,伊利诺伊联合新闻社卷入一场持续两年的官司。当时由于芝加哥的《洋际报》采用别家通讯社稿件,伊利诺伊联合新闻社便停止向《洋际报》供稿。为此《洋际报》向法院上诉,经过两年审理,1900年,伊利诺伊州法院做出裁定,联合新闻社必须将稿件提供给任何客户,不得有所歧视。败诉后,为了规避伊利诺伊州的法律,斯通便解散伊利诺伊联合新闻社,同时在纽约成立一家新的通讯社,就是今天的美联社,其简称AP也在这次重大改组中正式固定下来,沿用至今。

四、电讯垄断

随着电报在新闻业中的普遍应用,全球新闻市场逐渐形成。由于新闻采访的规模日益庞大,传播费用日趋昂贵,在此背景下,采用电报技术的新闻通讯业务应运而生,并且逐渐成为新闻市场的主要控制者。仅有少数大报社有能力保持自己的通讯网,派遣记者跟踪采访重大事件。

与现代的新闻通讯社相比,当时的通讯社规模还不算庞大,不过彼此的营业范围高度重叠。各通讯社的业务日益越过国界,而且同殖民扩张的进程相联系,经过十几年的激烈争夺,已经各自完成了对世界主要新闻市场的占领。

1866 年,大西洋海底电缆铺设完成。用奥地利作家斯蒂芬·茨威格在其"历史特写"里的话说,这项工程是 19 世纪"最煊赫的壮举","为了说明这项工程的巨大规模,这样的比方是最形象不过了:绕在电缆里的三十六万七千里长的单股铜铁丝可以绕地球十三圈,如果连成一根线,能把地球和月球连接起来。自从《圣经》上记载有通天塔以来,人类没有敢去想还有比它更宏伟的工程","从此时此刻起,地球仿佛在用一个心脏跳动;生活在地球上的人类能从地球的这一边同时听到、看到、了解到地球的另一边"。① 大西洋海底电缆的开通使欧洲与美国之间的信息互通更为迅捷,从而加剧了全球新闻市场的竞争。

在激烈的新闻竞争中,各方都遭到了很大的损失。1870 年 1 月 17 日,路透、哈瓦斯和沃尔夫三家通讯社在巴黎举行了和解会谈,并签署了旨在分割世界新闻市场的垄断性协定。根据协定,哈瓦斯社负责法国、瑞士、意大利、西班牙、葡萄牙、中美洲、南美洲、埃及(同路透社共享);路透社负责英国、埃及(同哈瓦斯社共享)、土耳其、远东;沃尔夫社负责德国、奥地利、荷兰、斯堪的纳维亚、俄国和巴尔干各国。②

1875 年,路透社又代表哈瓦斯社和沃尔夫社同美联社的代表签订了一

---

① 斯蒂芬·茨威格.人类的群星闪耀时:十四篇历史特写[M].增订版.舒昌善,译.上海:上海三联书店,1992:225.
② 李磊.外国新闻史教程[M].北京:中国广播电视出版社,2001:344.

项交换新闻的协定,根据规定,美联社负责采集美国的新闻,经由伦敦供给欧洲三社,欧洲三社发往美国的消息也只供给该社。这一系列协议就是近代通讯社发展史上具有标志意义的"三社四边协定",据此协定,一个由四家通讯社对世界新闻市场进行瓜分和垄断的体系建立起来了。

这一体系一直维持了40多年,直到第一次世界大战德国惨败,法国势衰,美国强盛,"三社四边协定"失去约束力,基于该协定形成的垄断局面才发生变动。第一次世界大战后,随着德国战败,沃尔夫通讯社退出国际新闻服务的竞争行列。1934年,"三社四边协定"正式被废除,西方各大通讯社开始了在世界新闻市场上的自由竞争时期。许多国家的大型报社均向一家以上的国际通讯社订购电讯稿件,以便获得更丰富的报道与更多元的观点。

第二次世界大战以后,哈瓦斯社更名为法国新闻社(法新社),自此,竞逐世界通讯服务市场的通讯社只剩下四家,即路透社、法新社、美联社与合众国际社。许多国内或半国际的新闻通讯服务机构纷纷成立,一些新近独立的国家也开始借助新闻通讯社,力图发出自己的声音,并角逐国际新闻市场,其中较有影响力的事件如苏联成立了塔斯社、中国成立了新华社、日本成立了共同通讯社。

五、新的通讯格局

随着电话网络数位化技术的广泛使用,电报通讯成为数位通讯网络中一种以文字进行通讯的应用,而当电脑、互联网提供的电子邮件以及手机提供的短信业务日渐普及,电报这一人们最早利用电流进行信息传递的技术进一步淡出人类生活的舞台。不过,电报对人类社会的影响并未就此中止。由电报催生出的通讯社,并未随着电报技术被超越和替代而走向衰落,相反,国际通讯社对信息流通的控制和垄断至今仍在深刻影响着全球新闻传播业的秩序与格局。

据统计,到20世纪末,美联社在美国国内有订户7700多家,国外订户遍及110多个国家,达8500多家;法新社的国内订户有2750家,国外订户有10,500家;路透社的新闻用户遍及世界各地,媒介直接用户为3000多家,间接订户在10,000家左右。① 尽管先后有塔斯社、新华社等机构的出现和崛起,但长期以来,大型国际通讯社在世界新闻流通总量中稳定占比80%,在国际传播格局中处于明显的强势垄断地位。

(一) 法新社

19世纪20年代后期,在经济危机的影响下,哈瓦斯社财政不断恶化,亏空日益严重。1931年起,哈瓦斯社不得不依靠政府补助维持生计,其业务呈现出明显的官方意志。到第二次世界大战前,哈瓦斯社已逐渐演变成法国政府的半官方喉舌。这时的哈瓦斯社依然是全球数一数二的大通讯社,无论在国际还是在国内都具有翻云覆雨的传播能量。

二战前,《巴黎晚报》的一位主编曾说过:"哈瓦斯通讯社只发一条消息,就足以在巴黎证券交易所引起一场惊乱,或在议会发动一场可能导致政府下台的运动,引起动乱,甚至发动战争。"二战爆发后,哈瓦斯社被德军接管,成为纳粹的宣传工具。1940年12月,维希政府将其改组为三个机构:广告社、法国新闻社、世界电讯社。

1944年,巴黎光复后,在原哈瓦斯社的基础上,一家新的通讯社组建了,就是今天的法国新闻社,简称法新社。同年9月,法新社以法令的形式获得临时公共机构地位。法新社名义上是独立的报业联营企业,实际上是法国官方通讯社。

法新社渴望摆脱其半官方的地位,1957年1月10日,法国议会通过了一项法律,确立了其独立性。在这项法令中,法国政府规定法新社应准确、迅速、清晰并完全独立地一年365天、每天24小时向全世界各地发消息,报道世界政治、金融、体育新闻和传送各种图片。

法新社领导机构包括三个组织:①管理委员会是法新社最高领导机构,委员任期三年,管委会由社长兼总经理主持;②高级委员会负责监督法新社章程的实施;③财务委员会负责监督预算的执行和财务管理。

法新社在业务上分三大部门:新闻部、总务部、技术部。摄影部较小,从

---

① 周岩. 世界性通讯社垄断竞争概况[J]. 新闻大学,1999(1):71-72.

属于新闻部。总社每天通过各条线路用各种文字编发新闻稿。目前,法新社拥有来自81个国家和地区的2000多名雇员,其中900人左右在国外工作,覆盖全球165个国家和地区的110个办事处。

(二)美联社

美联社在成立初期是一家不以赢利为目的的合作社。美联社第一任社长斯通对董事会明确说道:"一个全国性的新闻合作组织是这样一种机构,它属于而且只属于各个报纸,它不出卖新闻,不谋私利,不付股息,仅仅是各个报纸的代理人和公仆。参加者应该包括一切党派、宗教界、经济界和社会各界的新闻工作者,但他们对新闻事业同样热情积极,所采集的消息应该严谨、准确、公正和完整。这就是我们梦寐以求的美好愿望。"

一战前后,美联社开始真正崛起。一战爆发时,美联社的订户仅有一百来家。一战之后,三大通讯社垄断局面名存实亡,美联社随"星条旗"向海外拓展。两次世界大战之后,美国取代英国成为世界上实力最强的超级大国,美联社也随之取代路透社的领导地位。作为当今世界实力最雄厚的通讯社,美联社在世界新闻市场上占有重要垄断地位。

美联社最初只向本社成员报社供给稿件,1945年以后开始向非成员报社和电台供稿,包括1300家报社和3890家电台、电视台。1994年,美联社增设电视部,向全世界电视订户提供声像新闻。美联社每天用6种文字播发新闻和经济信息约300万字,每年播发图片15万张,不仅为美国1500多家报社和6000家电台、电视台服务,还为世界115个国家和地区的1万多家新闻媒介供稿。

美联社对新闻文体的改变有着重要影响。美联社的文体格式主要经历了两个发展阶段:一是以客观求真实,这是其纯客观报道时期。1900年美联社改组时确定报道方针为"报道事实,不报道意见",这是在反对"党派报刊的黑暗年代"的历史背景下出现的。二是,由于社会责任论的盛行和读者需求的变化,美联社转向提示"新闻背后的新闻",即解释报道时期。该社前总经理说:"人们变得更加挑剔了,他们要的是解释性强的报道。"

梅尔文·L·德弗勒、E·丹尼斯在其所著的《大众传播通论》中说,一般认为,客观性法则是由美联社最先提出并大力倡导的,"美联社是后来称之为'客观报道'的先驱"。曾任美联社总经理长达三十余年的肯特·库珀,一直致力于宣传客观性法则。他把客观性法则解释成"真正公平"的新闻报道,还称客观性法则"作为一种至善至新的道德观念,发展于美国,奉献于世界"。"美联社之父"斯通更是将客观性法则具化为"5W1H"的导语格式和倒金字塔的新闻结构,而这些都成为了新闻写作的标准模式,风行全球。

(三)路透社

2005年,路透社总部由著名的伦敦舰队街85号搬迁至位于金丝雀码头的大楼,路透大楼前的空地也随之被重新命名为路透广场。从1851年刚刚成立时窄小的办公室到伦敦舰队街总部,再到金丝雀码头路透大楼,这座庞大的通讯社已位居世界多媒体新闻通讯社前列,为128个国家提供着各类新闻和金融数据。

路透社的服务分为四个部分:买卖与交易、研究与资产管理、企业、媒体,其中,超过90%的收入来自金融服务业务:对股票、外币汇率以及债券等资讯的分析、处理、发送以及相关产品的开发。新闻报道的收入占比不到10%。

路透社的新闻报道以迅速、准确享誉国际,同时,提供工具和平台,例如股价和外币汇率,让交易员可以分析金融数据和管理交易风险;路透社的系统让客户可以经由互联网完成买卖,取代了电话或是纽约证券交易所的买卖大厅等人工交易方式,电子交易服务串联了金融社群。在其他方面的服务,最值得注意的是分析40,000家公司的债务债权,竞争者包括彭博新闻社和道琼斯通讯社。

20世纪80年代,路透社开始快速成长,开拓产品范围。1984年,路透社在伦敦证券交易所和纳斯达克挂牌上市,成为公开上市公司。然而,有人担心,上市公司会使客观的报道受到损害。为了应对这种可能性,公司在制定章程的时候,在股票上市方面规定,个人不被允许占有超过15%的股份。这一规则在20世纪80年代末也适用。

与此同时,为进一步保护新闻的独立性,路透社创办人路透成立了一家股份公司。这个公司唯一的任务是保护路透社新闻输出的完整性,它拥有一个"创办人股份",一个试图改变任何有关规则的路透社原则。这些原则规定了公司的宗旨,以维护路透社的独立性,完整和不受偏见地报道新闻。

2008年4月18日,加拿大媒体巨头汤姆森集团与路透集团正式完成合并,新公司名为汤姆森-路透,总部设在纽约,年营收达到125亿美元,在全球155个国家和地区拥有5万名员工和超过4万家客户。汤姆森集团和路透集团整合后,全球资讯提供商"三足鼎立"的格局形成——汤姆森-路透、彭博和出版商Reed Elsevier。作为三雄之一的后起新秀——彭博新闻社,在现在的竞争中成为路透社的主要对手,两者的市场份额各占三分之一。

(四)彭博新闻社

作为路透社的主要竞争对手,彭博新闻社可以说是财经新闻的耀眼新星。它的创始人迈克尔·彭博(或译为布隆伯格)仅用了22年的时间,就使它的金融数据市场的销售收入超越了具有150年历史的、世界上最大的资讯公司——路透集团。

彭博新闻社又称布隆伯格新闻社,1990年由彭博创立于纽约。在这之前,彭博于1981年成立美国彭博资讯公司,它是目前全球最大的财经资讯公司。彭博新闻社也已发展成为集新闻、数据和数据分析为一体的全球性多媒体集团。

彭博公司的创始人迈克尔·彭博是个传奇式人物。他出生于1942年,在马萨诸塞州梅德福一个并不宽裕的家庭长大,成绩优异的他顺利进入约翰斯·霍普金斯大学。然而由于家境贫寒,年纪轻轻的他靠为人泊车及借贷才完成了学业。1966年,他获得哈佛大学工商管理硕士学位。毕业后,彭博供职于当时华尔街著名的投资银行——所罗门兄弟公司,任股票交易员,

1972年成为该公司的股东。很快他便接手了该公司的股票、贸易、销售业务，稍后又接手了信息系统。1981年，因所罗门公司内部纷争，在得到1000万美元的遣散费后，彭博被所罗门公司炒了鱿鱼。

"失业后"的彭博并没有垂头丧气，不放过任何机会的他马上对当时的市场进行了仔细的研究和分析。当时，市场上缺少的是人们能够对有用证券信息进行选择，并通过简便易用的软件对其进行分析的工具。于是，看准机会的彭博就用自己拿到的遣散费创建了一家证券信息资讯公司——创新市场系统公司，这就是彭博新闻公司的前身。此后，公司扶摇直上，迅速发展成为全球咨询业大王。在公司业务如日中天之时，2001年，60岁的彭博从彭博通讯社总裁的位置上退下来加入了纽约市市长的竞选，一举成功。2009年11月，彭博第三次连任纽约市市长。

彭博新闻社创立伊始正处于路透社和道·琼斯新闻社蓬勃发展的时期。为什么它这么快就向两家大公司发起挑战呢？彭博后来在他的自传《信息就是信息》中写到："大公司都不把刚开张的小公司当成主要对手，等它们清醒过来时已为时太晚。""这一次，大公司的傲慢自大表现得更加充分。这两个庞然大物一开始没怎么把我们放在心上。"

彭博找到了道·琼斯新闻社和路透社没占据的空当。"从一开始，我们就能为我们的基本产品配上他们提供的东西，这比为他们的产品配上我们生产的东西要容易得多，尽管他们无法复制我们的分析——对金融及期货市场上各种假设方案的计算结果，但我们仍开始在文字新闻上向他们看齐，在每篇报道、采访、消息（不幸还有错误）上都紧追不放。他们因粗心铸成大错，在我们随时间而壮大的过程中，我们在彭博必须确定不犯同样的错误。"

依托当时先进的计算机网络技术以及美国华尔街强大的金融信息需求，务实的彭博新闻社在此后10年内以令人惊异的40%的年增长率高速成长。当彭博的突飞猛进终于惊醒路透社时，路透社才开始着手应对，开发了一种名为"彭博杀手"的新系统。而彭博新闻社的另一个竞争者道·琼斯新闻社的一位副总裁在接受《福布斯》杂志记者采访时说："你告诉那家伙（彭博），我要干掉他！"

彭博新闻社的努力逐步获得市场的认可,时至今日,纽约证券交易所现有3家"正式"新闻机构:彭博新闻社、有114年历史的道·琼斯公司和有147年历史的路透社,每家都以提供上市公司的充分报道、向其持股人提供全面信息而著称。

创立于1981年的彭博新闻社虽是后起之秀,但它凭借新型的终端机器和网络技术,在成立后仅用了22年的时间,就使它的金融数据市场的销售收入超越了具有150年历史的、世界上最大的资讯公司——路透集团,使后者不得不通过被汤姆森公司并购来迎接挑战。

如果说彭博社对于路透社的挑战还仅仅是通讯社内部力量与秩序的重新洗牌,那么,互联网对于传统的通讯社主导的信息传播格局的影响则是颠覆式的。电报及后继的广播、电视等电子传播媒介采用的集中、单向的信息传播方式,受到了互联网分布式、交互式的数字传播方式的全面挑战。在互联网因削弱了层级关系而变得扁平化、因个人崛起而逐渐去中心化的传播模式中,新闻消息采集和传输的成本相较于传统的电子平台已经大大降低,而这种信息传播成本上的低廉,正是19世纪中叶的电报相较于驿路和铁路的比较优势,也正是一百多年来新闻媒体购买通讯社稿件的原因和通讯社的立足之本。

同样被以互联网为代表的数字传播平台所超越的,还有基于电报技术创立的经典新闻文本本身。当人类个体被海量的信息包围,人们不再需要媒体告诉他们什么是重要的、有趣的,而是开始主动选择和接受自己感兴趣和认为有用的内容。传统的传受界限在互动平台上不再分明,长期奠基传统新闻媒体的"倒金字塔"文本开始让位于微博、微信等轻逻辑、即时性的内容。在这样一个信息俯拾皆是的环境中,无边无际的信息碎片正在替代严谨编辑的"倒金字塔"文本,成为人们认知外部世界的主要依据。

第四章　报纸(下):挣钱机器与公共领域

1776年3月,苏格兰发明家瓦特发明的第一台实用蒸汽机开始点火运行。以此为标志,一场前所未有的技术革命以燎原之势席卷整个人类社会。5年以后,瓦特彻底解决了蒸汽机做圆周运动的难题,一种全新的万能动力出现了,它驱动活塞、汽锤、石磨、飞梭,以前所未有的速度运转,指挥着鼓风机、滚轧机、纺纱机、织布机发出人类从未听过的声响。这是人类刚刚进入的一个名叫工业时代的全新景观。

蒸汽机不仅催生了难以计数的科学发明和技术创造,同时也引发了社会层面的一系列连锁反应。"在技术变革和使之成为必须的社会变革之间,存在一个时间差",在谈到人类历史发展的困境时,《全球通史》的作者斯塔夫里阿诺斯说。在他看来,造成这个时间差的原因在于:"技术变革能提高生产率和生活水平,所以很受欢迎,且很快便被采用;而社会变革则由于要求人类进行自我评估和自我调整,通常会让人感到受威逼和不舒服,因而也就易遭到抵制。"[1]这也就意味着,在重大的技术变革发生之后,如果相应的社会变革发生的时间与其之间的间隔越短,那么社会发展的速度就会越快。这种矛盾和规律用马克思的观点来看,即当生产关系适应了生产力的发展,就会带来对生产力的极大解放。

实际上,技术变革和社会变革正是改变人类社会面貌和发展路径的决定力量,二者并不同步发生。反映在人类历史的变动过程中,二者实际上互

---

[1] 斯塔夫里阿诺斯.全球通史:从史前史到21世纪(上)[M].北京:北京大学出版社,2013:7.

为动因:有时是技术变革为社会变革提供了需求和契机,有时是社会变革为技术变革准备了基础和条件。人类社会的发展在二者的交替促动中螺旋式上升,正如 DNA 分子的性质由双螺旋链决定一样,一个时代或某种社会的基因,正是由作为双螺旋链条的技术变革和社会变革而决定的。

工业革命发生之前,即将成功的资产阶级革命为其提供了社会基础,而工业革命发生后,其又在资产阶级掌权的社会和国家中诱发出新的社会变革。在以蒸汽机为标志的技术革命发生之时,西方各国已经发生了天翻地覆的社会变革。经过波澜壮阔的资产阶级革命,西方各国的资产阶级已经登上历史舞台,纷纷建立起资本主义制度的国家。相较于以往由王室或教会统治的集权制度,这种以自由、民主、平等、分权作为基础的社会制度能够更为灵活地适应商业社会生产力的发展需求。因此,当这种制度在西方各国普遍建立之后,对生产力的解放就以工业革命的方式在西方爆发出来。

瓦特的第一台实用蒸汽机点火的地方是英国伯明翰郊区的布卢姆菲尔德煤矿。蒸汽机让人类可以更深地挖掘地下矿层,地球在远古的地质年代形成的煤和铁,现在发挥出巨大的力量,构建出人类物质生活的新基础,成为衡量社会需求和经济规模的新标杆。煤铁即国家,这就是工业时代的真谛。19 世纪初期,英国工业生产量已占全世界总产量的百分之五十,西欧每人可得到的能量为亚洲每人的 29 倍。19 世纪,欧洲对世界的支配,依赖的正是以蒸汽机为代表的这种有着深刻的社会变革作为支撑的技术力量。

自 18 世纪后期开始,工业革命在已经或即将建立起资本主义制度的欧美各国相继展开,又在西方社会引发了新的社会变革,对此后 200 多年西方乃至全球的政治、经济、文化产生深远影响。这种变化与影响反映到信息与媒介层面,首先就体现为以党见派性为特点的政党报纸逐渐走向衰落。报业逐渐成为整个商业社会协调发展的一部分,报纸可以为商业社会的繁荣提供信息,同时自身也成为商业,成为可以挣钱谋利的商品。商业的一个基本逻辑是要向尽可能多的人提供产品和服务,因此,报纸只服务于一小部分人的时代过去了。作为商品,报纸要尽可能多地面向大众。

于是,当工业革命将西方现代社会的大幕拉开之时,随着商业报纸的出现,大众媒介的时代开启了。

一、商业报纸出现的社会背景

商业报纸是工业革命以来一系列社会变革综合作用的结果,其兴起具有纷繁复杂的历史背景和现实条件。总的说来,"在这个时代,人们在下列各方面取得了显著的发展:物质力量和财富;工业主义和工业化;技术和科学知识;运输、交通和贸易;人口和人口迁移;中央集权制政府;民主政治;阅读与写作能力和教育;舆论和报刊等"①。具体来说,商业报纸的出现与以下几方面密切相关。

第一,政治民主,舆论自由。到19世纪末,西方许多国家都完成了资产阶级民主民族革命,确立了与本国国情相适应的资本主义制度。除英、法、美等国确立资本主义制度之外,日本经过明治维新、俄国经过农奴制改革、德国经过统一战争,都建立起与商业社会相适应的国家制度体系。充满扩张进取之势的资本主义,在向世界拓展之际,也在不断调整自身的经济基础与上层建筑,使之适应资本主义的发展,其中自然包括意识形态领域日渐开放、日渐宽松的"民主自由"新气象。英国知识税的废除、法国新闻法的颁行等都是这种新气象在新闻传播领域的体现。随着政治民主化、舆论自由化的进程,普通民众参政议政的机会越来越多,热情越来越高,人们对各种事关社会民生的事务及其信息愈发关注。

第二,经济发展,贸易繁荣。西方许多国家经历了工业革命,经济贸易繁荣。"美国的经济在1870年至1900年间起了根本变化,因为这个最大的食品和原料生产国,也变成第一流的工业生产国。"②最能说明问题的是国际贸易增长的数字。在19世纪70年代中期以后的30年中,国际贸易的价值以黄金计算,大概翻了一番还多。如果把价格下跌这一因素计算进去,贸易额可能增加了两倍。③

---

①② F.H.顾斯利.新编剑桥世界近代史:第十一卷[M].中国社会科学院世界历史研究所组,译.北京:中国社会科学出版社,1987:1.

③ F.H.顾斯利.新编剑桥世界近代史:第十一卷[M].中国社会科学院世界历史研究所组,译.北京:中国社会科学出版社,1987:72.

现代贸易的发展产生了广告的需求,而广告又离不开各种各样的媒介。当报纸有了来自广告的经济支撑之后,其对政党的经济依赖就越来越弱,报纸作为一个行业逐渐走向独立,以至于历史学家们把商业报纸称为"独立报纸"。当然,这种"独立"是相对于之前的政党依赖而言的,实际上,对广告的依赖又将使报业此后的发展方向发生另外一种偏移。"1880年,平均每家报纸25%的版面是广告;第一次世界大战期间,广告版面占50%,今天(即20世纪末)已达60%—70%。"①如今,包括报纸在内的各种媒介基本上被商业力量所控制,这正是对广告过分依赖的结果。

第三,教育普及,受众增加。工业革命为教育的普及提供了时代性的需求。大工业生产需要劳动者具备较高的文化水准,在一个文盲或半文盲的社会中是不可能发展工业文明的。自文艺复兴以来,教育在西方各国的普及已是一个显著的社会现象和历史过程。以法国为例,1828至1846年间,识字的法国人增加了百分之五十以上,后来,普及教育运动不断展开,到十九世纪末,几乎遍及全国。②文字传播是有知识门槛的,阅读必须以识字为前提。西方近代以来教育的普及提升了普通民众的知识水平,降低了文字传播的社会门槛,也就为以文字作为主要传播符号的报纸准备了大量读者。

第四,城市兴起,人口集中。工业社会集中了人口,也集中了劳动,它把大批的农村人赶往城市,把成千上万的劳动力集中到工厂。到19世纪末,英国社会已成为世界上城市化最高的社会:10个英国人中有9个住在城市里。③1790年,美国的第一次人口普查显示,当时只有不到3.5%的人居住在城镇里,而到1900年这个比例上升到1/3。"世界各地的城市以极快的速度发展,到1930年,城市人口已达4.15亿,占人类总人口的五分之一。这是人类历史上一个巨大的社会变化,因为在城市居住意味着一种全新的生活方式。西方的许多国家如英国、比利时、德国和美国,到1914年时,已使它们的绝大多数人口生活在城市里。"④

---

① 德弗勒,丹尼斯.大众传播通论[M].颜建军,译.北京:华夏出版社,1989:73.
② 贝尔纳·瓦耶纳.当代新闻学[M].丁雪英,连燕堂,译.北京:新华出版社,1986:104.
③ 加亚尔.欧洲史[M].蔡鸿宾,译.北京:海南出版社,2000:483.
④ 斯塔夫里阿诺斯.全球通史:从史前史到21世纪(下)[M].北京:北京大学出版社,2013:497.

从农场到工厂,从农村到城市,生活方式的巨大转变给这个时代的人们带来了无法想象的困惑。飞转的机器给在流水线上工作的人们带来了前所未有的紧张,拥挤的城市生活空间带给人无法排解的压抑。为了缓解工作生活的巨大压力,工人们开始酗酒。以英国为例,在 1830 年的格拉斯哥,每十二幢房子中就有一家酒馆,而在 1840 年,每十幢房子中就有一家酒馆;在曼彻斯特市,至少有将近一千间小酒店、啤酒店和杜松子酒窖,百分之九十左右的顾客都是工人。统计数字表明,工人阶层用在酒上的开支占其收入的五分之一到四分之一,有些家庭甚至要把三分之一到一半的收入用在饮酒上。在英国历史学家眼里,工业革命时期不亚于蒸汽机的另一项关键发明是一种在伦敦街头随处可见的手推车中的杜松子酒。从农村到城市的生活转变是如此突然和令人恐慌,只有在便宜而浓烈的杜松子酒带来的集体迷醉与狂欢之中,人们才能度过时代变换漩涡中的一个又一个夜晚。

城市的兴起与人口的集中为报业提供了急需各种信息的读者群,也为报业形成了一个相对集中的发行区,而人们生活节奏的改变也产生了休闲的需要,作为大众媒介的商业报纸在这样的历史进程中应运而生。实际上,大众媒介是与都市中心同步发展的,正如《权力的媒介》一书所言:没有都市中心,大众媒介不可能产生;同样,没有大众媒介,都市中心的发展恐怕也不会成功。①

二、廉价报纸

19 世纪初期,报纸已经是有着两百年历史的媒介了,但是,刚产生的报纸与产生两百多年后的报纸并不一样。其中一个重要的不同在于,刚产生的各国的报纸都不便宜。以美国为例,当时报刊发行人每年向每一份报纸的订户预收 6 至 10 美元订费,这个数字超出了大多数熟练工人一星期的收入。②

---

① 阿特休尔. 权力的媒介[M]. 黄煜,译. 北京:华夏出版社,1989:42.
② 埃默里,埃默里. 美国新闻史[M]. 北京:新华出版社,1982:160.

工业革命以后,报纸逐渐形成了以广告收入为主的盈利模式。商业广告的利益驱动必然要求报纸面向尽可能多的读者,而当报纸不再以发行作为主要的收入来源时,价格就能越来越便宜;而越便宜就有更多的人买得起报纸,更多的受众就意味着更大的广告效应。正是这种符合商业逻辑的盈利模式带来了商业报纸的繁荣,而这种价格低廉的报纸被称为"廉价报纸"。

(一)美国三大便士报

1. 本杰明·戴伊与《纽约太阳报》

本杰明·戴伊创办的《纽约太阳报》(简称《太阳报》)是美国商业报刊诞生的标志,因为它是第一张获得成功的"廉价报纸"或"便士报"。

《太阳报》并不是美国的第一份便士报,在它之前已经有3家同类报纸,不过寿命都不长。当本杰明·戴伊于1833年9月3日出版《太阳报》时,美国定期发行的报纸共有1200种左右,其中大部分是政治性的党派报纸,且大多价格不菲。① 当时的纽约报纸都卖6便士一份,而《太阳报》售价为1便士。

当时纽约爆发霍乱,靠接印刷零活艰难维系生计的出版商本杰明·戴伊认为办一份便士报能够有助于他的生意收支相抵。不过,戴伊一开始并不是很看好这个项目,首份报纸一直推迟到1833年8月才付诸印刷。1833年9月3日,4页版的《太阳报》诞生在戴伊的双滚筒印刷机下。首日三分之一的版面是广告,另外四分之一的版面混排着诗歌、轶事奇闻和小故事,其他版面则主要刊登各种船运、治安和普通新闻。

在《太阳报》的创刊号上,本杰明·戴伊宣称:本报的宗旨"是在每个人都能支付的价钱下,将一天中发生的所有的新闻奉献在公众面前,同时也给刊登广告提供了一个便利的工具"。② 《太阳报》旨在抓住下层民众的兴趣,刊登的主要是自杀、犯罪、审判、失火等事件。由于其注重人情味、趣味性和

---

① 斯隆.美国传媒史[M].刘琛,戴江雯,苏曼,译.北京:人民出版社,2010:181.
② 阿特休尔.权力的媒介[M].黄煜,译.北京:华夏出版社,1989:53.

幽默感，自然比政党报刊具有吸引力，再加上便宜，普通人都能买得起，在短短 6 个月时间，其发行量就达到约 8000 份，超过纽约所有报纸。

1838 年，《太阳报》发行量超过 3 万份，相当于纽约其他报纸发行量的总和，到 1839 年则为 5 万份。这对广告商产生了很大吸引力，《太阳报》由此获得了大量广告收入。广告收入的增加进一步加强了《太阳报》的独立性。戴伊创办《太阳报》之际年仅 22 岁，不名一文，而当他在 1838 年将报纸盘出时，《太阳报》的发行量已经达到了 3.4 万册，售价 3.8 万美元。新闻史学家说，他是大大小小依靠办报发财致富者中的第一人。

《太阳报》吸引读者、增加销量的秘诀在于加强耸人听闻新闻的报道。1835 年 8 月，《太阳报》上的一则消息吓呆了读者。查德·洛克，这位英国哲人约翰·洛克的旁系后代，在他名为"巨大的天文学发现"的 6 期系列报道中说：一位南非的天文学家发现月球表面被类似冷杉和棕榈树的植被所覆盖，还有像野牛和斑马的动物在其间漫步。读者在这个分期连载的最后部分还看到，月球也是"智能生物"的家园，这里某些生物的长相和行为都酷似人类，但它们有类蝙蝠的翅膀，能够飞翔。据推测，这些是《太阳报》在一份苏格兰科学期刊上发现的。

关于月球的故事引起了巨大反响。其他报纸争相转载，《太阳报》的发行量剧增。不过，没等这一系列文章结篇，《纽约先驱报》和《商务新闻报》已经公开抨击这个骗局。《商务新闻报》的声明理由尤其充分——原文的作者理查德·亚当斯·洛克已经对杂志社同伴坦白是他杜撰了整个事件。"月亮上的骗局"成为那个时代著名的假新闻代表。

不过，《太阳报》从未承认过它是骗局，仍然在 1835 年 9 月中旬坚称其来源于一家著名的科学杂志报道的一位受人尊敬的天文学家的科学活动。同时，《太阳报》很愿意看到这篇文章的内容本身已经成为新闻事件，文章的真实性反而变得不那么重要了。《太阳报》报道说，即使是那些怀疑事情真实性的人都很钦佩这些文章高超的写作技巧，由此带来了娱乐效果。"月亮的骗局"显示，除了传播信息，早期的便士报的另一项重要功能便是提供娱乐。商业报纸在其发端之时，就已经开始制造假新闻招揽读者，其危害深远，危害无穷。

随着便士报的出现,娱乐性、趣味性替代了早期的时效性、重要性、新鲜性,成为报纸新的价值取向,以至于人们对新闻的定义都开始发生改变。查尔斯·A·达纳任《太阳报》主编时,其城市版主编约翰·博加特对一个年轻记者说:"狗咬人不是新闻,人咬狗才是新闻。"这一令人印象深刻且广泛传播的概括成为西方对新闻的最重要定义之一。

2. 贝内特父子与《纽约先驱报》

詹姆斯·戈登·贝内特原是英国人,后来移居美国。他曾多次办报,但都以失败告终。他于1835年创办的《纽约先驱报》(简称《先驱报》)终于获得成功。《先驱报》效仿《太阳报》耸人听闻的手法,并在低级趣味上变本加厉,成为当时"世界上最耸人听闻、最黄色和刺激性最强的报纸",①以至于很多人买到《先驱报》都不敢带回家去看。

《先驱报》由于大量报道庸俗无聊的社会新闻,甚至肆意谩骂政治家和宗教人士,引起了一些人的不满。1840年,纽约几家报纸联手对贝内特及其《先驱报》展开所谓的"道德战争",大家一致斥责贝内特是报界的败类。后来,这场持续数月的道德战争使《先驱报》的销量锐减三分之一,弄得许多广告客户都不愿意在该报继续刊登广告,贝内特这才收敛锋芒以挽回损失。

贝内特创办《先驱报》时的开业资金仅500美元,可当他去世时,他已是腰缠万贯的富翁了。贝内特去世后,他的儿子小贝内特接班,成为新的发行人。小贝内特是个挥霍骄奢、狂妄傲慢、行为怪诞之人。在他作为发行人的45年的职业生涯中,他是一个总把个人的一时兴起放在第一位的独裁者。他一生中大部分时间住在巴黎,很少到《先驱报》的办公室去。② 为此他常常将纽约的编辑召到巴黎议事。有时候,编辑们"奉命"千里迢迢赶到巴黎,他却一面不见又将人家打发回去。但是,贝内特每天从巴黎用电报发出指示,密切注视着每个雇员的工作。有一次,他请人列出一份《先驱报》骨干分子

---

① 霍恩伯格.西方新闻界的竞争[M].魏国强,译.北京:新华出版社,1985:34.
② 迈克尔·埃默里,埃德温·埃默里,南希·L·罗伯茨.美国新闻史——大众传播媒介解释史[M].9版.展江,译.北京:中国人民大学出版社,2004:143.

的名单,而他拿到这份名单后便将上面的人员悉数解雇。他的方针是不让任何个人获得重要地位。尽管他有许多很好的新闻直觉,但他同时也强迫报社员工遵守许多根据他个人癖好制定的行动准则,并且要报纸宣传他的个人信念。在这一怪人统治下,《先驱报》日趋没落。

3. 霍勒斯·格里利与《纽约论坛报》

霍勒斯·格里利出身贫寒,天赋过人,年仅5岁就通读《圣经》,成年后投身政坛,青云直上,成为纽约辉格党三巨头之一。1841年,他创办《纽约论坛报》(简称《论坛报》),该报纸很快成为辉格党最为成功的都市报纸,这份周报很快就在全国拥有了上万订户。

《论坛报》摒弃了一般廉价报纸的3种做法:煽情主义新闻、不健康的医药广告和虚伪的政治中立。该报也有社会新闻和警事报道,但并不一味追求刺激。该报的创刊宗旨上说:"我们将尽瘁心力把报纸办成赢得善良的、有教养的人们嘉许的、受欢迎的家庭常客。"《论坛报》坚持一个很高的道德标准,故拒绝刊登关于治安法庭的报道、耸人听闻的谋杀案审判,以及戏剧作品,这也使它成了"伟大的道德喉舌"。

格里利在《论坛报》上公开指责《太阳报》和《先驱报》等廉价报纸的庸俗堕落,他写到:"便士报热衷于对蛰伏在社会内部恶魔般的欲望煽风点火。它们也许不会被指责犯有谋杀罪,但是,它们的的确确是犯了制造谋杀者这种更恶劣的罪行。"[1]他创办的《论坛报》旨在"增进人民的利益,提高他们的道德良知、政治素养和社会福利水平"。[2]

格里利创办《论坛报》的初衷绝非仅仅为了政治,他并不打算把《论坛报》办成严格意义上的辉格党报。事实上,格里利后来回忆,他对"奴颜婢膝的党派偏见"的鄙视不亚于对"装腔作势的中立性"的反感。他甚至说:"一份刊物若能够忠于其引领的信念,同时勇于揭露和谴责本党部分党员微不足道的行为和偶然的错误,那么相比于出于政党偏见或者眼前利益而去称

---

[1] 德弗勒. 大众传播通论[M]. 颜建军,译. 北京:华夏出版社,1989:285.
[2] 阿特休尔. 权力的媒介[M]. 黄煜,译. 北京:华夏出版社,1989:170.

赞或非难、祈祷或诅咒，必定会更加有成效，更加显示政党的睿智。"

虽然《论坛报》并不总能达到格里利公开声称的道德标准，它仍不失为一份颇具影响力的报纸。农民们把它的周刊看做福音书。格里利的文化巡游演讲会总能吸引众多听众。在19世纪中期美国大部分重要的全国性问题中——从废除奴隶制到内部改革，从禁酒运动到开拓西部，格里利都扮演了重要角色。

在格里利主持下的《论坛报》成为反对奴隶制的先锋，他视蓄奴制为奴隶主攫取联邦权力的阴谋和自由进程的阻碍。内战期间，他反对林肯的温和做法。1862年夏，他在社论——《两千万人的祈祷》一文中要求对联盟国政权采取更猛烈的攻击并且加快释放奴隶。一个月后，当林肯释放奴隶宣言发表后，他发出了热烈欢呼。格里利支持对待徙居者的自由政策，1865年，他发出了著名的号召："小伙子们，到西部去，和你们的国家一起成长。"有人回忆说："当我年轻时，格里利第一次发出了此号召，我就启程前往西部了。"

格里利是一个社会改良主义者，信奉傅立叶的空想社会主义。他希望能用改良的方式医治资本主义的弊端，以实现他所向往的"慈善的资本主义"。为此，格里利撰写过许多社论解释空想社会主义理论。从1852年到1862年，他还聘请马克思担任《论坛报》的英国通讯记者，在此期间，马克思和恩格斯为《论坛报》撰稿多达五百余篇。马克思曾称赞《论坛报》为"民主社会主义的报纸"。

(二) 英国的便士报

1. 劳森与《每日电讯报》

《每日电讯报》由斯莱上校于1855年6月29日创办，创办初期并无特色，在陷入财政困境后由其债权人约瑟夫·摩西·莱维收购，并进行了大胆改革。他按一便士出售该报，在降低报价的同时却未降低报格。这份报纸质高价廉，注重社论，反映民声，因而迅速打开了销路。不过此时，这份报纸还并未真正在英国的便士报中脱颖而出。

《每日电讯报》对英国报业产生历史性的影响是在莱维的儿子劳森成为主编以后,他让这份报纸变得更符合大众的需要。在内容上,扩大报道面,注重趣味性,声情并茂,富于感染力。在编辑上,采用美国做法,对重大消息采用多项标题以示强调。劳森声称办报旨在促进社会和国家进步,力争质高价廉,并积极投身社会改革运动,在他主持下的《每日电讯报》成为英国廉价报纸的先驱,劳森也被称为英国"报业之父"。

劳森还特别重视人才,他到处网罗一流作家参与报社工作,其中最具代表性的是埃米尔·约瑟夫·狄龙。狄龙是著名的语言学家,精通欧洲各国文字,并通晓东方语言和中世纪语言。这位学者有着不同寻常的全面能力,他勇于进取,为了获得独家新闻不畏艰险;他与政治家、外交家们交往密切,常能获得机密消息;作为著名记者,他经常受到各国国王的款待,因而被朋友们称为"无冕之王"①。后来,人们为了表达对记者的敬意,将"无冕之王"的雅称送给所有记者,当然,真正能达到狄龙这样水平的人并不多。

2. 北岩与《每日邮报》

2011年8月4日,家住英国普利茅斯的詹金斯夫妇在家中找到一个宝贝:一张发行于100多年前的《每日邮报》,它的价值不仅体现在年头久远,而且体现在上面的内容竟然准确地预测出了100多年来发生的一些重大事件。比如,它预测了20世纪出现的航空、高速火车、移动电话以及英吉利海峡开通海底隧道等重大事件,而过去百年的变化可证明其预见性非比寻常。

这张使用金色油墨的报纸于1900年12月31日发行,是为庆祝20世纪来临而推出的纪念版。《每日邮报》由北岩勋爵在1896年创办,被认为是英国现代资产阶级报业的开端。

北岩勋爵(1865—1922),原名阿尔弗雷德·哈姆斯沃兹,是英国现代新闻事业的创始人,有"舰队街的拿破仑"之称,1905年受封为勋爵。他年轻时就有丰富的办报经历,了解读者的兴趣,主张新闻写作要简练易懂,并应用

---

① 郑超然,程曼丽,王泰玄.外国新闻传播史[M].北京:中国人民大学出版社,2000:73.

地图、照片注解新闻报道,他说:"不要忘记,你正在为那些知识浅陋的人们写作。"

1896年5月4日,《每日邮报》正式面世,在报头的两侧,赫然印着两句口号:半便士的便士报、"忙人"的日报。《每日邮报》诞生之前,英国报纸呈两极分化格局,在市场的底端,有大量售价半便士的通俗报纸,这类报纸面向底层读者,虽然便宜,但质量粗劣;在市场的顶端,有像《泰晤士报》这样的"高尚"报纸,但与普通大众相去甚远。北岩认定在这两种报纸之间还存在一个巨大的中游市场空间,决心创办一份面向中产阶级的报纸。按他的设想,这份报纸应该是便宜而不失精致的,它的新闻应该新鲜、简单而有趣。

《每日邮报》创造了英国报纸的众多第一:第一份建立一支遍布全球的通讯员队伍的报纸;第一份辟有专门妇女版的报纸;在1901年波尔战争期间,该报还任命了第一位战地女记者——英国前首相丘吉尔的姨妈萨拉·威尔逊。

在创办《每日邮报》的过程中,阿尔弗雷德·哈姆斯沃兹得到了他的弟弟哈罗德的帮助。后来被封为"罗斯米尔子爵"的哈罗德有一个"对数字有良好感觉的头脑"。阿尔弗雷德做事充满激情,敢闯敢干;哈罗德则在背后精打细算,帮他控制风险,两人配合得天衣无缝。他们原来估计《每日邮报》初期的发行量可以达到10万份,结果第一天就卖了近40万份。

北岩是英国大众报刊的标志,开报团之先河。北岩先后创刊和购买了《每日邮报》(1896年)、《每日镜报》(1903年)、《观察家报》(1905年)及多家地方报刊。1908年,北岩又取得了《泰晤士报》的控制权,从而摘得了英国新闻界的皇冠。北岩报团也成为英国最早、最大的报团。

作为英国现代新闻事业的创始人,北岩对英国的影响其实远远超出了报界。一战期间,北岩担任"对敌宣传总监",主持对德宣传。他用飞机向德军投掷成千上万的宣传品,这种"纸弹"在瓦解德军士气方面起了很大作用。正是由于他对社会广泛的影响力,人们说他的影响"与整个教育部相比,有过之而无不及"。[①]

[①] 郑超然,程曼丽,王泰玄.外国新闻传播史[M].北京:中国人民大学出版社,2000:86.

三、黄色报纸

19世纪末,随着商业报纸的逐渐成熟,报业进入销量剧增、利润暴涨的"黄金"时期,报纸盈利能力增强,社会影响扩大,带来了报业内部的激烈竞争。一方面促成新闻业务的全面提升,另一方面也因唯利是图甚至不择手段而使报格直线堕落。这是最好的时代,这是最坏的时代,这是黄色报纸的时代。

这一时期最具代表性的人物毫无疑问就是普利策与赫斯特。

(一) 普利策与《纽约世界报》

1. 普利策的早期经历

约瑟夫·普利策1847年出生于匈牙利。少年时期,他曾在私立学校受过良好教育。17岁时,他离家出走,想去参军,但由于视力差、身体弱,奥地利军队和法国外籍军团都拒绝接受他。1864年美国内战期间,负责为联邦军招募欧洲志愿人员的一名美国代理人不那么挑剔,他招募了普利策。从此,普利策成了林肯骑兵部队中的一名战士。

战争结束后,实际上没有打过仗的普利策流落到纽约,身无分文,语言不通。他干过许多临时性的苦差事,还在密苏里州圣路易斯的一家餐馆当过招待。但是,强烈的求知欲和充沛的精力促使他不断进取。1867年,他加入了美国国籍。一年后,他开始在《西部邮报》担任记者。他没日没夜地工作,挖掘各种类型的新闻,很快就在那些嘲笑他行为怪诞的同事中脱颖而出。

1878年12月9日,普利策买下了《电讯报》。他的主要收获是再一次获得了美联社社员报的资格。3天之后,他将《电讯报》与约翰·狄龙1875年创办的《邮报》合并,美国最大的报纸之一《圣路易斯快邮报》就这样诞生了。在最初的4年中,它是圣路易斯最大的晚报,每年净赚45,000美元。基于他作为主编兼发行人的天赋,30出头的普利策已经取得了辉煌的成就,当然,未来他将达到的高度还要远远超出人们的预料。

普利策善于把煽情的、刺激的社会新闻,纳入他的理性报道之中。他认为,关于犯罪、邪恶和灾祸等社会新闻的报道,是为了让人们知道社会存在的问题的严重性,并起来与它进行斗争,而且这样的新闻,比较容易吸引读者。报纸有了读者,报纸的社论也就有人看,社论针对社会存在的问题,指出解决问题的办法,自然就引导了舆论。普利策就这样将刺激性与理性有机地结合起来,而这为他在纽约的报业擂台上大展拳脚做足了准备。

2.《纽约世界报》

1883年,在远赴欧洲休养的过程中,普利策获悉《纽约世界报》(简称《世界报》)待价出售的消息,于是将其买下,开始了新的征程。

普利策接手《世界报》时,纽约的《先驱报》《太阳报》《论坛报》《时报》都是其《世界报》强有力的竞争对手,但普利策并不在意,因为纽约还没有一家像《圣路易斯快邮报》这样的报纸。普利策,这位有些神经质但精力充沛的人,已经做好了在这个国家最重要的报业市场尝试其圣路易斯成功的秘诀、大干一场的准备。

普利策很快改组了编辑部,还向圣路易斯发电报请来两名出色的编辑,并于1883年5月11日出版了第一期《世界报》。《世界报》的开篇社论中宣布的创刊新宗旨与5年前普利策在圣路易斯的发刊词十分类似。他宣称他将为读者提供更多的新闻,更鲜明的新闻,每一个人都能读的新闻。很快这一特点就在该报中显露出来。当时布鲁克林大桥开通在即,普利策以罕有的3个专栏插图作为头版内容使读者大吃一惊。对普利策来说,"鲜明"就意味着不仅图文并茂,图胜于文,而且图片的使用在当时已经被广泛地理解为追求轰动效应的标准特征了。

普利策还积极提高报纸的质量。他利用第一版报头两侧的版位提高发行量,刊登独家新闻。他做的第一件深得人心之事是鼓吹把那座被誉为世界奇迹的布鲁克林大桥向每天上班的人免费开放。

普利策想要为弱势群体创立一种报纸,而这样的弱势群体在满是移民的纽约可谓比比皆是。他谨慎地避免刊载贬低外来移民的新闻或专题文章,同时他也不允许在文章撰写中使用种族方言,尽管这在当时是廉价文学最流行的形式之一。

作为他在圣路易斯创始的声讨风格的延续和发展,普利策通过为自由女神像筹集20万美元款项的运动将自己的事业推向了顶峰。自由女神像是法国人民送给美国的礼物。这项募捐活动从无数贫穷的移民中收集了大量的5分、1角和1分的硬币。通过这次活动,普利策不仅扩大了报纸发行量,而且连广大民众都有了一种当家做主的感觉,使他们认识到自己是这座重要的公众纪念碑的主人。①

普利策只花了两年时间就使《世界报》在纽约的发行量达到了无与伦比的20.7万,超过了一分钱一份的《新闻晚报》。他广受尊仰并非因为他给新闻界带来了革新,而是因为他在赚取利润方面所取得的巨大成功。《世界报》(在普利策的领导下)成了新闻潮流的引领者,其他报纸纷纷效仿。

1893年11月9日,美国《世界报》登出了2个半版的彩印插图,插图描绘了大西洋花园夜景和教会活动,这是世界上最早的彩印版报纸。

其实,彩色印刷并不是一个新鲜概念,早在1457年就有人用红色与蓝色印刷宗教书。1893年彩色印刷机出现,《世界报》将当时可用的五种颜色用到极致,色彩才开始成为版面元素的一分子。该报从黑白印刷转为彩色印刷后,发行量曾超过100万份。

《世界报》最早刊登了彩印插图,也最早设置了彩色印刷连环画专页,每张画的中心人物都是个穿着肥大衣服、没有牙齿、咧嘴而笑的"黄色幼童"。这个"黄色幼童"马上出了名,"黄色"成为低级趣味、色情的代名词。

普利策清楚地认识到《世界报》潜在读者群的特点。19世纪80年代,纽约市的人口增加了50%。普利策努力吸引新市民对他的报纸的注意。当时,在纽约市内,每5个人中就有4个不是本人是在外国出生的,就是父母是在外国出生的。普利策身为移民,对这一事实非常敏感。他也了解他那个时代的社会经济发展趋势,知道他的读者既希望得到娱乐,又希望报纸起到有效的和进步的领导作用。因此,他的《世界报》以生动的方式报道重大新

---

① 斯隆.美国传媒史[M].刘琛,戴江雯,苏曼,译.北京:人民出版社,2010:340.

闻,以满足变化中的社会需求,并以煽情的新闻内容和版面来适应另一种趋势。

除了实用的讨伐与促销手段之外,噱头也是《世界报》的特长。在这方面,最大胆的尝试是 1889 年派内力·布莱周游世界,看她能否用少于儒勒·凡尔纳在他的小说《80 天环游地球》中建议的时间作一次环球旅行。内利·布莱是女记者伊利莎白·科克兰的笔名。她曾以招引男性无赖然后写文章加以揭露或伪装成精神病患者混入纽约的精神病院采访消息等花招,来活跃《世界报》的版面。当内利乘船、乘火车、骑马、坐舢板周游世界各地时,《世界报》举办了猜谜比赛,吸引了将近 100 万人参加此项活动,猜测她到达各地所需的时间。内利没有让她的报纸失望。最终,她以 72 天的时间完成了周游世界的旅行,在一片欢呼声中,乘坐旗帜飘扬的专车从旧金山回到了纽约。

3. 普利策的遗产

普利策举世皆知的遗产是哥伦比亚大学新闻学院以及普利策新闻奖。

早在 1892 年,普利策就已向位于纽约市的哥伦比亚大学提出捐款创立新闻学院的要求,但被婉言拒绝。因为当时人们还不把新闻看成一门学问,而只把它当做一种技艺。经过普利策的一再要求,哥伦比亚大学最终接受了他的捐赠与计划,"按照约瑟夫·普利策 1911 年逝世时的遗愿,给大学的赠款总数为 200 万美元,哥伦比亚大学在这个数目上又增加了 50 万美元"。

可惜普利策没等到学院诞生便离开了人世。哥伦比亚大学新闻学院成立于 1912 年,如今已成为美国新闻学教育的重镇,学院主办的《哥伦比亚新闻学评论》也是一份权威的新闻学刊物。1935 年,哥伦比亚大学新闻学院又改为新闻研究生院,专门招收大学毕业生以及具有工作经验的新闻从业者,然后进行一年的强化式专业学习。另外,学院还主持评选一年一度的普利策新闻奖。

普利策奖从 1917 年开始设立,每年 5 月颁发,现在包括新闻、文学、戏剧、历史与音乐等项目。其中,新闻奖刚设立时共有 5 个奖项,现在已经增加到十余项,比如公众服务奖、最佳地方报道奖、最佳全国报道奖、最佳国际报道奖、最佳社论奖、最佳漫画奖、最佳新闻照片奖等。在今天的美国新闻界，普利策新闻奖的地位就同奥斯卡金像奖在美国电影界的地位一样。

(二) 赫斯特与《纽约新闻报》

1. 赫斯特的早期经历

实际上，在纽约报界如日中天的普利策并不孤独，相反，他和他的《世界报》时时要面临残酷竞争，其中对他威胁最大的是《世界报》曾经的实习生、来自旧金山的富二代威廉·兰道夫·赫斯特。相对于普利策而言，赫斯特更是黄色报业登峰造极、变本加厉的代表。

赫斯特1863年出生于旧金山的富豪之家，父亲靠银矿发财，母亲又精于管家。20岁时，赫斯特被一心通过办报追求政治权力的父亲送进了哈佛大学。他在哈佛大学就学期间就已显示出日后必将令人侧目的潜力，挥霍无度，喝酒闹事，恶搞老师，大二即被学校开除。不过，他在波士顿也并非一无是处，他担任幽默杂志《讽刺文》的经理时就很出色。上学期间真正对赫斯特产生决定性影响的是他假期时到他最感兴趣的普利策的《世界报》实习，即使被学校开除以后，赫斯特还花了一些时间到纽约研究普利策的办报技巧，然后才回到旧金山。

赫斯特24岁时，他的父亲成为加州参议员，他也成为父亲经营的《旧金山考察报》的主编。这位《世界报》曾经的实习生很快就证明他在普利策那儿取到了真经，他野心勃勃地对这份报纸进行改革。改革后的第一年，报纸销量就翻了一番。到1891年他的父亲去世时，这份报纸每年已可获利30到50万美元。不到而立之年的赫斯特已经在旧金山报界站稳了脚跟，不过，赫斯特并不打算在西部长住，他真正向往的是普利策称霸的纽约报界。

2. 黄色新闻之争

1895年，赫斯特说服他的母亲卖掉家里经营的铜矿，带着750万美元现款来到纽约。他的到来标志着普利策的《世界报》在同行中遥遥领先的黄金时代的终结。《世界报》的成功极大地影响了野心勃勃的青年赫斯特，他来纽约的目的就是想看看自己是否能够超越普利策先生,成为"比普利策还普利策"的成功者。

有意思的是,赫斯特在纽约的报业生涯是从买下普利策的兄弟阿尔伯特曾经当老板的《纽约新闻报》开始的。当时正值《纽约新闻报》业绩不佳,赫斯特只花了18万美元就得到了它。① 赫斯特十分有运气,在购买报纸所有权上节省了大笔资金,这样就确保了他日后在付给员工薪水方面出手大方,而这正是他对付普利策的利器。

有750万家产做后盾的赫斯特构思了一个大胆的、旨在迅速成功的计划。他着手挖来普利策最好的员工,这不仅可以加强自己报纸的力量,而且对其主要竞争对手也是当头一棒。赫斯特雇佣了全体《世界报》周末版的员工,其中就包括广受欢迎的系列漫画《黄孩子》的作者奥特考特。

1895年,著名漫画家奥特考特创作的系列漫画《黄孩子》开始在普利策创办的《世界报》星期日版上发表。故事的主人公是一个年纪在六七岁、身着脏睡衣、有着大脑袋的小孩儿,这个兴高采烈、咧嘴而笑、面目没有特点的"黄色幼童"在纽约走街串巷,发表观感,在当时的纽约很受欢迎。

为了与普利策竞争,赫斯特重金将《世界报》星期日版的全班人马挖至《新闻报》,其中包括黄孩子的作者理查·奥特考特。星期日刊人马在一天之内全部倒戈,让普利策大吃一惊,他立即用赫斯特所出高价将他们原班请回。然而,赫斯特很快又用更高的价钱将他们彻底挖走。普利策于是又雇用了另一名画家乔治·B.卢卡斯,继续在《世界报》星期日版上画黄孩子的漫画。于是,纽约报界出现了前所未有的场面:两家竞争最激烈的报纸,竟然都以黄孩子为旗号来推销报纸,争抢读者。这场被称为黄孩子之争的事件标志着黄色新闻大战的开始。在公众看来,"黄孩子"似乎象征着那种流行、耸人听闻的新闻,"黄色新闻"这个名词很快传开了。

黄孩子的原作者奥特考特万万没想到自己笔下那个曾经备受读者喜爱的漫画主角,竟然成了最丑恶现象的标志,他为此悲叹说:"在我死后,不要佩戴黄色绉纱,不要让人把黄色幼童放在我的墓碑上,也不要让黄色幼童参

---

① 斯隆.美国传媒史[M].刘琛,戴江雯,苏曼,译.北京:人民出版社,2010:341-342.

加我的葬礼。让他待在他所属于的纽约东区。"

随着普利策损失了好几个核心雇员,他也开始失去利润。赫斯特已经开始以一分钱一份的价格售卖他的晚报。普利策被迫应战还击,将《世界报》的价格从二分钱一份降到一分钱一份。在19世纪的最后几年,这两位报业巨头一直互相攻击,其手段包括使用更大的字体,发表更加耸人听闻的专题文章,互挖对方的精英人才,降价销售以及报道独家新闻等,无所不用其极。正是在这种情况下,报业对社会的负面影响最大限度地显现出来。

3. 黄色新闻的高潮

19世纪末,西班牙军对古巴起义者的残酷镇压激怒了美国政府,并危及美国资本家在该地的经济利益。美国人在古巴所拥有的甘蔗种植园和糖厂年贸易额可高达1亿美元。1898年2月15日,美国派往古巴护侨的军舰"缅因"号在哈瓦那港爆炸,美国遂以此事件为借口,于4月22日对西班牙采取军事行动。

新闻界总把黄色新闻看作美西战争的始作俑者,甚至认为如果没有黄色新闻就没有美西战争。虽然这种说法有些夸大,但不可否认的是,在这场战争中,黄色新闻极尽其煽风点火、推波助澜之能事,所以,把美西战争看作黄色新闻的高潮并不过分。

在美西战争爆发之前,美国的报刊尤其是赫斯特的《纽约新闻报》发疯似的煽动战争狂热,极力鼓吹向西班牙宣战。赫斯特曾公开宣称,为了使美国向西班牙开战,他花费了一百万美元来进行宣传。因此,有人将美西战争称作"赫斯特的战争"。

1898年2月15日夜,美舰"缅因"号在哈瓦那港口爆炸、沉没,266名美国士兵丧失了生命。赫斯特的报纸以特大通栏标题及图片报道了这一消息,并悬赏5万元查明是何人将"缅因"号炸沉的,普利策的《世界报》甚至准备雇用一只轮船和潜水员。在未查明真相以前,美国报纸的报道给人这样的印象:西班牙对此负有直接或间接的责任。《纽约新闻报》发起献舰运动,成立专门委员会负责筹款。3天后,这家报纸用通栏大标题刊出"全国战争狂热"的大幅标题,鼓动爆发战争。普利策也在《世界报》上刊发了一篇署名社论,要求对西班牙发起一次迅猛的速决战争。在报纸掀起的全国战争狂热的压力下,美国国会4月18日迅速通过了关于战争的决议,原先无意于战争的麦金利总统宣布对西班牙开战。

赫斯特的《纽约新闻报》以及其他的黄色报刊之所以肆无忌惮地煽动美西战争,除了所谓共同的"美国利益",更多地是为了刺激报纸销量。在美西战争期间,赫斯特的《纽约新闻报》和普利策的《世界报》趁着天下大乱,突破了百万销量大关。在战争期间,两报又各自创出了150万的销量纪录。

普利策后来对《世界报》在美西战争中的煽情做法深表后悔,备感自责,并退出了黄色新闻大战。不过,普利策的退出并不意味着黄色新闻的终结。在20世纪刚刚开启之时,美国约有三分之一的大城市报纸都跟风发展黄色新闻,这种风潮的平息要等到十年之后。在普利策努力清理煽情新闻以在黄色新闻中收手之际,赫斯特及其《纽约新闻报》并没有收敛,反而变本加厉,结果酿成了1901年美国总统麦金利被刺身亡的惨剧。

在美国1900年的大选中,赫斯特和他的几家报纸支持白里安,疯狂反对麦金利。麦金利1901年连选连任后,赫斯特的报纸不仅对他恶毒攻击,并且煽动刺杀总统。肯塔基州州长科贝尔被刺杀之后,1901年2月4日,《纽约新闻报》刊登了一首令人吃惊的四行诗:"枪弹穿过科贝尔的胸膛,寻遍整个西部不知它飞向何方;它很可能向这里飞来,集中于麦金利把他送进停尸房。"两个月后,《纽约新闻报》晚刊4月10日的社论说:"如果坏人和坏制度只有用杀的手段才能去掉的话,那就必须给杀死。"

1901年9月,刚刚连任半年的麦金利总统在布法罗泛美博览会上与来宾寒暄时被无党派人士行刺,8天后,因感染病菌而去世。凶手斯苏各被控谋杀,被捕后他声称行刺总统是单独行事,并声称国家需要一个新总统。在法庭上,他被处以死刑,7个星期后,他被送上电椅,在电椅上结束了他的一生。凶手被捕之后,他的口袋里还装有一份《纽约新闻报》。西奥多·罗斯福继任总统后明确表示暗杀的煽动者就是赫斯特。

最终,赫斯特的恶行引起了公众的愤怒。人们在公众场所散布吊死他的模拟像,并广泛抵制《纽约新闻报》。赫斯特由于众怒难犯,不得不将报纸改名为《美国人报》。随着《纽约新闻报》的退出,黄色新闻逐渐衰落。

美国电影艺术家奥森·韦尔斯导演并主演过一部经典影片《公民凯恩》，影片主人公凯恩的原型就是赫斯特。影片通过其朋友、对手、妻子以及情妇的叙述，展示了他令人唾弃的一生。影片拍成后，赫斯特以影射为由向法院提出起诉，结果被驳回。赫斯特又命令他手下的报刊拒绝刊登该片的广告以及相关消息，企图封杀该片。他还通过一些影片发行商争购《公民凯恩》的发行权，然后扣住不发。不料，这样反而替影片做了宣传，《公民凯恩》公映之后立即引起轰动，成为电影史上的名作，而赫斯特从此恶名远扬。

4. 赫斯特的遗产

与普利策留下了哥伦比亚新闻学院和普利策新闻奖不同，赫斯特留下了两套豪宅。

赫斯特生前居住的豪宅是位于洛杉矶贝弗利山上的赫斯特庄园，1976年，这座"H"型的豪宅以1.65亿美元的标价拍卖给现主人，成为美国最昂贵的豪宅之一。他的另一座豪宅是位于加州圣·西蒙的赫斯特城堡。这是加州最豪华的城堡，修建在山顶上，极尽奢华之能事，历时28年才完工。赫斯特一生酷爱收藏艺术品，城堡内的家具、挂毯、绘画、雕塑、壁炉、天花板、楼梯甚至整个房间，都是艺术珍品。

1957年，赫斯特城堡被赫氏企业捐给加州州政府管理，现在成为美国5000个历史博物馆中最大的博物馆之一。不过，来这里参观的人们已经很少将美国西海岸的这座城堡与曾经叱咤纽约的黄色新闻大王赫斯特联系在一起了。与之相比，美国东海岸的哥伦比亚大学新闻学院和普利策新闻奖却已成为普利策的丰碑，它们仍在香火旺盛地延续着普利策的新闻生命。

四、精英报纸

在有了广告的支持以后，尽管报业实现了经济上的独立，成为一个可以谋利的行业。然而，即便是像普利策和赫斯特一样靠办报赚得盆满钵满，报业依然未成为一个受人尊敬的行业。从这个行业的精神层面来说,报业还并未真正独立。无论是作为党派攻讦的喉舌,还是作为商业谋利的工具,报纸上的新闻都难以成为历史的记录。

真正让新闻成为历史的初稿,使报业拥有内在的精神气质和文化品格,从而也拥有了历史的气度而成为历史的载体的,是被称为精英报纸的一类商业报纸。这里的精英并不是大众的对立面,而是与廉价报纸、黄色新闻的煽情恶俗相对立的办报取向,这一类报纸同样拥有广泛的读者群,它们同样需要依靠广告生存,因而也必须遵循商业的基本逻辑。

(一)《泰晤士报》

《泰晤士报》创办于1785年1月1日,原名《每日环球记录报》,1788年更为现名。创办人印刷商约翰·沃尔特认为报纸应该是时代的记录,因此尽量公正、翔实地报道国会辩论、各国动态、商业行情等消息。沃尔特希望用广告收入补贴发行损失,并实现经济独立。但由于英国政府昂贵的印花税,他还是经常接受政府每年300英镑的秘密津贴,不过仍直言不讳地抨击国王和大臣们。详尽报道国会辩论实况、法国革命进程,发行欧洲大陆大事记等举动,使该报几年后便跻身伦敦一流报纸之列。

1803年,约翰·沃尔特第二主持该报工作。19世纪中叶,《泰晤士报》进入了它的"黄金时代"。沃尔特第二毕业于牛津大学,接管《泰晤士报》时才26岁。他上任伊始,便开始对《泰晤士报》进行全面改革,其中最重要的变化就是开始实行一种独立的办报原则,率先在英国打出了报刊"独立于党派之外"的口号。沃尔特第二一方面奉行自由、公正的独立政策,率先在英国打出"独立于党派之外"的旗号,另一方面重用优秀报业人才,先后任用两位得力主编托马斯·巴恩斯和约翰·德莱恩。

1. 独立时期

为了独立办报,沃尔特第二首先需要解决的问题就是新闻报道的独立性。在此之前,英国各报的国外新闻报道主要来自官方发布的新闻公报和从邮局订购、翻译国外报刊消息,这种新闻采集方式时效低、新闻来源单一,但易于政府控制国外新闻信息的传播。由于法国大革命的爆发和英国与拿破仑一世的战争,当时英国公众对海外特别是欧洲大陆的新闻需求骤然升温。沃尔特第二决定抓住时机,建立国内外新闻报道情报网络,为这个市场提供充足的国外新闻商品。

沃尔特第二改革的第一步就是设法建立起《泰晤士报》独立、完备的海外新闻报道网络。他开始在欧洲大陆陆续招聘通讯员,让他们把新闻稿件寄给《泰晤士报》在欧洲大陆的友好商行和报社办事处,并雇佣海上走私者跨过英吉利海峡,把最新的欧洲报纸和通讯员的信息直接送到《泰晤士报》。1807年1月,沃尔特第二派出了自己的第一个,也是世界上第一个驻外记者——亨利·克雷布·鲁滨逊。鲁滨逊被派到欧洲大陆汉堡附近的阿尔托纳城,他在那里联系各地通讯员,不断采集各种新闻,及时邮寄回国。就这样,《泰晤士报》开始向国人提供大量国外的最新消息,逐步走向了独立供应海外新闻信息之路。

1809年,《泰晤士报》首先获得并公布了"德奥缔结《费里辛克条约》"的消息,引起全国轰动。当时这一条约的缔结连英国政府都不知道,英国政府经急电与驻法大使联系,方才证实。拿破仑在欧洲的一系列战役和同俄国缔结的《提尔西特和约》等重大新闻消息的率先报道使《泰晤士报》声威大震。1815年,拿破仑在滑铁卢战败的重要消息也是《泰晤士报》最先在英国报道的。①

出色的海外报道、重要的独家新闻使《泰晤士报》销量大增,从而在经济方面可以依赖广告和发行的收入实现自给自足,逐步摆脱了官方所谓的"资助",获得独立地位。与此同时,沃尔特第二网罗优秀社论人才,提倡具有自身风格和文学价值的新式新闻写作,采用新式印刷技术。沃尔特第二所采取的这一系列措施,使《泰晤士报》不仅声誉日隆,销量也节节攀升。该报1815年的销量为5000份,1850年的销量猛增至5万份,超过伦敦所有早报之和。

---

① 李磊.外国新闻史教程[M].北京:中国广播电视出版社,2001:281.

2. 托马斯·巴恩斯和约翰·德莱恩

沃尔特第二虽然办报有方,但他并不经常亲自主持报社的编辑和言论工作。在他主持该报期间,先后选择了两位出类拔萃的主编——托马斯·巴恩斯和约翰·德莱恩,他们为《泰晤士报》的成功立下了汗马功劳,奠定了《泰晤士报》的崇高威望和独立地位。

托马斯·巴恩斯是剑桥大学的毕业生,1810年进入《泰晤士报》工作。1817年,32岁的他被任命为该报主编。作为《泰晤士报》历史上最伟大的主编之一,他全力贯彻沃尔特第二的独立办报原则,在他的任期里,《泰晤士报》在全国各地建立了通讯员网和记者网,以便搜集各阶层的意见。他撰写的社论,既能指导舆论,又能反映人民心声,所以在重大事情发生时,人们总想看看《泰晤士报》写些什么。该报在巴恩斯独立自由思想的指导下,成为一张独立而有权威的报纸。

德莱恩主持《泰晤士报》期间,虽然很少亲自撰写社论,但他以建议、讨论、修改的方式指导社论方向。此外,他经常活动于达官贵人和社会名流之间,以探听政治机密,获悉政府动向。就对政府的影响力来讲,德莱恩时期的《泰晤士报》更加无畏。他声称报人的责任是对全体英国人民负责,并不是对德尔贝勋爵或上议院负责。在德莱恩时期,《泰晤士报》对英、法、俄三国1854—1856年的克里米亚战争的报道使该报的声誉和威望达到了顶峰。报道这次战争的两位重要人物就是德莱恩和《泰晤士报》首席战地记者威廉·霍华德·拉塞尔。

在这场战争中,战地记者拉塞尔在主编德莱恩的支持下,没有刻意迎合政府和一般公众的乐观心理,用生动的文笔来一味地报道英军的辉煌胜利,而是日复一日、客观真实、细致详尽地报道了英军不光彩的一面。由于英军指挥官的官僚作风、落后战术和盲目自大的心态,致使英国远征军在给养、医疗卫生、前方作战等各方面陷于悲惨境地。这些报道文章一开始在英国引发了读者对《泰晤士报》的愤怒和抵制,但伴随着拉塞尔一篇篇战地通讯的不断刊出,前线的真实情景越来越引起读者的关切。德莱恩不失时机地在伦敦掀起强大的舆论浪潮,他以显著的版面刊登拉塞尔的作品——这些作品深刻全面地揭露了政府与军事当局的腐败无能及给广大普通士兵带来的巨大痛苦和灾难。《泰晤士报》权威的声音再三向英国人民发出这样的警告：英国军队在严寒、疾病和麻木不仁的官僚主义危害下正几乎一枪未发地在外国战场上濒临死亡！来自政府最高当局和远征军总司令的任何压力都不能淹没《泰晤士报》顽强的抗议声音。

1855年1月23日，迫于舆论压力，英国下院通过了一项决议案，决定成立一个特别委员会来调查英军在克里米亚半岛前线的情况。同年6月23日，《泰晤士报》自豪地宣布，该委员会的调查报告基本上肯定了《泰晤士报》对这场战争的指挥方式、后勤供给等方面的批评。《泰晤士报》此举最终促成了当时英国阿伯丁内阁的垮台和英国远征军总司令的辞职。自愿上前线担任战地女护士的修女福罗伦斯·南丁格尔经《泰晤士报》的报道，成为报刊史上第一个超级明星。

《泰晤士报》的影响达到了顶峰。美国总统林肯在南北战争前夕接受该报记者采访时说："伦敦《泰晤士报》是世界上影响最大的一张报纸。事实上，据我所知，除密西西比河外，再没有比它更有力量的东西了。"英国前首相迪斯雷利曾这样评价该报的影响："英国在各国首都有两名大使，一名是英国女王派遣的，一名是《泰晤士报》派遣的驻外首席记者。"

3. 辗转波折的《泰晤士报》

沃尔特家族经营的《泰晤士报》在19世纪末20世纪初面临着一系列困难：因刊载了一封伪造信件，为此不仅偿付了20万英镑的调查费和诉讼费，更糟糕的是严重损害了报纸声誉。自此，该报陷入了债务泥沼。加之经营不善，经济形势每况愈下，1907年被迫出售。北岩以32万英镑得到了《泰晤士报》的控制权后，实施了一系列改革措施：更新设备，添置打字机、莫若铸排机和最新式的戈斯印刷机；从印刷工人手里接过报纸设计和版面编排工作，着手改革；出版特刊，如72页英帝国增刊，其中36页是广告。他主张文章写短一些，要写得更有力量，少些温文尔雅，多一些争论，少摆些庄严的面孔。他接办该报时，该报的发行只有3.8万份，售价3便士，1914年北岩大胆地将其改为便士报。一战爆发后，该报的销量达31.8万份，是创刊以来的最高纪录。

1981年2月13日,澳大利亚报业巨头鲁伯特·默多克以1200万英镑购买了《泰晤士报》及《星期日泰晤士报》和其他3个附属出版物的所有权。虽然该报连年亏损,设备陈旧,声望和地位远不如从前,但《泰晤士报》仍不失为英国最重要的报纸,在国际上还享有一定声望。默多克,这位黄色新闻起家的报业大亨,作为它的第五代主人,说得到该报是他"一生最兴奋的大事"。

(二)《纽约时报》

从不名一文的联军士兵到如日中天的报业大王,普利策的传奇经历已足以使他成为美国现代报业的象征,然而,这位匈牙利移民对美国媒体业的影响不仅体现在他在世的时候。1911年,普利策去世时还有两项努力了十余年的愿望未达成:捐资设立哥伦比亚大学新闻学院和普利策新闻奖。不过在他去世之后,他的愿望很快就成为现实。1912年,根据他的遗嘱,哥伦比亚大学新闻学院成立;1917年,普利策新闻奖正式设立。普利策在冥冥之中也应该感到心满意足:普利策这个名字,依然是美国乃至全球新闻业的标杆。

1918年,普利策奖历史上的第一个奖项"优异公众服务奖"颁发,获得这份殊荣的是《纽约时报》,其获奖理由也许最能体现普利策的初衷:其出版的公共服务,有着丰富的官方报告、文件和有关战争进展的欧洲政治家的发言。从获得普利策首奖开始,《纽约时报》已经显现出作为美国最伟大报纸的巨大魅力。

在创立《纽约时报》时,雷蒙德从未想到这份报纸日后会取得如此大的成就。在大学学习期间,雷蒙德就曾向格里利创办的报纸投稿,在《论坛报》创刊的1841年,雷蒙德成为格里利的首席助理。后来,雷蒙德与格里利发生了冲突,他离开了《论坛报》,随后创办了《纽约时报》。

1851年,雷蒙德把他初创的报纸命名为《纽约每日时报》,1857年,改为《纽约时报》。雷蒙德认为,创办一份新闻纯正、议论平和的报纸,一定会受到欢迎。就这样,《纽约时报》从创刊之日起,就以严肃庄重著称。雷蒙德的贡献在于,他培养了公众事务报道方面的一种相当正派的态度。《纽约时报》在笔调上,甚至在内容上都一贯保持公正,在发展仔细认真的报道技巧方面也无人能及。①

尽管雷蒙德为这份报纸日后的伟大奠定了基础,但在创刊后将近半个世纪的时间里,《纽约时报》在竞争激烈的纽约报界并不突出,在廉价报纸你抢我夺、黄色新闻硝烟弥漫的曼哈顿岛上,身段庄重的《纽约时报》还没有迎来属于它的时代,这份报纸一度"捉襟见肘"甚至濒临倒闭。直到1896年,这份以"刊载一切适宜的新闻"而著称的报纸才开始有了转机,在另一个有志于"庄重新闻"的报人影响下,这份报纸在美国报业中日渐崛起。

1. 阿道夫·S·奥克斯与《纽约时报》

1896年,阿道夫·S·奥克斯,一个来自田纳西州的印刷所学徒,将《纽约时报》从破产的边缘上拯救出来,并且一直领导这家报纸直到1935年去世。他挽回了在亨利·J·雷蒙德时期《纽约时报》的荣誉,并将它推上了美国居于领导地位的报纸的轨道。

奥克斯的办报方针如下:《纽约时报》要用一种简明动人的方式,提供所有的新闻;用文明社会中慎重有礼的语言,来提供所有的新闻;即使不能比其他可靠媒介更快提供新闻,也要一样快;要不偏不倚、无私无畏地提供新闻,无论涉及什么政党、派别或利益;要使《纽约时报》的篇幅成为探讨一切与公众有关的重大问题的论坛,并为此目的而邀请不同见解的人参加明智的讨论。②

奥克斯坚决反对"新式新闻事业"的通俗化特色,拒绝刊登玩弄"噱头"的消息和连环漫画,并且对照片毫不在意。他抨击黄色新闻记者,并且以"本报不会污染早餐桌布"的口号为《纽约时报》做广告,后来又选择"所有

---

① 迈克尔·埃默里,埃德温·埃默里,南希·L·罗伯茨.美国新闻史——大众传播媒介解释史[M].9版.展江,译.北京:中国人民大学出版社,2004:138.
② 迈克尔·埃默里,埃德温·埃默里,南希·L·罗伯茨.美国新闻史——大众传播媒介解释史[M].9版.展江,译.北京:中国人民大学出版社,2004:298.

适于刊印的新闻"这句名言登在头版报眼位置。但是,1898年的发行量仍然只有25,000份,奥克斯决定最后一搏。《纽约时报》的售价为3美分,《世界报》和《新闻报》的售价为2美分。为什么不将《纽约时报》的售价降为1美分、取得必要的发行量以保证获得可靠的广告支持呢?

调整价格的老办法又一次取得了成功。售价降至1美分之后,《纽约时报》1899年的发行量猛增到75,000份,并于1901年突破了10万份大关。广告行数在两年内增加了一倍。报纸扭亏为盈,根据收购协议,奥克斯获得了报纸的控制权。但是,他不久便因为投资250万美元在百老汇大街建造时报大楼而再次负债,那是1904年纽约最雄伟的建筑之一,后来成了时报广场。《纽约时报》广场处于战略性位置上,成了城市夜生活的中心,这种位置和后来发展起来的移动电子新闻公告牌帮助该报确立了纽约社会公共机构之一的地位。

2."范安达的死光"与《纽约时报》的巅峰

1904年,美国一流的编辑主任卡尔·范安达作为指导《纽约时报》新闻采编人员的天才人物开始了他在该报25年的工作生涯。他是一个完全避免抛头露面的人,以至于尽管取得了令人难以置信的成就,他还是一个仅在传说中的人物,甚至在他的同行中也是如此。他沉默寡言,看上去冷冰冰的,那双具有穿透力的注视眼神被称为"范安达的死光"。

1904年,他进入《纽约时报》,很快便被重用,在担任新闻编辑主任的25年中,范安达以出色才干协助奥克斯把《纽约时报》推上一个新的辉煌顶峰,而他本人也获得了"最伟大的新闻奇才"的美称。

泰坦尼克号海难的伟大报道,突出地表现了卡尔·范安达的新闻敏感和卓越的组织报道能力。对于范安达来说,《纽约时报》在他的领导下于1912年4月对著名豪华邮轮"泰坦尼克"号冰海沉没的报道,应该是他新闻生涯中最为杰出的成就之一。

1912年4月14日夜晚,美联社波士顿分社夜班报务员肯尼迪在拨弄一架自己装配的无线电发报机时,意外地收到了一个可怕的海难呼救信号,这个信号发自当时世界第一大豪华游轮,英国白星轮船公司的"泰坦尼克"号,电文是：火速前来营救，我们撞上了冰山，这是遇难求救信号（CQD），船只位置，北纬41度46分，西径54度14分。

紧接着，美联社审慎地发出了一条简讯："[美联社纽芬兰密斯角4月14日星期日深夜电]今夜10时25分白星轮船公司的'泰坦尼克'号称急需救援。"

星期一凌晨1时20分，《纽约时报》的电讯室铃声大作，值班员抄收到了美联社这则简讯，并立刻送到了范安达手中，拿到这份简讯的范安达半分钟也没有犹豫，立刻传令印刷车间把已上机的头条新闻拆下来，刊印上美联社的这则简讯和"泰坦尼克"号自英国南安普顿港首航纽约的消息，标题是"泰坦尼克号大海中触及冰山，行将沉没"。

范安达的处理非常大胆，因为他坚信无线电报的可靠性，尽管白星轮船公司纽约办事处坚持说4.5万吨的"泰坦尼克"号不可能沉没，但范安达根据各方面的信息，毫不动摇地坚信一场海上灾难正在发生。此时，纽约的其他著名报纸却因犹豫不决而没敢采用美联社的这条消息，放过了第二天刊登这一新闻的绝好机会。

就这样，星期一上午，当伦敦和纽约的其他报纸还以谨慎和观望的态度等待白星轮船公司的权威消息时，《纽约时报》在第一版排出了三直栏宽、四排大字的大号标题：

新游轮"泰坦尼克"号触及冰山

午夜船首已开始进水下沉

妇孺登上救生艇撤离险境

清晨零时27分后电讯已告中断

第一版上有一个两直栏宽的加框消息，是一个集纳性的标题"沉船最后消息"，刊出了截稿前收到的相关电讯稿件。《纽约时报》清晨3点半上机的本市要闻版更直截了当地宣布伟大的"泰坦尼克"号已沉没了。

这一天，从海上现场发回的电报证明了这场航海史上最大灾难的发生。当丘纳德轮船公司的"卡帕夏"号到达现场时，仅仅发现在海面上拥挤不堪的救生艇和那条世界第一豪华巨轮所留下的油污。"卡帕夏"号救起了海上的 655 名幸存者,晚上 8 点 20 分,白星轮船公司才沉痛宣告:"卡帕夏"号上的 655 人,就是"泰坦尼克"号上的全部生还者了。

至此,《纽约时报》对"泰坦尼克"号事件的报道轰动了纽约、轰动了全美、轰动了欧洲、轰动了世界。那些因胆小或过分相信"泰坦尼克"号不会沉没神话的报纸在饱受教训、痛悔不已之后,都纷纷转载《纽约时报》的有关新闻报道,《纽约时报》取得了这场新闻报道战的重大胜利。随后的 3 天里,《纽约时报》继续以领先地位报道"泰坦尼克"号新闻。

1912 年 4 月 19 日,当"卡帕夏"号带着死里逃生的"泰坦尼克"号幸存者们驶入纽约港时,《纽约时报》以其卓越的报道使自己名垂史册,这一天的《纽约时报》成为人们竞相搜集保存的珍品,编辑主任范安达也以他出色的组织才干、考虑周全的采访报道计划和完美的版面处理技巧赢得了世界报业同仁们的一致称赞。若干年后,当范安达访问伦敦《每日镜报》时,《每日镜报》总编辑打开抽屉,里面摆着一份 1912 年 4 月 19 日的《纽约时报》,他对客人们说:"这一份报纸是采访史上最伟大的成就,我们谨以保存作为借鉴。"

第一次世界大战时,《纽约时报》在范安达的领导下,达到了新闻报道的顶峰。这时的《纽约时报》已有充足的财力派遣自己的战地记者奔赴前线采访报道。范安达日夜站在总编辑室的大军事地图前,根据各方情报和自己准确的判断,不断向世界各地的战场热点派出记者、发出指令、布置报道。《纽约时报》的记者们活跃在各条战线上,他们发回的一篇篇独家报道吸引了无数美国读者。

也就是在这一时期,根据奥克斯和范安达的指示,《纽约时报》开始刊登各类权威的历史文件和演说原文。1914 年 8 月,《纽约时报》以 6 个整版的篇幅刊登了英国的白皮书,还陆续刊登了英国外交部致德国和奥地利的信件原文,以及德国官方关于战争的前因后果的说法。在一战结束时,《纽约时报》又以 8 个整版的篇幅刊载了《凡尔赛和约》全文,成为全文发表这一文件的唯一报纸。这些措施使得《纽约时报》日益成为对图书馆员工、学者、政府官员、研究机构及其他报纸都有参考价值的大报,而后来《纽约时报》发行出版的目录索引进一步保证了它的这一地位。

3. 苏兹贝格父子与《纽约时报》的转身

《纽约时报》一向以客观中立的态度著称。1935年,奥克斯逝世后,他的女婿亚瑟·海斯·苏兹贝格继任《纽约时报》发行人与社长。在他的主持下,《纽约时报》逐渐摆脱了以往过于死板的客观中立态度,开始强烈地反对法西斯势力,谴责意大利、德国和西班牙的战争行径,这在奥克斯凡事严守中立的时代是不可想象的。

1963年6月20日,苏兹贝格的外孙小苏兹贝格接任社长。在小苏兹贝格任内,《纽约时报》继续在国际、国内的新闻报道中保持领导地位,《纽约时报》这一时期所取得的一次最大的胜利就是顶着政府的反对压力,独立发表五角大楼秘密文件。

1974年3月,《纽约时报》的著名记者尼尔·希恩从一位五角大楼文职官员丹尼尔·艾尔斯伯格手里弄到了一本篇幅长达43册的政府秘密文件。丹尼尔·艾尔斯伯格是一个对越南战争持悲观反对观点的五角大楼官员,他把这些文件的副本秘密提供给《纽约时报》记者尼尔·希恩,希望通过媒体阻止越战的继续。这个文件全称是《关于越南问题的美国决策过程史》,它是以前任国防部长麦克纳马拉之名而编制的。当时,这位部长不同意将越南战争升级,并因此与约翰逊总统发生了分歧,为了推卸责任,他秘密任命手下的一个特别小组撰写了这份长达43册的备忘录。这些报告虽然从内容上看都是些关于越战的史料,并不具有军事机密的性质,但从政治和外交上来看,却具有爆炸性,依据1953年颁布的一条行政条令,该文件被列为"绝密"级报告。

《纽约时报》总编辑罗森塔尔为此指派了几名重要的采编人员躲在希尔顿饭店里,秘密研究这些文件。《纽约时报》的律师也被请来了,律师们认为这些文件从法律的角度来说是可以发表的。就这样,1974年6月13日,《纽约时报》刊出了根据这些文件编写的第一部分新闻稿件。五角大楼秘密文件的刊出,立刻轰动了全美国,司法部长米切尔要求《纽约时报》马上无条件停止刊登,但被《纽约时报》拒绝了。于是,司法部长求助于一位刚刚得到尼克松总统任命的地方法官的帮助,这位法官发出了一项没有先例的临时约束限制令。6月15日,法官的这项命令强迫《纽约时报》停止了对五角大楼秘密文件的连载,《纽约时报》旋即向上级法庭上诉。6月23日,依据《纽约时报》的上诉,纽约州的上诉法院推翻了这位法官的裁决。与此同时,《华盛顿邮报》也找到了丹尼尔·艾尔斯伯格,开始进行秘密文件的连载。最后,官司打到了美国最高法院,法院以5票对4票的表决同意继续维持事先约束的范畴。在6月30日的最后表决中,美国最高法院最终以6:3的票数宣布,新闻界有权公布历史记录而不管这些记录是否有"绝密"的标记,《纽约时报》胜诉,获得了这次新闻报道的空前胜利。

长期以来拥有的良好的公信力和权威性,使《纽约时报》这份在纽约出版的日报,成为美国精英报纸和严肃刊物的代表。由于风格古典严肃,它有时也被戏称为"灰色女士"(The Gray Lady)。

20世纪90年代,网络开始兴起,小苏兹贝格敏锐地察觉了网络变革可能带来的巨大影响。1996年1月,纽约时报公司建立了自己的报纸网站,提供《纽约时报》的在线阅读。1999年,纽约时报公司整合了网络方面的业务,成立了独立核算的数字《纽约时报》部门,负责《纽约时报》网站在内的40余个网站的业务,并设有各种类型的数据库以供读者查阅。也就是说,《纽约时报》网络版不再对其母体负责,而拥有独立的管理层和采编队伍,可以按照网络新闻自身的规律运营。

数字版的《纽约时报》在创办的第一年就已开始盈利。2005年,《纽约时报》宣布从3月28日起发起在线订阅模式,对网站读者收费。小苏兹伯格说:"这是我们159年演变与再演变历史中重要的一天。"他在给员工的致辞中说:"几年前人们都坚信没有人会为网络内容付费……这一举动是为我们的未来投资。"百年大报良好的信誉让《纽约时报》网站表现出了超强的竞争力,同时小苏兹贝格"鼠标加水泥"式的网络策略,让《纽约时报》网站逐渐成为了一个全球品牌。在美国报业协会的评选中,《纽约时报》网络版2004年和2005年连续两年被评为全美最佳报纸网络版。

第五章 摄影:光影世界与视觉转向

2018年伊始,一张太空中的红色跑车照片刷爆了全球社交媒体平台。2019年2月,美国太空探索技术公司(SpaceX),成功发射其自主研发的猎鹰-9号火箭,这是人类现役运力最强的火箭,而与它一同在太空遨游的是一辆红色的特斯拉跑车。尽管航天专业人士对此褒贬不一,但不可否认的是这一行为标志着民间力量向太空探索迈出了里程碑式的一步。而记录这一时刻的,正是摄影机镜头。

纵观摄影发展进程,从小众化的艺术情趣,到成为历史的见证者,再到全民自拍狂潮,摄影已经成为社会生活中一种重要的媒介。回望不足200年的摄影史,摄影术的发明让人类传播历史在历经口语传播、文字传播两个黄金时代后,终于开始转向第三个黄金时代——图像时代,不仅彰显了独特的符号意义,也深刻影响着人类文明的进程。

一、摄影的起源与摄影术

(一)摄影的起源

关于摄影的起源一直争论不休,但没人能否认的一点是,1839年在摄影史上具有里程碑式的意义。1839年1月6日,巴黎《法国报》发布这样一条消息:透视画剧院著名画家达盖尔有重要发明,可将显现于映画镜暗箱后端的影像固定下来。① 1839年8月20日,达盖尔出版《银版摄影术与透视画的演进实录》一书,将摄影术的奥秘公之于众。

基于此,大多数人认同1839年为摄影元年。美国摄影史学家纽霍尔和捷克摄影师莫霍利两本经典的摄影史著作,均以1839年开篇,分别命名为《从1839年到今天》(The History of Photography：from 1839 to thepresent)、《摄影百年：1839—1939》(A Hundred Years of Photography：1839—1939)。

但有人坚称摄影史应从1826年算起。1826年,法国发明家尼埃普斯,透过阁楼上的窗户向外拍摄,经过超8个小时的曝光,世界上的第一张照片诞生了,名为《窗外风景》。不过有学者认为,早在1825年,尼埃普斯便翻拍了画作《牵马的孩子》。② 也有人指出,尼埃普斯和其哥哥早在1816年就已经拍摄出了一张《窗外风景》。③

甚至还有一些人认为摄影的起源,应追溯至小孔成像的发现。早在2400年前,思想家墨子便通过小孔从"摄"到"影",并在《墨经》等著作中探讨光学关系：

"景到,在午有端,与景长。说在端。

景。光之人,煦若射,下者之人也高;高者之人也下。足蔽下光,故成景于上;首蔽上光,故成景于下。在远近有端,与于光,故景库内也。"

欧洲文艺复兴时期,画家们又发明了一种写生"神器"——暗箱,类似于现在的单反相机：暗箱前端装有镜头,光线穿过镜头到达一面镜子上,再由这面镜子投射到暗箱上面的毛玻璃上。使用前,画家们会将一张白纸铺到毛玻璃上,并将映到纸张上的影像描绘出来,这可比实景写生容易多了。

无论是墨子的小孔成像,还是欧洲画家们的暗箱,从严格意义上来看,都算不上摄影,因为这些方式只不过让人们看到通过介质转换得来的影像,并没有将影像真正留存下来。

---

① 蒋齐生.现代摄影术的始祖——达盖尔摄影术诞生前后[J].中国记者,1989(3)：35-37.
② 顾铮.世界摄影史[M].北京：浙江摄影出版社,2006：4.
③ 陈奇军.1816年摄影的再考证[J].中国摄影,2016(2)：156-157.

何为摄影？罗兰巴特曾如此表述，从技术上讲，摄影处于两种截然不同手段的交汇点：一个属于化学范畴，指的是光在某种物质上起的作用；另一个属于物理学范畴，指的是通过光学设备成像。① 摄影的关键就是要通过感光介质记录下实物影像。所以说，直到18世纪感光物质发现前，并没有人萌生过保存影像的妙想，遑论摄影一说。

(二) 第一张照片

随着世界第一张照片《窗外风景》的诞生，薄薄的金属片就此开创了一个影像新纪元。法国发明家约瑟夫·尼塞福尔·尼埃普斯以日光作用于感光柏油，将影像永久固定在玻璃或金属板上，这一方法被命名为"日光刻蚀法"，被视为世界最早的摄影技术系统。

感光材料的发现为"日光刻蚀法"奠定了物质基础。德国人舒尔兹偶然发现硝酸银在阳光下会变黑，意大利人贝卡利亚、瑞典人舍勒先后发现了氯化银具有感光性能，并在19世纪早期催生了一种用于印刷的光刻工艺。

1813年前后，光刻工艺在法国兴盛，尼埃普斯和其哥哥克劳德，终日闷头在自家阁楼上钻研暗箱光刻技术，终于在1826年搞出了一个大事情。某个初夏上午，晴空万里，尼埃普斯将涂抹了沥青的锡板放在自制的相机内，对着窗外鸽子窝曝光，直到8个小时后，天色渐暗，他才终止拍摄。随后，尼埃普斯在薰衣草油中对柏油进行溶解，柏油感光层中受光曝晒部分变硬不溶解，其他部分依据不同光照情况而不同程度溶解，当冲洗掉变软的沥青后，鸽子棚重新出现了！照片《窗外风景》正式诞生。

1827年，尼埃普斯认识了另一位法国发明家——路易·雅克·芒代·达盖尔，两人在1829年签订了摄影术的发明合同。但不幸的是，合同签订仅仅4年后，尼埃普斯意外离世。尼埃普斯在世期间，由于诸多原因，他拒绝公布发现的摄影奥秘，所以他虽然是第一张照片的拍摄者，却与摄影术的发明擦肩而过。

---

① 巴尔特.明室：摄影札记[M].北京：中国人民大学出版社,2011:14.

(三) 达盖尔与摄影术的秘密

根据尼埃普斯与达盖尔的协议,尼埃普斯的儿子伊西多尔成为尼埃普斯摄影事业的继承人,但他并不像父亲那样热衷于这项发明。不过这没有影响达盖尔的热情,他依然孜孜不倦地研究摄影术。

由于"日光刻蚀法"曝光时间长,影像模糊,达盖尔一直在寻找能替代沥青的理想物质。经过8年的努力,他终于在1837年首创了"达盖尔摄影法",又称"银版摄影法"。基于此技术的银版摄影,得到的是正像,影像品质上乘,层次饱满丰富。

1838年,达盖尔将尼埃普斯的"日光刻蚀法"和自己的"达盖尔摄影法"出售,收购方为法国政府。在这里有一个重要人物——法国科学院终身秘书弗朗索瓦·阿拉贡,他通过各种方法说服法国政府为达盖尔和尼埃普斯儿子提供酬金,让大众得以免费使用摄影术。

1838年8月19日,法兰西学术院正式认定达盖尔的银版摄影法创立了摄影术,著名科学家阿马戈代表两院和法国政府宣告,法国接受了摄影术的发明,并将把它奉献给全世界。[1] 仅1天后,"达盖尔摄影手册"便出版,摄影术的秘密就此大白于天下。

回溯这段历史,摄影术专利技术的免费共享,势必可与摄影术的发现相提并论,具有同样重要的意义。在今天看来,这个大胆的行为甚至显得有些不可思议。试想一下,如果该技术为私人垄断,或成为某国、某组织的技术特权,也许会改变整个视觉文化的历史进程。

(四) 负-正像摄影系统

在"达盖尔摄影法"发明的同时期,英国人威廉·亨利·福克斯·塔尔博特创立了负-正像摄影系统,命名为"开罗式摄影"。这种负-正系统,成为了一个半世纪内摄影的主流。

---

[1] 李文方.世界摄影史1825-2002[M].哈尔滨:黑龙江人民出版社,2004:10.

"开罗式摄影"使用纸纤维成像,成本低廉。但在该摄影方式发展初期,由于纸纤维颗粒较粗,图像清晰度差,难与达盖尔的银版摄影法相媲美,未获得法国学术院的认可,后经过改进完善,1841年在英国获得专利。

同样致力于负-正系统照相研究的法国人伊波利特·贝亚尔,也没有取得公认。他因为不满特意拍摄了一张自拍照——《溺死者的自画像》(*Self Portrait as a Drowned Man*)。在拍摄中,贝亚尔乔装成一个溺水自杀者,以调侃的方式表达不满:"对达盖尔实在是慷慨至极的政府,声称不能为贝亚尔做任何事情,那么这个可怜人只能选择投河自尽了。"

二、摄影的发展阶段

平心而论,近200年的摄影生命,仅靠这一章内容或一本书讲明白它无比壮丽又曲折的历程,几无可能。有人认为,根本就不存在摄影史的概念,如于伯特·达弥施所言:"摄影其实不比绘画更能够改变历史,但它还可以晃动历史的概念,甚至动摇其观念,首先就是摧毁一种有关摄影历史的想法。"[1]但无论如何定义摄影史,对于任何研究摄影的人来说,摄影的诞生和发展离不开技术革命和一轮轮涌动的社会思潮,对社会变革也产生了一股重要的反作用力。

(一)摄影初期:画意摄影和肖像摄影

源于希腊语的"摄影"一词,是光线与绘画的合成词,意为"以光线绘图"。顾名思义,摄影的发明沿袭了绘画的精神——为了保存最接近真实原貌的图像。

摄影术在1839年8月公之于众后,从欧洲传入美国。很快,在全球范围内,摄影成为一种新的时尚标志。1840年,鸦片战争爆发,摄影术在一片硝烟中随着英国战舰进入中国。

在发展早期,摄影尽管在一定程度上动摇了传统的美学观念,但始终摆

---

[1] 达弥施.落差:经受摄影的考验[M].桂林:广西师范大学出版社,2007:10.

脱不掉绘画的影子。摄影在很长一段时间内笼罩在绘画的光环下,摄影创作刻意追求绘画艺术效果,曾在相当长时间内具有重要影响。

1886年,英国人彼得·亨利·爱默生发表《摄影:一种绘画式的艺术》,被视为画意摄影诞生的重要标志。1892年创立的"连环会"(Linked Ring Brotherhood)将倾向古典美的画意摄影的发展推向高潮。后世对画意摄影褒贬不一,不少人认为,画意摄影的兴盛使摄影师们急于追求摄影的艺术地位,从而迷失了摄影本身。

几乎与画意摄影在同一时期走俏的还有肖像摄影。早在1840年,也就是摄影术公布的第二年,便有人拍摄出女性的裸体肖像照[①]。具有观赏性的摄影在19世纪50年代初兴起,如法国摄影师杜里奥1853年创作的《裸体》,摄影师奥斯卡·古斯塔夫·雷兰德1857年拍摄的《人体》,均为经典之作。

法国摄影师纳达尔是人像摄影中的标志性人物,被称为法国人像摄影的第一位"经典作家"。纳达尔早期的作品还留有鲜明的古典主义风格,但在后期的创作中,纳达尔已攫取到现代摄影"瞬间"的精髓,画面构图简练、背景朴素,多以半身或特写刻画人物的精神面貌。在后人的评价中,纳达尔的创作风格被视为摄影开始成熟的标志。

(二)现代摄影:与绘画"决裂"

进入19世纪,摄影与绘画开始分道扬镳。摄影逐渐被确立为一门独立的艺术。

摄影术诞生后近100年间,摄影始终处在依附于绘画的古典时代,将绘画的特点作为自己的特点。直到1902年美国摄影分离派诞生后,摄影才开始撕扯绘画的外衣,追寻独立自我,纯粹摄影的目标被提出,纪实、瞬间等被引入摄影美学的范畴,现代摄影呼之欲出。

1932年,F64学派在美国诞生。所谓F64,意指小光圈,高清晰度。后世学者在评价F64时指出,从美学追求上看,这是首次将摄影作为纯粹的造型手段加以考虑,以至于F64最终抛弃了柔焦与重铬酸盐印相虚影工艺,使摄

---

① 李文方.世界摄影史1825-2002[M].哈尔滨:黑龙江人民出版社,2004:45.

影割断了与绘画联系的脐带。①

摄影自此甩开绘画,开始构建独立的艺术体系,踏上现代摄影的征程:强调即时拍摄,重视现场效果,追求直接、客观,即时摄影、纯粹摄影、直接摄影等多个流派应运而生。

"现代摄影之父"艾尔弗雷德·斯蒂格里茨最为著名的照片《终点站》,被视为"摄影是独立的艺术"的标志。为了拍到这张照片,他在寒冷车站等待了数个小时。"即时"和"现场"是现代摄影的重要标志,也成为整个20世纪摄影的主导美学观念。

(三)纪实摄影:相机越来越小

1. 从胶卷到莱卡

胶卷的发明为摄影的大规模普及提供了可能。曾为银行职员的乔治·伊斯曼,1888年发布"伊斯曼胶卷",这就是沿用至今的标准透明片基胶卷。伊斯曼还研发出一种简便易用的柯达盒式照相机,并取名为"柯达"(KO-DAK),这就是傻瓜相机的原型。

在胶卷诞生前,摄影是富人运动,拍摄成本高,操作复杂,而伊斯曼的创举,让摄影更加便捷方便,并迅速进入可以大规模生产的工业化时代。1913年,世界第一部135小型照相机研发成功。1924年,德国莱卡相机正式问世并批量化生产,它机身小巧,使用35毫米胶片,一卷可拍摄36张底片。自此,摄影摆脱了笨重机械设备的束缚,随时随地"抓拍"成为可能,摄影作为一种调查、纪录的手段,开始深度介入社会生活。

2. 纪实摄影的兴起

进入20世纪,摄影师们开始更多地将镜头对准社会,关注人类社会生存。

从20世纪初期起,美国新闻记者雅各布·里斯、美国摄影师路易斯·韦

---

① 李文方. 世界摄影史 1825-2002[M]. 哈尔滨:黑龙江人民出版社,2004:45.

克斯·海因等人致力于社会纪实拍摄,以揭露真相、推动社会改革为主要诉求。其中,海因用10年跟踪拍摄童工生活,5000多张照片反映了童工被奴役的悲惨生活,引发极大的社会舆论,促使美国政府在19世纪30年代废止童工制度。

1935年,为应对经济大萧条带来的危机,美国设立了一个"安置局",后该机构改称"FSA"。"FSA"雇用了一批摄影家,利用图片拍摄的形式对美国农村情况进行调查。沃克·伊文思、多罗西娅·兰格等摄影师将镜头对准乡村中的贫困家庭,街头无家可归的农民,冷静客观地记录下他们的故事。在这个长达8年的调查项目中,"FSA"的摄影师拍摄了25万张底片,对摄影纪实的发展产生了重大影响。

(四)战地摄影与新闻摄影:决定性瞬间

纵观整个20世纪,第一次世界大战和第二次世界大战对世界文明的进程造成了深远影响,无论是技术创造,还是社会发展,都囿于战事的牵绊。就摄影而言,战争让其彰显出新的价值,催热了战地摄影和新闻摄影,成为纪实摄影中不可忽视的重要因素。

1.摄影新美学:决定性瞬间

1908年出生的卡蒂埃·布列松,从中学起就开始学习摄影,1923年他购得一款莱卡相机,这个便携式的小型照相机,就此改变了他的职业生涯。这种不受干扰、随时随地的拍摄方式,激发了布列松"即兴抓拍"的热情,他将镜头对准转瞬即逝的景色。

1932年,他在巴黎拍摄了一个跳过水坑的男子,用镜头定格住了他腾空而起的瞬间,被视为他"瞬间美学"的经典代表作。1952年,他将自己多年拍摄的600多张照片集结成书,取名《决定性的瞬间》,他在序言中称照相机为一种"视觉记录"(Chronicle),定义摄影为:"就是在一刹那间对构成事件的意义以及恰如其分表达这个事件意义的精准无误的结构形式同时确认下来的方式。"布列松带着小巧相机走遍世界,用一个个定格的瞬间,打造了诸多经典之作,他的瞬间摄影美学,也影响了全球传媒业的变革。

2. 战地摄影

在两次世界大战开始前,1861 至 1865 年的美国南北战争成为摄影家首次主动参与并全面记载的大规模战争。

从第一次世界大战开始,一批批战地摄影师奔赴一线,把镜头当作武器,揭露战争的暴行,甚至不惜献出宝贵的生命。罗伯特·卡帕便是其中的一位领军人物。1936 年,西班牙内战爆发,卡帕躲在战壕里,在机枪的扫射中拍下《共和士兵之死》,照片捕捉到士兵牺牲的瞬间,具有极大的感染力,迅速传遍全球。1939 年,第二次世界大战爆发后,卡帕再次冲到战场前沿,常年坚守在战区。1945 年,盟军发起欧洲登陆作战,卡帕随军队穿过齐胸深的海水,亲历残酷的海滩争夺战,拍摄下 100 多张战斗照片,留下了他的传世之作《诺曼底登陆》。

在战争中,卡帕、布列松等人就曾策划过摄影师自由联盟,这一想法在战后成为现实。1947 年,玛格南图片社在美国纽约诞生,卡帕担任主席。

中国战场同样活跃着摄影师的身影。1937 年,日本发动全面侵华战争,中国掀起全民族抗战。一年后,年仅 16 岁的高帆,越过层层封锁线,奔赴陕北延安解放区,后从日本侵略者手中缴获一台照相机,开始走上战地摄影记者之路,拍摄下《到敌人后方去的黎城县大队整装出发》《拆炮楼》等战斗实景。中国著名摄影师沙飞在 1937 年底参加八路军,他随军拍摄下中国军队的抗战历程,用镜头记录了日寇的暴行。

战场孕育了这一批特殊的摄影队伍。经过血与火洗礼的全球战地摄影师,将深厚的人道主义情感、人文关怀引入了摄影的创作,让摄影释放出更多的力量,成为寄托人类美好感情、彰显正义的渠道之一。

3. 新闻摄影

随着小相机、快速胶卷等新设备的普及,20 世纪初,新闻摄影队伍日趋专业化,一批新闻摄影机构相继建立。

最早的新闻照片诞生在 1842 年。1842 年 5 月,德国汉堡发生了一场大火,有人拍摄了一张火灾遗迹的照片,该照片具有鲜明的新闻要素,被认定为世界上第一张新闻照片。同月,英国创刊世界第一家插图杂志《伦敦新闻画报》,但受制于当时的制版印刷条件,该照片不能印在报纸上,所以,仿画的一张大火照片经木刻后印在画报上。

20世纪初,随着摄影技术的成熟,再加上战争的蔓延,新闻摄影蓬勃发展。这一时期,世界各国建立了新闻摄影机构:1923年,美国合众社成立阿克梅新闻图片社;1927年,美联社建立摄影服务处;1939年2月,中国共产党在抗日根据地晋察冀军区设立新闻摄影科。

在新闻摄影发展早期,照片一般以插图形式出现,作为文字报道的一种辅助手段。随着专业新闻摄影队伍的建立,图片开始具备独立的新闻叙事功能,系列报道、专题摄影相继走上历史舞台。

(五)彩色摄影的发明

在所有摄影技术的变革中,最能将20世纪摄影与19世纪摄影截然分开的技术,便是彩色技术。

早在摄影术发明前,人们就对色彩产生了浓厚兴趣。1666年,英国物理学家牛顿做了一次著名实验,用三棱镜将太阳光分解为红、橙、黄、绿、青、蓝、紫七条色带,奠定了七色光的理论基础。[①] 随着色彩学和光谱学的发展,野心勃勃的研究者们当然不会甘心一直停留在黑白照片的阶段。

1861年,英国物理学家詹姆斯·克拉克·麦克斯韦用投影实验的方式演示了世界上第一幅全彩色影像。他用3张底片制成3张幻灯片,并给3个幻灯机分别配上相对应的滤镜放映幻灯片,3个影像重叠在屏幕重现了原物的颜色。虽然由于种种原因,这一发明在当时并未对彩色摄影的实际应用产生影响,但为现代彩色摄影理论奠定了基础。

20世纪的前十年,彩色摄影出现了关键的转折点,法国多地出现了多种彩色摄影工艺。1904年,法国奥古斯特·卢米埃尔(Auguste Lumiere)和路易斯·卢米埃尔(Louis Lumiere)兄弟俩获得了彩色摄影工艺的第一个专利。

---

① 杨小军.彩色摄影的历程(1)[J].中国摄影家,2011(3):128-133.

卢米埃尔彩色摄影干版保存时间长,携带方便,受到摄影师的青睐。

20世纪30年代,彩色摄影的发展驶入快车道,这得益于彩色胶片的发明。1935年,美国柯达公司研制出世界第一款多层减色法反转彩色片"柯达克鲁姆"。1936年,德国阿克发公司也推出了减色法反转彩色胶片。不过在一定时间内,由于彩色摄影的成本较高,并未进入大众摄影爱好者的视野。直到20世纪60年代后,随着冲洗等技艺的提升,暗房冲洗更为方便和廉价,彩色摄影的锋芒才逐渐盖过黑白胶片。

自摄影进入彩色时代后,摄影师们关于彩色图片与黑白胶卷的争论从未停止。很多摄影大师仍坚持选择黑白摄影,认为这能更好地彰显摄影的艺术本质。布列松在《决定性瞬间》序言中,以技术限制为理由,表明不愿意使用颜色的立场:"真正的困难则在于我们不能控制主体物的各种色彩之间的相互关系。"后来,布列松直接建议摄影师把放弃色彩作为一个原则。这种拒绝色彩的摄影理念,在苏珊·桑塔格看来:"反映出那个历久不衰的神话,也即——在相机发明之后,在摄影与绘画之间存在着领土划分,而在他(布列松)看来彩色属于绘画。他责令摄影师们抵制诱惑,维持他们的原则。"①

(六)数码摄影

数码摄影技术的应用,再次颠覆了摄影的审美法则。

20世纪后期,计算机技术与摄影"联谊"。1986年,柯达公司发明了世界上第一块对光敏感的CCD(电荷耦合器件),用其代替银盐胶片摄取图像,然后将图像转换成数字信号,压缩后记录在存储卡或硬盘卡内。

1991年,柯达公司推出世界上第一台数码照相机"柯达5100",确立了数码照相机的一般模式。数码相机取消了暗房、冲洗等繁杂的工艺,其智能化的拍摄和存储方式深受欢迎,很快便取代传统光学胶片照相机成为市场主流。

随着数码摄影技术的普及,人们可以轻而易举地对图像进行拼接和更

---

① 桑塔格.论摄影[M].上海:上海译文出版社,2014:128.

改,摄影成为了一种随心所欲的影像重构。《世界摄影史》的作者李文方如此感慨:"从哲学与美学的角度上看,数字摄影与数字世界所有的事物一样是纯粹'虚拟'的,数字影像已经彻底丧失传统银盐感光摄影的物质性与客观性。"①

(七)手机摄影:自拍的潮流

进入21世纪,随着技术的更迭和设备的革新,尤其是移动互联网和手机媒介的快速崛起,摄影以一种新的方式流行于大众视野——自拍。

2000年11月,夏普推出了世界第一款拍照手机J-SH04,像素为11万。手机拍照纪元自此开始。随后,照相功能逐渐成为手机标配,像素陆续突破百万级、千万级。

照相手机的出现大幅降低了摄影的准入门槛。近年来,在不断升级的"手机大战"中,优化摄影功能已经成为抢夺用户的不二法则。

2016年,中国手机品牌华为与莱卡合作研发双摄像头手机P9,引领了一股摄影潮流。

2017年,新一代iPhone X产品产生,其制造商宣称该产品采用了面积更大、速度更快的感光元件,后置双摄长焦摄像头,支持光学防抖,可以让用户无损变焦稳定拍摄风景。在非洲,名不见经传的中国传音控股公司深得当地民众厚爱,主要原因便是它通过调整智能手机摄像头的算法,增加曝光度,提高了肤色较暗的非洲民众影像呈现的清晰度。

自拍杆大大"延长"了人们的手臂,上至政要名流,下至普通民众,均对其爱不释手,激发了人人自拍的热情。2013年,英国《牛津词典》将"自拍"评为当年的年度风云词汇,将"自拍"定义为"民众利用智能手机或网络摄影设备为自己拍照,然后上传至社交网络"。随着社交媒体的发展,"晒自己"成为一种社交方式。这种自拍文化拥有强大的生命力并孕育了巨大的商业价值,手机摄影翻开了摄影史上独特的一篇。

---

① 李文方.世界摄影史1825-2002[M].哈尔滨:黑龙江人民出版社,2004:352.

三、摄影的媒介特征

(一)摄影:从文字为王到图像传播的转向

纵观媒介发展史,从宏观技术视角来看,随着媒介进化,人类对媒介进行选择主要依照两条标准:一是跨越时空的能力,这是传播的"自由度"问题;一是传播达成的效果,这是信息的"保真度"问题。① 口语传播和文字传播时代使用的均为语言符号,相比于声音媒介,文字符号打破了时间的束缚,延长了信息传播的生命周期,不过从传播效果上看,无论如何费尽心思遣词造句,文字始终难以形象、直接地还原场景。摄影术的横空出世,催生了文字符号的"补偿性媒介"。可以说,摄影真正叩响了图像传播时代的大门。

在摄影术发明之前,虽然人类文明早期就出现了岩壁画、标识等图像符号,绘画艺术也经历了数百年兴盛,但这一系列基于创作者记忆、想象的图像符号,带有强烈的主观色彩,在传播活动中难以与文字传播的绝对优势相抗衡,而摄影与它们不一样。在摄影作品中,图像符号具有完整的叙述和表意功能,这种"机械地复制艺术"更直观、冷静地还原了现场,将一个个决定性瞬间定格在薄薄的相纸中,弥补了文字符号缺失的形象性,靠着图像符号特有的强大视觉冲击力,迅速笼络了人心,遮掩了文字曾经的万丈光芒。在摄影作品中,文字成为配角。

对于摄影而言,一方面,其审美艺术一定程度上与绘画有相同之处,共享某些特征,但另一方面,因为"机械复制"的属性,摄影与其他的图形艺术大相径庭,承载了更多的信息价值。"不能只将摄影看成是人类近代史上的一项伟大的技术发明和科技进步,它其实就是人类早期传播梦想的实现和书写传播的延伸。"②以"再现"为表现手法的摄影,图像是其主要的信息符

---

① 崔林.媒介进化:沉默的双螺旋[J].新闻与传播研究,2009(3):42-49,107-108.
② 周焱.论摄影的传播特性[J].重庆师范大学学报(哲学社会科学版),2004(6):115.

号,承载着信息传播的目的。即便是与纪实功能相去甚远的艺术摄影,它的拍摄也需要遵循社会的客观规律;即使是再抽象的写意照片,也需要以再现、复制对象的影像为拍摄宗旨;即便是风光摄影照,也有其现实的隐喻。

从时空属性来分析,摄影通过拓展图像叙事能力,打造了时空统一性。空间感在绘画审美中占有重要地位,如中国传统绘画艺术倡导"画贵深远",水墨画尤为讲究利用不同的水墨浓度勾勒出远山近景,形成纵深感;西方的绘画大师也一直如饥似渴地学习解剖学、几何学,钻研油墨的晕染层次,以通过精湛的技艺体现画面的透视感。这种空间的艺术章法在摄影创作中得以延续,但与绘画不同的是,以光影作为灵魂的摄影更讲究利用影调、线条来调动丰富的空间形象。

不可否认,无论是绘画还是摄影作品,都具有时间性和空间性,都是在特定空间内体现特定时间,但摄影作为一种拥有"机械复制"特色的手段,第一次将时间的流逝感固化下来。1977年,苏珊·桑塔格在引发全球轰动的著作《论摄影》的第一章便提到,围绕着摄影影像,已形成了一种关于信息概念的新意识,照片既是一片薄薄的空间,也是时间。① 苏珊·桑塔格一针见血地指出,通过精确地分割并凝固这一刻,照片见证了时间的无情流逝。

时刻的概念与摄影的抓拍相结合,更容易被理解。以"决定性瞬间"扬名摄影史的亨利·卡蒂埃-布列松用镜头让人们看到了瞬间的力量,打造了"永远的现在进行时"。哲学家将其形容为,瞬间性是在一瞬间的所有自然的概念,在这里瞬间被认为是丧失了所有时间扩延的东西。例如,我们在一瞬间想到物质在空间中的分布。② 布列松的学生法兰克·霍瓦则直言:"照片主要是时间成就的……通过表现时间中的一个点,为空间打开了一面窗。"③

有关摄影的时间属性,于伯特·达弥施提出了无意识理论。当在绘画史上颇有建树的达弥施一头扎进摄影的海洋,他开始关注光线的隐喻,引入精神分析学等理论,剖析图像本质,拓展了摄影时间感的研究视野。达弥施

---

① 桑塔格.论摄影[M].上海:上海译文出版社,2014:22.
② 怀特海.自然的概念[M].张桂权,译.北京:中国城市出版社,2002:55.
③ 霍瓦.摄影大师对话录[M].刘俐,译.北京:中国摄影出版社,2000:50.

最为著名的论调便是有关摄影历史的思考，他承认，摄影与绘画不同，可以动摇人们已有的对历史的想法，但强调："摄影机制几乎是纯自然的，所以它不但不能帮助建立一种历史，反而使得根据一种叙述的普通渠道去建立一种历史的可能性丧失殆尽。"①

（二）符号意义：非言语传播的隐喻

摄影诞生后，迅速在传播学、文化艺术领域掀起波澜，学者们乐此不疲地沉迷在摄影本质的争论中，图像符号的研究者们尤为激动，摄影技术的问世以及基于此开创的影像时代，让非言语传播愈发活跃于历史舞台上。

最早关注到非语言符号的是美国学者爱德华·霍尔。他强调时间和空间产生的无声语言对跨文化传播大有裨益，进而提出文化为交流的论调。但关于如何界定语言符合和非语言符号，爱德华·霍尔并未给出清晰答案，而到底何为非言语传播，专家们至今依然莫衷一是，难有定论。

美国传播学者威尔伯·施拉姆说过："传播不是全部通过言辞进行的。"著名语言学家萨丕尔将非语言符号比作精微的代码，"一种不曾写在什么地方、也不为什么人所知而又人人皆晓的代码"。② 美国学者萨姆瓦等人在《跨文化传通》（Nonverbal communication）中认为，非语言符号传通包括传通情境中除却言语刺激之外的一切由人类和环境所产生的刺激，这些刺激对信息发出者和信息接收者具有潜在的信息价值。

非言语传播概指言语（口语和文字）之外的一切表情达意的行为与方式。③ 言语传播与非言语传播的相同点在于，均为人类表情达意的手段，都是信息传播的语码系统，同属语言传播范畴；但二者亦存在诸多异质点，如言语传播受到一套严格的语言符号规则的制约，而非言语传播则受到特定社会规范的制约，因而不同文化系统之间的非言语行为具有一定的差

---

① 达弥施.落差：经受摄影的考验[M].广西师范大学出版社，2007：17-18.
② Schramm, Wilbur and Porter, Wi－lliam E. Men, Women, Message, and Media: Understanding Human Communication[M]. New York: Happer&Row, Publishers, Inc. 1982：63.
③ 宋昭勋.非言语传播学新版[M].上海：复旦大学出版社，2008：3.

异性。①

由此可见,摄影作为一种图像符号,显然属于非言语传播,其传播特征和功能遵从非言语传播的基本规律。当然,这并非是为了将摄影与语言传播完全对立,而是为了在非言语传播的范畴内,我们可以更清晰地剖析摄影的意义。

在非语言符号和传播的研究中,身体语言向来是重点,人的身姿举止、面部表情暗含意义,增添了信息传播的隐蔽性。善于捕捉瞬间、构造线条的摄影作品,尤其是捕捉人物神态形态的肖像摄影作品,更是让一切尽在不言中。

曾为15,000多位名人政要拍过照的加拿大著名摄影家约瑟夫·卡希,他最为后世津津乐道的作品便是丘吉尔肖像照。在拍摄中,卡希在毫无预兆的情况下,一把将丘吉尔嘴里的雪茄扯下来,丘吉尔勃然大怒,而镜头定格了这个瞬间。照片中,丘吉尔一手拄拐杖,一手叉在腰间,气势逼人,怒容满面。当时,正值二战期间,丘吉尔怒目而视的形象,反而成为一种力量的象征——昂然挺立、不屈不挠。

可见,摄影放大了这种隐蔽的体态语言,具有独立表意的功能。非言语传播符号不是反映事物对象的简单"复制",而是具有独立的符号特征,具有自身的"能指"与"所指",这种完整意指关系的存在也帮助其摆脱"肤浅""非理性"的批判。② 不过,如专家所言,身势语一般都不是单一而孤立地发挥作用,它是一个综合的符号系统。③ 因此,身势语往往是稍纵即逝、很难捕捉的,例如一个人在哈哈大笑的同时,可能身体扭曲、手舞足蹈。但摄影恰恰可以固化这些时刻,强化身势语这种综合符号的特性,汇集无声语言的力量,反过来也彰显非言语传播的隐喻性。

在2018年平昌冬奥会上,有一张照片在中国社交网络上广为流传。当中国男子短道速滑运动员武大靖冲过终点为中国代表团摘得冬奥会首金

---

① 宋昭勋.非言语传播学新版[M].上海:复旦大学出版社,2008:34-36.
② 王亿本,蒋晓丽.从非言语传播视角反思尼尔·波兹曼的批判理论[J].新闻与传播:2014(23):13-16,59.
③ 李彬.符号透视:传播内容的本体诠释[M].上海:复旦大学出版社,2003:27.

后,他气势高昂、身披国旗,此时摄影师捕捉了一个颇有意思的时刻,旁边恰有一名落败的韩国运动员俯身滑过。武大靖昂首阔步,舒展的身姿释放着一种胜利者的喜悦和骄傲,与一旁的韩国运动员的垂头丧气、弓背含胸形成鲜明对比。结合当年冬奥会的赛场环境,这张照片有了更深意义的趣味性。在平昌冬奥会上,中国代表团屡次被罚犯规,引发不小的裁判争议,中国队主教练甚至就同场比赛判罚不一致的问题提出正式申诉。在此背景下,这张照片被中国网友戏称为"俯首称臣",有很强的叙事性,彰显了一种黑色幽默的调侃。从符号学角度分析,这体现了非言语符号的多义性。试想,如果是韩国观众看到这张照片,恐怕会火冒三丈吧。

(三)观看的艺术:真实与幻想的双重性

摄影是一门观看的艺术。在没有照相机的年代,一切有关看的行为都离不开眼睛。根据进化学的说法,所有生物的眼睛均起源于涡虫最简单的眼睛结构。在5000多万年前,当灵长类动物开始进入快速演化期,眼睛便不断完善和复杂化,成为人类感知世界的窗口。摄影术的出现为人类提供了一种全新的观看选择,进而不断引出这样的质疑:长着一双眼睛就会"观看"了吗?

摄影的本质,"是一种混杂的观看形式,并且在有才能者的手中,是一种绝无差错的创造媒介"。[①] 苏珊·桑塔格的这个论断深得人心。受到法国哲学家、批判学家瓦尔特·本雅明思想影响的约翰·伯格,同样在《观看之道》一书的开篇便指出,"正是观看确立了我们在周围世界的地位"。[②] 伯格认为"我们只看见我们注视的东西,注视是一种选择行为",每一个影像都体现一种观看方法——影像是重造或复制的景观。这是一种表象或一整套表象,已脱离了当初出现并得以保存的时间和空间,其保存时间从瞬息至数百年不等。

摄影镜头赋予了"观看"新的意义,也在重构观看的法则,引导观众的观

---

① 桑塔格.论摄影[M].上海:上海译文出版社,2008:130.
② 伯格.观看之道[M].桂林:广西师范大学出版社,2007:2.

看方式,成为摄影师们追求的目标。世界著名摄影师迈克尔·弗里曼最善于摄影方法论的总结,他在浓墨重彩地分析光晕、构图等摄影技巧前,强调的一点便是"人们如何观看影像对于画家、摄影师和任何创造了这些影像的人来说非常重要"。① 他在畅销书《摄影师的视界》中着重分析了不同的观看模式:眼睛的扫视,呈现无意识的观看;带任务的观看,观众希望从影像或场景中获得某些东西,进而直抒胸臆——以某种方式控制观众观看作品的方式。

观看行为的"选择性"和拍摄行为的"主观性",让摄影的本体性受到了更多关注。法国符号学家罗兰·巴特(Roland Barthes)抛弃了光影、构图、拍摄等摄影技巧的描绘,而将摄影放在哲学层面上进行表达。他1979年出版的巨作《明室》针对照片提出了一种强烈的"本体论"愿望:"我不顾一切地想知道照片"本身"是什么,它以什么样的特点使自己有别于一般图像。"②

由观看艺术、观看方式分类等引申而出的实则是有关真实的问题。什么是真的,什么是假的?摄影与现实之间是什么关系?随着摄影技术的革新和媒介格局的嬗变,这些问题不断引发争议,尤其是在照片剪辑、滤镜等技术日趋成熟,甚至成为一种常态化的操作方式后,曾经在表现手法上标榜"真实还原"的摄影,不断遭到质疑。

摄影具有真实与虚幻的双重属性。法国影视理论学家安德烈·巴赞在《电影是什么?》中论述了摄影的本体论。一方面,他认为摄影与绘画不同,它的独特性在于其本质上的客观性,"在摄影中,我们有了不让人介入的特权","摄影的客观性赋予影像以令人信服的、任何绘画作品都无法具有的力量……它是确确实实被重现出来的,即被再现于时空之中的"。③ 他进而指出,摄影的美学特性在于揭示真实。另一方面,巴赞承认摄影的超现实主义,"美学目的离不开影像对我们头脑产生的机械效应。想象与现实两者之间合乎逻辑的区别趋于消失"。④ 他将摄影影像的自然属性定义为"一种真

---

① 弗里曼.摄影师的视界[M].北京:人民邮电出版社,2009:52.
② 巴特.明室[M].北京:文化艺术出版社,2003:3.
③ 巴赞.电影是什么?[M].崔君衍,译.北京:中国电影出版社,1987:11-12.
④ 巴赞.电影是什么?[M].崔君衍,译.北京:中国电影出版社,1987:14.

正的幻想"。

这种非真非假的特性,正是摄影的优势而非弊端。摄影可被看作一种现实与想象的共同体,它强化了视觉感官,凸显了摄影符号的表现力,而并非对其造成衰减,从而加速了符号社会的进程。符号的"仿真性"被符号学家认为已成为社会生活与文化秩序的主导形式,"人们实际上生活在一种由各种符号和文本构成的'超真实'世界里,所谓现实生活反倒成为对这种超真实或超现实的模仿"。[1]

四、摄影的文化影响

(一)纪实艺术:视觉人类学的新方法

图像是人类早期文明的传播方式。澳大利亚土著族群的洞穴岩画、美国印第安人的崖壁画,都不仅仅是为了打造一个视觉盛宴,而是以图像的方式记录生产生活、宗教艺术,它闪烁着人类智慧的光芒。摄影术在普及后,成为视觉人类学的一种研究方法。

人类的文化活动、考古发掘、民族学和民俗学的田野考察都再也不能离开照相机,这种影像记录的方式悄然见证了人类的发展进程,并成为其中的关键一环。人类学家们这样形容这门手艺:"照相机严格的眼睛是收集准确的视觉信息的重要工具,因为我们现代人是很差劲的观察者。摄影仪器清晰的视点,能帮助我们更多更精确地观察。虽然摄影仪器不能解决所有的问题,但由于人的视觉的局限,那些关于文化、行为及活动精确观察的记录和连续性的镜头,对未来是很有好处的。"[2]

摄影为影像记录生活开辟了更广阔的空间。摄影师的镜头留下了光鲜灿烂的美好生活,也笼罩着变革、动荡、死亡的阴影。在当代社会,这种记录的价值对文明进程的影响日趋加重,摄影与现实的关系愈加紧密。

---

[1] 李彬.符号透视:传播内容的本体诠释[M].上海:复旦大学出版社,2003:237.
[2] 邓启耀.视觉表达与图像叙事[J].广西民族学院学报(哲学社会科学版),2004(1):114-121.

2017年,第60届世界新闻摄影比赛(荷赛)揭幕,年度图片大奖由美联社记者布尔汉·欧兹比利兹(Burhan Ozbilici)拍摄的《土耳其暗杀》获得。图片定格了俄罗斯驻土耳其大使的死亡时刻——他在参加展览开幕时被枪杀,在行凶者的枪击声和人们的尖叫声中,布尔汉下意识按下快门,留下了这组照片。这个"决定性瞬间"的背后是政治利益、文明博弈的暗流涌动,这一时刻的影像记录对世界格局的变动具有不言而喻的重要意义。纵观历届荷赛年度图片,其主题离不开灾祸、难民、同性恋等,对现实的思考正是摄影的力量源泉。

中国摄影家也在摄影的实践活动中,表达了对社会现实巨大变化的理解与思考。中国摄影家解海龙,从1990年开始,用十年时间走遍中国128个县,全程两万多公里,用相机记录了贫困地区孩子的教育状况。他在安徽对着一个正在读书的7岁女孩按下快门,成就了他的经典之作《我要上学》,这张照片成为中国"希望工程"的宣传标志,女孩清澈而渴求知识的大眼睛感动了几代人,推动了整个社会对失学儿童的关注。20多年后,画面中的主人公苏明娟在2017年当选共青团安徽省委副书记,再次掀起了舆论热议。摄影的力量到底有多大?有时候,也许一张照片就足以改变一个人、一个群体甚至一个国家的命运。

(二)摄影的局限性

俗话说,眼见为实。以"眼见"为基础的摄影信息,曾经被认为是真实、客观的代名词,但如果真的只把摄影当成一种简单的机械复制装置,那就大错特错了。

苏珊·桑塔格毫不留情地指出了摄影的局限性——照片会使我们对现实产生一种错觉。[1] 她从很早开始就关注摄影的道德性:"照片不会制造道德立场,但可以强化道德立场,且可以帮助强化刚开始形成的道德立场。"[2]

一张被淋了美军凝固汽油的越南女童的照片,通过美国摄影师的镜头

---

[1] 顾铮."照片就是我们":苏珊·桑塔格的奋斗与悲哀[J].社会观察,2005(3):36-37.
[2] 桑塔格.论摄影[M].上海:上海译文出版社,2008:17.

传遍世界,激发了人们的反战情绪。但如果翻开美国的摄影史,却很难见到朝鲜被战争摧毁的影像记录。"最终还是意识形态在决定是什么构成一次事件。"①

摄影的这种妥协性并非仅存于某个国家,它无关党派、社会结构、历史环境,从现实夹缝中破土而出的摄影艺术天生带有强烈的政治属性,拍摄的选择最终还是要依靠意识形态来进行。

随着数码技术、图像处理软件技术的发展,摄影的真实性遭到了前所未有的质疑。在中国摄影金像奖的评审中,多位摄影师的获奖作品因为涉及使用电脑软件修改原始影像,在后期的鉴定中被取消了获奖资格。在"PS"高手云集的当代社会,拼接、篡改变得轻而易举,"眼见"不一定为实。玛格南图片社的摄影家多诺万·怀力很早便说过:"数码摄影消除了一种错觉,那本来在摄影出现之前就该被清除掉的——那就是照相机不会说谎这个错觉。"②

如果站在人类史的角度看待有关摄影的这个错觉,照片其实是通过一种再造的真实描述了当下社会,有意识地构建了一系列的历史事件。

(三)大众运动:光晕的消失

"光晕的消失"是德国学者本雅明对摄影的评论,但他晦涩难懂的语言也让后世学者不断揣测着光晕(aura)的意义。本雅明关注摄影对现代文明的重大影响,认为摄影作为一种艺术复制品,导致艺术客体丧失了"原真性"。③ 他在《摄影小史》中如此描述"光晕":

"时间和空间奇异交织:远方的奇异景象好像近在眼前。静歇在夏日正午,目光随着地平线上的山川或一个小树枝,它们将观者笼罩在它们投下的阴影里,此时此刻开始成为影像中的一部

---

① 桑塔格.论摄影[M].上海:上海译文出版社,2008:18.
② 格里·巴杰.摄影的精神:摄影如何改变了我们的生活[M].杭州:浙江出版联合集团,浙江摄影出版社,2011:233.
③ 本雅明.机械复制时代的艺术[M].李伟,郭东,译.重庆:重庆出版社,2006:4.

分——那就是呼吸那远山、那树枝上的光晕……"①

在本雅明看来,摄影击碎了这个说不清、道不明的"光晕",当相机把复制影像印在画报和周刊上,"它们和原形之间显然是有区别的。后者与唯一性和持久性紧密结合,而前者表现了短暂性和再现性。对象从它的外壳中现形,光晕也就支离破碎,这是知觉的征兆——这种知觉对于类似性的敏感已经发展得如此成熟,以至于通过复制的方式击败了本来独一无二的原物"。

随着摄影器械进入批量化生产的工业时代,并在当今社会成为一种大众生活用品,摄影艺术的神圣性被进一步肢解。1977 年,苏珊·桑塔格就将摄影的记录方式形容为"家庭生活的一种仪式"。② 社交媒体的崛起为人类交流打造了新的社交平台,照片真正成为大众生活、社会交往的一部分,摄影个体的展示功能进一步增强——不关注拍摄、不需要存储,照片最重要的意义变成上传到朋友圈"晒"出去。

---

① 本雅明.机械复制时代的艺术作品(摄影小史)[M].王才勇,译.南京:江苏人民出版社,2006:36.
② 桑塔格.论摄影[M].上海:上海译文出版社,2008:8.

第六章 电影:活动影像与大众文化

电影是近百余年来最具影响力的媒介之一。谈到电影,不仅会让人想到那些感动流泪或高兴激动的电影情节,而且有些人也有可能会因为热爱电影中的人物,而试图在日常生活中模仿他们,希望自己像他们一样优雅、坚强、勇敢、乐于助人……可以说,我们的审美风向、言谈举止、思维方式、内心信仰、文化洞察等都或多或少地受到电影的影响。

人们除了在电影院看电影外,还可以通过电脑终端、家庭电视、DVD、移动手机等来观看电影。电影也许不是每个人生活中的必需品,但缺少电影,生活就会缺少色彩与乐趣,时代就会缺乏光泽与宽度。电影作为一种媒介,其出现是人类文明的进步。电影的影响是"润物细无声"的——它是娱乐,给人们带来视觉上的享受、情绪上的放松;它是艺术,让人们无国界、无时空地进行价值分享、文化交流;它是文明,承载着一个时代的社会历史变迁与文化缩影。

今天的电影形态不是一蹴而就的,而是经过了漫长的探索与发展才形成的。在整个媒介史上,电影为视听共享的文化样态的形成迈出了关键性一步,从此,人类文明因它而更加鲜活和生动。

一、电影的诞生与发展

关于电影发展历史的划分,历来的历史学家都自成一派,各立体例,有的以技术发展为划分标准,有的从经济角度着手,有的以年代划分。本章结合电影媒介形态与人类文明变迁之间的系列节点将电影发展历史分为4个阶段。

(一) 摄影的延伸

1. 一场赌约

1872年的一天,当时的超级富豪、赛马爱好者斯坦福在观赏赛马比赛时突然闪过一个念头——马在奔跑时四只蹄子一定在某个瞬间全部离地。他将这个想法告诉了邻座的科恩,没想到对方却认为马奔跑时总有一只蹄子着地。于是,斯坦福提出以此为赌,输者向赢者支付2.5万美元,这在当时是个巨额数字,相当于今天的100万美元左右。

他们请来了驯马好手来当裁判,判定谁对谁错,然而,这位驯马师也不能给出准确答案,毕竟单凭人的眼睛很难看清奔跑的马蹄是如何运动的。于是,这位裁判请来了他的好友——英国摄影师迈布里奇来帮忙。但当时并没有高速连续拍摄的相机,只有一次照一张的老式胶卷相机。于是,迈布里奇在跑道的一边安置了24架照相机,排成一行,相机镜头都对准跑道;在跑道的另一边,他打了24个木桩,每根木桩上都系上一根细绳,这些细绳横穿跑道,分别系到对面每架照相机的快门上。当跑马经过这一区域时,依次把24根引线绊断,24架照相机的快门也就依次被拉动,从而拍下了24张照片。迈布里奇将这些照片按先后顺序剪接起来,组成一条连贯的照片带。裁判根据这组照片,发现马在奔跑时总有一蹄着地,不会四蹄腾空,从而判定科恩赢了。

一次偶然,有人快速牵动了迈布里奇的照片带,结果眼前出现了一幕奇异的景象:各张照片中那些静止的马叠成一匹运动的马,它竟然"活"起来了!

正如著名媒介理论家、北美媒介环境学派第三代代表人保罗·莱文森所言:"电影从摄影发展而来……将相互联系的大事串联成完整的故事。"[①]电影是摄影的传承者,是摄影的"人性化趋势进化",保留了摄影全部的延伸能力。

---

① 莱文森.人类历程回放:媒介进化论[M].重庆:西南师范大学出版社,2017:102.

2. 电影发明的条件

美国当代电影理论家与作家大卫·波德维尔在他的著作《世界电影史》中说明了电影产生需要的条件。

图1 观者通过固定盘上的狭缝观看时,诡盘的旋转盘上的人物就会显示出运动幻觉。
(来源:大卫·波德维尔《世界电影史》第22页)

第一,科学家必须认识到,当一连串略有差异的图像在眼前快速闪过时,人们就会看到运动——最低限度是每秒16幅图像。19世纪,科学家对视觉的这一属性进行了探索。[①] 1829年,比利时物理学家约瑟夫·普拉托发表了他关于视网膜感觉与图像滞留原理的论文。1832年,他在此基础上发明了"诡盘",这是第一台用机械的方法将连续的基本画面合成为运动画面的机器(如图1所示),观者透过固定盘上的狭缝观看时,"诡盘"的旋转盘上的人物就会形成一个运动的画面。[②] 1833年以后,电影的放映或摄制方面的原理逐渐产生。[③]

第二,电影的产生需要能够把一系列快速闪动的图像投射到某个平面上的技术。17世纪以来,演艺人员和教育工作者已经使用"魔灯"投射玻璃幻灯片,但因无法将大量的图像投射得足够快,最张没能创造出运动幻觉。

第三,电影的产生需要能够使用摄影术在一个清晰的表面上制造出连续图像的技术。曝光时间必须足够短,能在一秒钟得到16张或更多张图像,

---

[①] 波德维尔,汤普森.世界电影史[M].范倍,译.北京:北京大学出版社,2014:22.
[②] 于格.世界电影编年史[M].杨榕,李圣云,译.北京:中国人民大学出版社,2010:7.
[③] 萨杜尔.世界电影史[M].徐昭,胡承伟,译.北京:中国电影出版社,1995:2.

电影对人类文明的意义还在于对教育发展的影响。爱因斯坦在写给纽约罗里奇博物馆的信中说道："电影，作为一种对人类精神幼年时期的教育方法，是无与伦比的。因为电影可以使思想剧情化，这就比用任何其他的方法更容易为儿童所接受和理解。"电影化的教育将成为一般教育的核心内容和普遍模式，在人类知识和智慧的积累与传播方面产生革命性的影响。[①]

从无声电影到有声电影多样发展的一百多年里，电影变得更加丰富，为我们提供了更多的视听震撼。

美国电影导演、演员、电影理论家、电影编辑、制片人、人类学家、舞蹈家及诗人，并被誉为"先锋电影之母"的玛雅·黛伦曾指出："电影媒介具有一种异乎寻常的表现范围。它与造型艺术有共同之处，因为它是一种投射在一个平面上的视觉构图；它与舞蹈有共同之处，因为它能处理运动的变化；它与戏剧有共同之处，因为它能强化事件的戏剧性；它与音乐有共同之处，因为它能利用时间的节奏和短句来进行创作，并能伴以歌曲和乐器；它与诗歌有共同之处，因为它能把各种形象加以并列；总的来说，它与文学有共同之处，因为它能用声带把只有语言才可表达的抽象概念表现出来。"可以说，玛雅·黛伦准确地道出了电影媒介的实质，这种集多种艺术于一体的综合性媒介在人类文明史上画下了最生动、华丽的一笔。

电影复刻了现实，又提供了梦幻；让故去的变得灵活而生动，让已有的陷入深思与寂静；让我们看见"多彩"，又用"多彩"画出一个世界；承载了岁月，又将岁月还给岁月；静静地潜入你我的意识，又静静地镌刻着人类文明。

---

① 王志敏,赵斌.电影对人类文明发展的革命性意义[J].艺术百家,2012(4):74-79.

第七章　广播：无远弗届与声响幻境

2012年4月，美国导演詹姆斯·卡梅隆用3D影像技术将一场100年前发生的海难场景立体地呈现给全球的电影观众，这是卡梅隆第二次执导电影《泰坦尼克》。1997年12月，由卡梅隆执导的电影《泰坦尼克》在美国上映，创下的票房纪录让这部电影在接下来的12年里稳坐全球票房冠军的宝座。电影中的故事感动了全球亿万观众，也让这部电影在1998年的奥斯卡颁奖典礼上荣获最佳影片、最佳导演、最佳摄影等十多项殊荣。

当年世界最豪华的客轮上，到底发生了哪些故事？如今我们已经无法知晓，只能靠电影艺术来想象和描述当年的景象。不过对人类历史产生更大影响的是，泰坦尼克海难的发生让一项媒介技术受到前所未有的重视，一种全新的媒介从此走向现代文明的前台。在文字时代之后，口语这项人类最早的传播方式，重新进入大众传播的系统之中。

一、从无线电报到大众媒介

（一）泰坦尼克号与无线通信

1912年4月14日晚，泰坦尼克豪华客轮与冰山相撞，在其处女航中沉没。距离泰坦尼克号58英里的卡帕提亚号轮船接到了泰坦尼克号的求救信号，尽管全速赶往出事地点，但还是没能赶在泰坦尼克号沉没之前到达海难现场。最后，卡帕提亚号轮船拯救了约700人，乘客和船员共计超过1500人不幸遇难。

其实,当时离泰坦尼克号更近的还有两艘轮船。一艘是加利福尼亚号,但它没有应答求救信号,船上唯一一名无线电操作员因执勤太久已经昏昏欲睡,船长也已切断了船上所有电源,使得无线电系统没有了供电。另一艘是货轮丽娜号,距离泰坦尼克号只有30英里,但由于是货船,没有载客,海员也不多,没有配备无线电设施。

当泰坦尼克号沉没的消息抵达美洲大陆时,已经离沉船有一段时间了,因为当时卡帕提亚号的无线电设备只在85英里范围内有效。当时的美国总统塔夫脱派遣了两艘海军巡洋舰去接应卡帕提亚号,但因为船上的无线电操作人员技术不够熟练,这两艘巡洋舰未能及时地将信息传回纽约。

在陆地上,第一个将泰坦尼克号沉船消息发送出去的是当时一位年轻的通讯员大卫·萨尔诺。他在收到消息后的72小时内,不间断地接收和发送消息,塔夫脱总统于是命令关闭所有的电台,只留下萨尔诺的电台与船只进行联系。在海难消息传递工作中的杰出表现使萨尔诺名扬一时,也使得其所在的马可尼电报公司的声望大大提高。萨尔诺后来成为美国无线电广播公司的经营者及总裁,被称为"美国广播通讯业之父"。

鉴于无线电在这次海难中表现出的特殊重要性,舆论普遍认为联邦政府对无线电事业应该有所管制。于是,无线电管制开始被提升到同铁路运输、石油企业和肉食品加工企业管制同等重要的地位。泰坦尼克号海难发生之后的4个月内,个人发送无线电波信号必须得到政府的特许,而新出台的《1912无线电法案》则要求所有无线电操作人员必须获得许可,电台必须服从制定的频率分配,求救信号的优先权高于其他任何通信,商务部长有权颁发无线电许可证及采取其他必要的无线电管制措施。

泰坦尼克海难这场巨大悲剧的发生,将人们的注意力吸引到无线通信这项新的技术上来。获得许可证的业余爱好者从1913年的322人增加到1917年的13,581人。在提高公众对无线通信的认识方面,这场海难比以往任何无线电实验都更为有效。

(二)从实验发明到电台开播

1. 从有线到无线

无线电并不是哪一个人的单独发明。在无线电报发明之前,利用线缆来进行电磁信号及语言本身的传输已经得以实现。1851年11月13日,英国在英吉利海峡铺设了连接英法两国的世界第一条海底电缆,使伦敦与巴黎之间实现了有线电报业务。1876年,发明家亚历山大·格拉汉姆·贝尔首次展出了他发明的电话机,实现了声音的远距离传输。贝尔关于电话的专利书的说明为"通过电子手段传送有声语言和其他声音的一种方法和工具"。当时,尽管他对电话的用途还有很多设想,但直到1890年,美国电话公司才开始确定将电话作为人与人交谈的工具。

有人则对贝尔的多种设想进行了开发,广播的雏形从这时出现。1893年,匈牙利人西奥多·普斯卡把布达佩斯700多条电话线连接起来,定时向听众广播新闻,被称为"电话报纸"。这可以说是广播的先声,尽管它是有线传送的,而且这个方法肯定十分麻烦,但这意味着电话的传播方式是可以发展为广播的。无线电传送技术的发明使人们觉得不受有形线路的限制而又能够传送人声显然更妙,于是无线广播的实验和发明开始了。

不过,在广播的发展过程中,有线技术始终是它的一部分。有线广播曾经长期存在于许多疆域辽阔、人口众多的国家。比如苏联和原东欧社会主义国家以及1949年以后的中国大陆,都曾经大规模发展过有线广播。苏联是世界上常规有线广播的诞生地,它采用有线入户的方式接转无线广播。1924年底,苏联政府提出"劳动人民住宅无线电化"(即有线广播入户),到20世纪80年代,可以选择收听3套节目的有线广播接收工具开始普及。由于有线传播方式便于控制,德国、法国从20世纪30年代起也开始利用电话线网络发展有线广播网。由于有线广播解决了无线广播发展初期功率不足、覆盖能力不强的问题,瑞典、瑞士、奥地利等国在20世纪50年代初开始在山区建立有线广播,后来无线广播的功率增强了,这些国家又对有线设备进行更新改造,使其接收效果超过了无线广播。

虽然有线广播的发展比无线广播要早,但有线电报在技术上存在着一个明显的缺陷,即没有导线就不能传递信息。这个遗憾在50年后被无线电报的发明弥补了。1864年,苏格兰物理学家詹姆士·克拉克·麦克斯韦尔公布其研究成果,说明信号可通过电磁波发送。他的理论预言是:有一天人们不通过电线就可以将电子信号发射到别的地方。到了1887年,德国物理学家海因里希·赫兹证明了麦克斯韦尔的理论是正确的,他在实验室建立了一个简陋的火花隙(射频)振荡器,从一点向另一点成功发射了无线信号。电磁波频率的基本单位"Hz"就来源于其发现者。

19世纪90年代,另外3位发明家几乎同时致力于无线发射与检测。法国物理学家艾都尔德·布朗莱发明了名为"金属屑检波器"的信号检测设备。英国物理学家奥利弗·洛奇爵士研究出了共振调谐原理,使发射器和接收器可以在同一波长上工作。俄罗斯的亚历山大·波波夫开发出了一种更好的金属屑检波器和垂直接收天线。

2. "无线电之父"马可尼

尽管前人有着众多的理论与发明,但是真正验证了赫兹的理论、完善了布朗莱和洛奇的无线设备、取得了无线电通讯巨大突破的是意大利发明家古列尔莫·马可尼,他被人们称作"无线电之父"。

马可尼出生于意大利波伦亚的一个富有家庭,马可尼从小就不是一个循规蹈矩的好学生,他的思维方式与学校里僵化古板的理论格格不入。富有创新精神的马可尼21岁时开始对无线电很感兴趣,他想要做的事情是使无线电工作起来。

1895年,他在庄园前面的草地上布置了一个接收器,对他的哥哥阿方索说:"如果你能听到蜂鸣器响,就挥小旗向我致意。"然后他奔向实验室,按下发报器的按钮,再从窗口向外张望,看见阿方索正挥动手中的小旗,蜂鸣器响了。这证明电波可以不通过电线在空气中无影无踪地传播。几个月后,马可尼增加了发报机的功率。这次他把发报机放在距家两公里的地方,中间还隔着一座小山丘,因此他让哥哥和另一位农民接收到无线电信号后开枪示意,结果枪声响了。接下来的两年内,马可尼建立起了一种能够在两英里范围内发送和检测信号的无线系统。

由于意大利政府对马可尼的发明不感兴趣,马可尼与出身高贵的母亲一起回到了她的家乡英国。母亲的家族关系使他有机会将他的无线系统展示给可能的投资者,包括英国邮政总局的主管。1896年,刚刚22岁的马可尼在英国取得了他的第一个无线电报技术的专利。马可尼的实验引起了国际上的广泛关注,一些外国观察家陆续从法国、德国、俄国和意大利来观看他的实验。"我平静的生活从此宣告结束",后来他回忆说。军方首先开始了对这种新技术的应用,英国军舰上开始安装马可尼电报。1897年,无线电报与信号公司建立起来,继续进行远距离传播无线讯号的实验。1899年3月28日,马可尼发出了从英国到法国的无线电报。1901年12月12日,马可尼首次横越大西洋无线通信的实验获得成功,证明经过他的仪器处理过的电磁波可以不受高山大洋的阻隔而自由传播。

关于人类第一次横越大西洋的无线通信,马可尼在一篇文章里描绘道:

> 刚过正午,我戴上耳机仔细倾听起来。我面前桌上的接收装置非常简单——只有几只线圈以及放大器和合成器——但我还是将它调试完毕了。12时30分,我终于听到了微弱但清晰的"嘀-嘀-嘀"的讯号。我赶快把耳机递给肯普。"你听见了吗?"我问。"是的,是的。"肯普激动地说,"这是字母S的讯号。"——他也听见了。我所有的预见都得到了证实,无线电波穿过了整个大西洋——这简直是一个令人无法置信的距离,整整1700英里——地球表面的曲线竟然无法阻挡它!意识到这一结果对我来说比意识到自己的成功更为重要。正如奥利弗·洛奇爵士所说,这是一个划时代的创举。现在我第一次可以有把握地说,对于整个人类来说,这一天总算到来了:不需要任何导线,我们便可以在世界的任何两个端点进行通信联络了。

这次实验的成功标志着人类在地球上的信息沟通几乎可以跨越所有的障碍。此后,马可尼开始出售这种无需导线即可发送莫尔斯电码的电报机,并将其作为海上船只与岸上电台联络的通信工具。英国马可尼公司及其美国分公司占领了莫尔斯电码无线通信的大部分市场。

1927年,马可尼逝世,在此之前他已获得诺贝尔物理学奖,并取得了一百多个大学的名誉学位。著名意大利诗人邓南遮在他的墓志铭上写道:"他的发现开创了一个人类生活的新时代。"

3."广播"的开端

无线电服务的名称,随着无线电技术的发展不断演变。在马可尼时代,人们只使用"无线电报"(wireless telegraph)一词。1906年至1912年间,这一名称过渡为"无线电波和无线电话"(radiotelegraph and radiotelephony)。在泰坦尼克海难发生后出台的1912法案实施之时,"无线电"(radio)一词开始使用,这个词来自拉丁语radius,是"射线"的意思,而无线(wireless)一词逐渐被摒弃。"广播"(broadcasting)一词借用自农业,原意为在农田中播撒种子的活动。最早的编码无线电发射是从一名特定的发送者到一名特定的接收者。有了对发射信号人的许可和管制之后,无线电广播逐渐从发送给一名接收者转变为面向多个接收者。

在参与早期"广播"实验的爱好者当中,加拿大的雷金纳德·费逊登(Reginald Fessenden)最为著名,他一生获专利达500项之多,在获得发明专利的数量方面仅次于爱迪生。费逊登以无线电技术为美国国家气象局工作,从1900年起,他希望能改进马可尼的无线系统,实现连续载波的使用。他所致力研究的发射系统与马可尼的莫尔斯电码发射系统完全不同,人们通过费逊登的系统可以听到连续的声音。1906年12月25日晚,圣诞之夜的8点钟,费逊登使用自己开发出的实验振荡器,在马萨诸塞州布兰特罗克镇的工作室中广播了自己制作的节目,这次节目包括一段《圣经》片断的朗读,一段亨德尔《广板(Largo)》的录音和一段费逊登自己演奏的小提琴独奏曲。在节目结束时,他还唱了一首歌并祝愿所有收听节目的听众们"圣诞快乐"。虽然这次广播的质量并不令人满意,但它不仅展示了费逊登的艺术才华,也展示了一次空前的广播实验。费逊登的听众主要是海上船只中的无线电操作员、得知这次公开广播实验的记者以及一些广播爱好者。之后的新年夜,费逊登又做了一次类似的广播。他所做的这些实验标志着可被听众广泛接收到的非编码无线电信号发射成功,有人因此称他是世界上第一位电台节目主持人(DJ)。

费逊登的圣诞广播被认为是广播时代的开端,但是,这一时期的实验者们都没有建立一个定期播出节目的真正的广播电台。第一次世界大战前夕,无线电使用已经从普通的海上航运扩大到了国防和海军装备。1917年4月,美国与德国开战后不久,广播技术的专利纠纷平息下来。在战争期间,作为国家安全措施,美国海军接管了所有大功率电台的运营,甚至包括美国马可尼公司拥有的电台。所有业余电台和无线电实验者都被迫终止广播。第一次世界大战结束后,无线电广播依然没有走进人们的视线。

4. KDKA 电台

最早的一批广播电台是作为销售收音机的一种手段来运营的,在这些广播电台中,最著名的是匹兹堡的西屋电气公司的 KDKA 电台。

西屋电气公司有位工程师叫康拉德,他是一位无线电爱好者,早在第一次世界大战前便在自家的车库里安装了一套小型的广播设备。1920年4月,康拉德用业余电台呼号 8XK 试验播放自制的节目,但他很快就对连续不停地独自讲话感到厌倦,于是开始改用播放唱片来取代说话。意想不到的事情发生了:康拉德开始收到其他无线电爱好者的来信,来信中有评论播音质量的,也有请他播出某一唱片或在某一特定时间播出节目的。于是,为了满足这些"听众"的"点播"要求,康拉德开始定期播出节目。

西屋电气公司对康拉德的业余电台很感兴趣。1920年10月16日,西屋电气公司为康拉德的电台提出执照申请,并在同年10月27日获得美国商业部颁发的电台执照,呼号为 KDKA。在这一时期,电台的呼号是美国商业部分配的呼号组合。后来,电台呼号开始以密西西比河为界,密西西比河以东的电台呼号以 W 开头、密西西比河以西的电台呼号以 K 开头。

尽管 KDKA 电台的历史可以追溯到一战之前,但其第一次正式广播的时间是在1920年11月2日。这一天,KDKA 电台利用美国总统选举的大好时机,围绕选情通报这一公众关注的焦点,大张旗鼓地开始了定期广播。由于宣传广泛、影响重大,KDKA 成为美国历史上第一家正式广播电台,1920

年11月2日这一天也成为世界广播事业的诞生日。

KDKA电台开播之初,工作条件相当简陋。电台的第一个播录室是西屋公司大厦楼顶上的一间小屋。时而发生的技术故障并没有妨碍听众数量的迅速增加,因为那时有许多收音机都是各家自己做的,人们以为那是他们的机器出了故障。KDKA开播后的两年时间里,美国有了500家电台和约150万台收音机,每一个大都市都有了自己的电台。

(三)美国广播网的形成

KDKA电台的成功使得其他公司纷纷效仿,开办起了自己的电台。美国无线电公司在纽约开办电台,呼号WDY;美国电报电话公司也在纽约开办电台,呼号WEAF;通用电气公司则在纽约州的斯克内克塔迪播音,呼号WGY。西屋电气公司后来在马萨诸塞、新泽西和伊利诺伊又增开了几个电台。

这些公司开办商业广播电台的初衷主要是牟利,它们生产的无线电发射器和接收机如果只用于船—岸通讯,其数量终究有限,利润也同样有限。但如果能把广播推向民众,那收音机的销售市场将是巨大的,这样巨大的利润诱惑吸引着每一家公司开发广播业务。[①]

随着广播电台的增多,无线电广播日益流行起来,这个行业开始寻找各种各样的方式来促进自己的发展,其中一个比较有新意的方式就是联网。美国电话电报公司的WEAF电台是第一家从事商业广播的电台,也是第一家提供联网广播的公司。美国电话电报公司已经在全国各地架好了电话线,如果可以把各个电台连接起来,美国电话电报公司便有竞争优势。1923年,他们做了第一个联网实验,将纽约的WEAF电台和波士顿的WNAC电台连接起来。1924年10月,卡尔文·柯立芝总统的演说第一次通过广播联网在22家电台播出。[②]

为了对抗美国电话电报公司,打破其对城际联播的封锁,美国无线电公

---

① 蔡骐,蔡雯.美国传媒与大众文化——200年美国传播现象透视[M].北京:新华出版社,1998:173.
② 斯隆.美国传媒史[M].刘琛,译.上海:上海人民出版社,2010:505.

司和通用电气公司也建立了广播网。为首的是美国无线电公司的纽约台WJZ和设在斯克内克塔迪的WGY电台,不过该广播网传送声音与音乐的效果不佳。

1926年,美国电话电报公司决定从广播事业中退出,它把自己的WEAF卖给了美国无线电公司,美国无线电公司、通用电气公司和西屋电气公司立刻合资组成了全国广播公司,也就是现在大名鼎鼎的NBC,作为美国无线电公司的子公司。NBC建立后,主持着两个新的广播网,即以WEAF为首的红网(NBC Red Network)和以WJZ为首的蓝网(NBC Blue Network),广播网从东海岸扩展到西海岸。

1926年11月15日,全国广播公司在纽约华道夫酒店(Waldorf-Astoria Hotel)广播了4个小时的节目,根据报道,这一活动共耗资50,000美元,邀请了歌手、管弦乐队、笑星和两名来自其他城市参与远程广播的演员,其中大多数明星都是义务演出,所耗费的资金有半数用来购买技术设备,包括3600英里的AT&T特殊电话电缆,用于将WEAF电台的节目连接到20多个电台。全国广播公司的新总裁梅林·埃尔斯沃斯(Merlin Aylesworth)预计,约有多达1200万人收听了这次广播,而当时美国的人口不到1亿,因此,1200万听众已经相当惊人。最重要的是,这次广播使人们认识到新无线电网络的强大力量,因此,这次广播标志着网络广播的新纪元。之后,全国广播公司(NBC)一直控制着两大广播网,直到1943年由于联邦通讯委员会的干涉,才不得不出售NBC蓝网,该广播网于是变成了现在的美国广播公司(ABC)。

1927年,美国一些没有加入NBC的独立广播商在哥伦比亚留声机唱片公司(Columbia Phonograph Record Company)的帮助下,建立了另外一个广播网,最初起名为哥伦比亚唱机广播公司(Columbia Phonograph Broadcasting System),后改名为哥伦比亚广播公司(Columbia Broadcasting System, CBS)。当时27岁的雪茄公司继承人威廉·佩利(William Paley)请哥伦比亚广播公司为他的雪茄做广告,这则广播广告大大扩大了他公司的雪茄销路,佩利开始对电台产生兴趣。佩利在1928年买下哥伦比亚广播公司的控股权,并对其进行扩展,和全国广播公司进行竞争。1934年,哥伦比亚广播公司已拥有了97座电台。

1934年,在全国广播公司、美国广播公司和哥伦比亚广播公司之外的第4家广播网建立了起来,它是由4家未加入广播网的电台创办的,领头的是纽约的WOR电台和《芝加哥论坛报》的WGN电台,起名为相互广播公司(Mutual Broadcasting System,MBS),它主要向较小的广播电台提供节目。到1953年,它拥有了60个成员电台。在日后电视出现的日子里,只有相互广播公司还留在广播领域,而另外3家广播公司则把自己的业务扩展到电视领域。[1] 直到1999年,相互广播公司才终止运营。

广播电台的发展和广播网的建立,使得人们纷纷涌向无线电广播。无线电设备的销售额剧增,从1922年的6000万美元增长为1923年的136亿美元,1924年更是达到了358亿美元。到了1925年,收音机已经制作得像一种家具,这个广受欢迎的传播媒介吸引的不再仅仅是无线电爱好者,而是个人和家庭,人们在自己舒适和安静的家中享受广播带来的信息和欢乐。

广播节目也随着收音机的发展而不断丰富起来。20世纪20年代,无线电节目一般是由本地音乐家主持,他们表演自己的节目或推广其他的演出。还有一些信息类的节目,包括联邦政府主办的农业节目,提供农业信息。农民们会为了了解市场价格而购买收音机。一份无线电杂志曾经报道过一个与鸡蛋价格相关的农村听众的故事。当时一名采购员告诉那位农妇,鸡蛋的价格很低,而且还会继续降价,农妇立即反驳了他,并且忠告他,如果下次还想欺骗她,最好在她收听了8点钟的价格信息节目之前赶到! 除此之外,美国的乡村音乐在这一时期也成为广播的主要内容,因为工业化使许多美国人从乡村移居到城市,而乡村音乐成了他们寄托思乡之情的载体。[2]

(四) 中国广播的开端

我国使用无线电报始于清朝末年。1905年(光绪三十一年)秋,北洋大

---

[1] 蔡骐,蔡雯.美国传媒与大众文化——200年美国传播现象透视[M].北京:新华出版社,1998:173-174.
[2] 阿尔巴朗,彼茨.无线电广播产业[M].詹正茂,译.北京:清华大学出版社,2007:32.

臣袁世凯在天津开办无线电训练班,聘请意大利海军军官葛拉斯任教,培养无线电报务人员。① 同时购置无线电收发报机,分别安装在北京、天津、保定和北洋海军的舰艇上,用于沟通军事情报。1908 年,上海英商汇中旅馆私设无线电报机,开外国人在我国私设无线电台之先河,此后,西方国家的使馆、商人、殖民者为了通信联络上的便利,竞相在中国境内私自安装无线电收发报机。清政府邮传部虽曾多方交涉拟予取缔,但收效甚微。

1920 年,在美国第一家 KDKA 电台开始播音不久,美国人便把初办见效的无线电广播技术输入了中国。1920 年 8 月在上海出版的《东方杂志》以"无线电传送音乐及新闻"为题,首次把正在孕育中的广播介绍给中国读者。20 世纪 20 年代初期,中国建立起了第一批早期无线电广播电台,但都是由外国人创办的。中国境内开设的第一座广播电台是美国人 E. G. 奥斯邦(E. G. Osborn)开办的,他将一套无线电广播设备从美国运到了上海,目的是为了推销收听设备。1923 年 1 月 23 日晚,呼号为 XRO 的"大陆报——中国无线电公司广播电台"开始首次播音,每晚播出一小时节目。当时的总统黎元洪也对广播产生了兴趣,他派秘书打听,如何收听电台的音乐节目,消息传到奥斯邦那里,他受宠若惊,立刻赶制了一台特制的收音机,以确保黎元洪能够在其北京的家中清楚真切地收听广播节目。很快,民营广播电台多了起来,但当时无线电器材相当昂贵,全上海也只有 500 台左右的收音机。形形色色的节目多是为了军阀、官吏、富商和外国殖民者茶余饭后娱乐消遣。鲁迅先生对此有入木三分的描述,"天气热得要命,门窗都打开了,装着无线电收音机的人家便把音波放到街头'与民同乐',它一会尖一会沙,不但和'水位大涨''旱象已成'之处毫不相干,就是和窗外流着油汗整天在挣扎着过活的人们的地方也完全是两个世界。"

与美国广播创办之初私人商业广播蓬勃发展的景象不同的是,中国的广播是由官方推动创办的。1922 年,在第一次直奉战争中,奉系军阀战败,退居关外。为了东山再起,奉系军阀出于军事通信的需要,开始大力发展无线电事业。在奉系当局的支持下,我国早期的无线电专家刘瀚建成了我国

---

① 赵玉明.中国广播电视通史[M].北京:中国传媒大学出版社,2004:4.

第一座自办的广播电台。1926年10月1日,哈尔滨广播无线电台开始正式播音,呼号XOH,每天播音两小时,内容有新闻、音乐、演讲及物价报告。在1928年8月国民党的中央广播电台出现以前,北洋军阀统治时期的广播事业只是初具雏形。先后有十来座外商、中国人创办的广播电台建立,其发射功率一般较小,收听范围也限于广播电台所在城市及其周围地区。当时还没有一个全国性的电台,这个时期,全国约有收音机1万台。

中国共产党创办的延安新华广播是在抗日战争的硝烟中诞生的。1939年秋冬,周恩来因右臂受伤去苏联治疗,在莫斯科,他与任弼时特意同共产国际的领导会谈,研究在延安建立广播电台的事情。第二年3月,他们回国时,几经周折,带回一台广播发射机。1940年春,为了打破敌人的新闻封锁,中共中央在延安成立了广播委员会,周恩来亲自担任主任,成员有中央军委三局局长王诤和新华社社长向华仲。当时延安没有电,为了发电,拆卸了一部汽车的引擎,用木炭烧出煤气来带动引擎转动,但是这样的发电机并不稳定,电力导致的故障使得播音员在一次播音中可能要暂停好几次,通知观众播音要暂停,请不要关机。

不过,电力方面的困难还不是最主要的。为了彻底切断红色电波,日军和国民党军的飞机,只要捕捉到一定信息便会轮番轰炸,新华广播从开始播音就一直在不断转移的过程中坚持工作。当时《解放日报》已经无法出版,白区的《重庆日报》也已经撤出白区,唯一能够向国民党统治区进行宣传的方式只有广播电台,所以当时中央非常重视和关心广播工作,不能允许广播有一天的中断。

1946年3月28日,电台接到了再次转移的命令,就在这一天的晚上,新华广播电台播出了"青化砭大捷,歼灭国民党军队4000多人"的消息,这极大地鼓舞了正在前线奋战的人民解放军指战员。第二天,远在哈尔滨出版的《东北日报》在第一版头条显著位置刊登了这条新闻,并且注明"据新华广播电台28日夜口语广播称",这在中国广播史上是一件很有意义的事情。广播电台从诞生之日起一直是依托纸质媒介而存在的,这一次它却成为报纸的新闻来源,广播迅速直接的特性在战乱中得到充分的体现。

1949年10月1日,中华人民共和国开国大典在天安门广场隆重举行。

通过电波,全世界都听到了新中国庄严而豪迈的宣言:"同胞们,中华人民共和国中央人民政府今天成立了!"从下午3点到晚上9点25分,整个开国大典持续了6个半小时,这是中国人民广播史上第一次大规模的全国实况转播。

随着新中国的建立,广播开始真正深入到人民大众的生活当中。1949年9月2日的一篇新华广播稿摘录了中央对广播事业发展的规划:广播是一个有着非常灿烂前途的事业,我们中国有四万万七千五百万人口,其中的百分之八十都是文盲,因此无线电广播语言事业就更加成为为人民服务的、教育中国人民的非常重要的工具。1950年春,新闻总署签署了在全国范围内建立广播收音网的决定,"全国各县市人民政府之尚未设立收音员者,除所在地为中心城市出有大型日报者外,应一律指定政府内适当人员兼任收音员"。

新中国成立初期,面对百废待兴的局面,新政权迫切需要动员一切力量团结一致搞建设,广播成为动员和组织社会力量的重要工具。1951年9月15日,全国各地广播电台教唱《歌唱祖国》《全世界人民心一条》两首歌曲。两个月后,广播电台推出广播体操节目,每天喇叭一响,大小城市的千百万人统一行动、步调一致,这在中国历史上是破天荒的新鲜事。

1952年4月1日,中国第一座农村有线广播站正式播音,以此为标志,广播走进了农村,从此,目不识丁的农民也有了认识外部世界的通道。到1957年底,全国广播电台的数量从新中国成立初期的11座,增加到1698座,高音喇叭从900只,发展到941,200只。具有中国特色的农村有线广播网迅速普及,农民足不出户就可以知道发生在千万里之外的国家大事,广播进入了寻常百姓家。

"文化大革命"结束后,为了消除高音喇叭在老百姓心目中的不良印象,中央广播事业局发出《关于加强管理城乡高音喇叭的通知》,提倡低音喇叭,消除城乡噪音。广播的声音在变小,电视的成长在加快。1983年3月31日,第十一次全国广播电视工作会议在北京召开,以往的十次会议都叫"广播工作会议",而这一次在会议名称中加上了"电视"两个字。

二、抒情表意的声响幻境

(一)广播剧《世界大战》

在广播的发展史上,1938年的一件事情不得不被提及,那就是著名的广播剧《星球大战》。奥森·威尔斯,哥伦比亚广播公司一位23岁的播音员,1938年的万圣节,在信使剧场的播出时段,他播出了自己根据H.G.威尔斯小说《星球大战》改编的广播剧。

在《星球大战》广播剧播出之前的一周内,参加该剧演出的演员们都在绞尽脑汁,想把这部小说改编成一场吸引人的广播剧。但这毕竟是一部科幻小说,通过声音来演绎的确很困难。怎么才能增加它的生动性呢?威尔斯深思熟虑之后,决定采用一种打破常规的播音方式。

节目播出当天是万圣节,这原本就是人们相互开玩笑的日子,播音员在广播剧开始前做了四次声明,说得非常清楚,本故事纯属虚构,只是万圣节的恶作剧而已,但当时许多听众都在收听另一家广播网的埃德加·伯根和查利·麦卡锡的节目,似乎没有注意到播音员的说明。在埃德加·伯根和查利·麦卡锡的节目进入广告时间的时候,那些不愿意听广告的听众纷纷换台,于是等待他们的恰恰是哥伦比亚广播公司这场令人毛骨悚然的广播剧。

在广播剧开始时,先是一大段在大饭店演奏的舞曲音乐,接着奥森·威尔斯让一位"新闻记者"气喘吁吁地打断这个正在播出的常规音乐节目,实际上听众对这种播出快报的方式已经相当熟悉了。"新闻记者"告诉听众在火星上观测到一团气云,可能有不明飞行物从火星飞来地球,另外,在新泽西州格罗弗米尔市有人看见"巨大的陨石"坠落。这段快报播完又播起了音乐节目。一段音乐之后,播音员通过电话采访一位"著名的天文学家",讨论火星上存在生物的可能性。接着又开始播放音乐节目。这段音乐之后,播音员再次插入新闻快报说:"各位女士、先生,我要向大家宣布一个重大消息。不可思议的事情发生了,科学观察与亲眼所见都指向一种结论:今晚在新泽西州田野上登陆的是火星地球侵略军的先遣部队。"接着,听众可以听到该"新闻记者"被侵略军的射线枪所消灭。此后剧中接连播出许多的新闻快报与现场报道,指出从太空船内走出来的巨大火星人已经开始向纽约方向移动,美军正朝其登陆地点出发;火星人携带有毒气瓦斯武器,死伤人数不断增加等。

剧情的详细内容并不重要,重要的是这引起了一场全国性的大恐慌。美国东部成千上万的民众收听了这则广播剧,人们相互打电话,通知亲朋好友即将来临的大祸,长途电话人满为患。华盛顿的许多居民跑向自己的汽车,开车狂奔以躲避外星人的袭击,许多地方交通堵塞。结果,在一小时长的广播节目结束时,许多人打算自杀,整个社会一片混乱,许多正在休假的军事人员被召回基地。[①]几乎没有人先查证它的真实性。换言之,收听万圣节广播的听众都相信他们在广播中听到的新闻。由于此前,广播播出的消息全部是真实的,所以听众很难想象自己听到的是一个虚构的故事。这一事件导致的后果是联邦通讯委员会立即插手,宣布以后在广播中不得播出虚拟的新闻公告,而媒介所激发的民众恐慌心理也成为以后许多心理学家和社会学家一直研究的对象。

广播营造出的声响幻境,让人们对虚假的新闻信以为真,而广播也正是凭着这种独特的媒介魅力,在美国经济大萧条时期蓬勃发展。

(二)广播的黄金时代

1929年的大萧条让美国人谈虎色变。在乐观高峰的人们还没有来得及反应,就已掉入沮丧的谷底。1929年初,美国还一派繁荣。工业生产指数在1921年平均为67,在1928年已上升到110,到1929年6月上升到126。股票市场也一片看好,在1929年夏季的三个月中,西屋电气公司的股票从151上升到286,通用电气公司的股票从268上升到391。财政部长安德鲁·W.梅隆在9月向民众信誓旦旦地保证:"现在没有担心的理由,这一繁荣的高潮将继续下去。"

---

① 施拉姆.人类传播史[M].台北:远流出版事业股份有限公司,1994:335-336.

言犹在耳,崩溃已至。一个月内,股票下跌40%,以后又持续下跌了三年。在这三年中,5000家银行倒闭。到1933年时,工业总产值和国民收入暴跌了将近一半,商品贸易下降了三分之二以上。经济崩溃导致的大萧条给人们带来了严重的失业问题,1933年3月,美国失业人数保守估计为1400多万,相当于全部劳动力的四分之一,排队领救济金的场面成了这一时代最具特色的景象。

在大萧条时期的艰苦岁月里,广播却迎来了属于它的"黄金时代"。① 大萧条提供的社会环境正是促使广播流行的重要原因。在经济危机中,许多富有的家庭一夜之间失去了所有的财富,一大批贫穷家庭和中产阶级家庭则由于主要劳动力被解雇而失去了收入来源。全国性的银行倒闭更使许多人失去了一辈子的积蓄。经济困难使得许多家庭必须对手头的钱精打细算,不再出去娱乐,而是坐在收音机前消遣。当时晶体管已经取代了体积较大的真空管,这使得收音机变得小巧玲珑而便于携带,所以人们无论漂泊何方,都不会忘了带上自己的收音机。对于那些因为失业而不得不背井离乡、四处漂泊的人来说,广播是一种可以移动的娱乐方式,当他们到达新的目的地之后,往往人地两疏,在孤寂之中他们发现自己心爱的广播节目还在忠实地陪伴着自己。

从当时民众的心态来看,许多人在大萧条岁月爱听广播,是因为广播能起到一种心理调节的作用。从广播剧中他们可以感到,现在的问题并不是自己一个人的问题,许多倒霉的人比自己更不幸,这是社会造成的,这对减轻他们面对萧条与失业而产生的心理压力大有裨益。当然,人们心中也还总藏着这样一个希望,说不定收音机中会播出一些好消息呢。由于这些因素,广播在大萧条中可以说是一枝独秀。1930年,美国有收音机1250万台,到1940年上升到4400万台,大约90%的家庭都拥有一台或一台以上的收音机,每天人们在收音机旁消磨的时间达4小时之久。

广播的繁荣在很大程度上也归功于其节目的多姿多彩。在1927年广播网建立之后,广播就已成了第一流的娱乐媒介,许多歌舞杂耍表演明星在广

---

① 大卫·斯隆. 美国传媒史[M]. 刘琛,译. 上海:上海人民出版社,2010:525-526.

播这一行找到了工作。20世纪30年代,广播节目日益变得成熟并流行起来。音乐节目、儿童节目、新闻节目、教育节目、戏剧节目……不一而足。"悬念""阴影""小孤儿安妮""男子之家""时代的步伐""独行侠"等节目极大提升了广播的流行程度。

在大萧条政治气息浓重的气氛中,广播不仅是最流行的娱乐来源,也是讨论政治意识问题的重要平台。一些政治家逐渐适应了这种新媒介,总统罗斯福则是成功实现这一转变的政治家代表。面对危机,胡佛政府的无能促使了富兰克林·罗斯福(Franklin Roosevelt)的上台。1933年3月5日,年仅51岁的罗斯福在危难之中就任美国第三十二届总统。他出身于显贵家庭,性格活泼,精力充沛,温文尔雅,待人随和。1921年,他患了脊髓灰白质炎,这使他的下肢失去活动能力,许多人认为他的政治生涯将从此结束,但他却战胜了种种困难,最终进驻白宫。罗斯福上台后面对的不仅是千疮百孔的经济,更是一种沮丧彷徨的心态,他深知除了采取必要的政策手段恢复经济外,还必须把民众从绝望的深渊中挽救出来,民众只有以一种乐观的态度和坚定的信念来迎接这场挑战,才有可能赢得最终的胜利。怎样才能做到这一点呢?他想到了广播,这种新传播媒介既便捷又直接,是与民众沟通的最好工具。

1933年,新当选的总统罗斯福利用广播分别在3月12日、5月7日、7月24日、11月24日发表4次演讲,罗斯福总统闲适随意地坐在白宫楼下的起居室里,在夫人的陪伴下,通过实况广播向千百万美国普通大众发表令人难以忘怀的演讲,这就是美国历史上著名的"炉边谈话"。当时许多美国人面对巨大的经济灾难惊慌失措,他们觉得唯一的希望就是新的领导人,而通过广播,普通民众终于可以第一次听到他们总统的声音,语调是那么安详,信念是那么坚毅,这种充满个人魅力的沟通方式,让困苦中的民众重新感到了希望所在。如果说罗斯福借用广播达到了自己的政治目的,那么广播则借助罗斯福的谈话充分展示了自身的功能与魅力。

大萧条中广播的繁荣大约持续了十年。广播以其自身的魅力很快成为千千万万民众心中迅速而可靠的信息来源,就像人们曾经迷信过文字,认为白纸黑字自有其神圣一样,如今电台中的声音也代表着一种真实与真理。

美国政治与社会科学学会于1935年1月和1941年1月发表了《美国政治与社会科学学会年鉴》,探讨了美国及全球无线电广播系统的发展,以及公众对于这种全新的娱乐和信息媒体的反应。在1935年年鉴的序言中,编辑赫尔曼·海汀格写道:

> 可以说,自1929年以来,无线电广播业已从幼年时代发展到了青年时代,现在正开始逐步走向成熟。当今,广播作为一种用于娱乐、文化与政治启蒙以及更为正式的教育培训的传媒,扩展了其对于个人以及方方面面的影响,每10个美国家庭中就有6个家庭受到它的影响。它已成长为自印刷机问世以来大众传媒中最主要的媒体。[1]

(三)广播对报纸的冲击

广播最初只被看成一个玩具,它从形式到内容都充满了稚气,KDKA电台初次广播仅仅是对美国大选结果的报道。早期的广播节目内容非常有限,很多时候,广播的播音员仅仅是简单地读一下当地报纸的新闻标题,并且配上一行小广告,告诉听众如果想知道详情,可以购买哪种报纸。这种做法显然对促销报纸有利。有些报纸发行商看中了这一点,干脆自己开办电台,来为报纸做宣传。此外,早期的新闻广播还缺少固定的时间安排,直到20世纪30年代才开始形成比较规范的播音节目表,但一般也仅仅是早晨播音一到两次,中午一次,晚上若干次。

如果说最初的广播对报纸有着一种积极作用,那么报纸对广播也是宽容而友善的。报纸上往往刊登广播的节目单以便让感兴趣的听众收听,并且还宣传广播领域取得的进展以及介绍一些广播明星。报社办的电台更要同时服务于报纸和广播。据美国报纸发行人协会广播委员会于1927年发表的报告表明,当时有48家报纸拥有自己的电台,69家报纸在别的电台出钱主办节目,97家报纸上刊登广播新闻节目,几乎一半以上的高级电台都同报

---

[1] 参见1935年的 The ANNALS of the American Academy of Political and Soclal Science.

纸有着某种联系。当然,也并不是所有机构都"厚待"广播,美联社在1924年就只允许报纸发表它对当年总统选举结果的报道,并且因为波特兰的《俄勒冈人报》擅自在自己的电台上广播相关消息而对其罚款100美元。

作为一种新的大众媒介,广播的成长速度是相当快的。到1928年,全国广播公司和哥伦比亚广播公司已经能使自己的声音传送到全国800万台收音机听众的耳朵里。当时竞选总统的共和党候选人赫伯特·胡佛和民主党候选人艾尔弗雷德·史密斯都意识到广播的能量,都在广播中进行演说。广播这种发展势头显然使报纸感到有些不安,但在当时与广播相比,报纸还占据着较大的优势,因为在1929年广播的广告收入虽已增加到4000万美元,但同年报纸的广告收入却已达到8亿美元。

但人们很快就认识到广播是一个大众沟通的有力工具。随着20世纪20年代大范围的商业广播的兴起,公众发现无线电波带来的新闻和娱乐比印在纸上的更快捷、更有力。1929年的经济危机结束了报纸与广播和睦相处的历史。由于经济危机的打击,美国的工商业和银行业都陷于瘫痪,经济的衰退使得报纸的广告收入锐减,1933年报纸的广告收入比1929年下降了45%。然而,同样是在这大萧条的年代,广播的广告收入却翻了一番。

从1931年到1945年总共有584家日报停刊,尽管这一数字又因为386家日报创刊而被抵消,但报纸的衰退不可否认。广告量急剧下降,迫使报纸裁员减薪。1929年,报纸在大众媒体中占全国广告量的54%,杂志为42%,广播仅占4%;但到了1939年,报刊的百分比下降到了38%,杂志为35%,广播却上升到27%。尽管报刊在当地广告中仍然处于领先地位,但广播显然已对报纸造成了威胁。

报纸与广播之间的矛盾最重要的自然是经济收入的争夺,这里面也包括双方对受众的争夺。长期以来,报纸一直以能够提供丰富信息而著称,而如今广播从速度上向其提出挑战。通过广播,人们即使自己没有办法去现场,也可以在事件发生的当时听到消息,这对许多人来说,要比第二天才从报上读到有关消息好得多。1929年的经济危机更进一步强化了人们的这种心态,危机中的商情瞬息万变,这使得当时如惊弓之鸟一般的民众更加热衷于从广播得到"即时"新闻。

20世纪30年代初期,随着无线电广播网逐步在地方和网络级别上实现盈利,无线电开始涉足新闻内容。报纸发行商没有忽视无线电对新闻的这种关注,由于无线电的竞争和经济萧条,他们的广告收益已经大幅下滑,这使得报纸发行商大为光火。国家广播公司和哥伦比亚广播公司的新闻报道日益增加,于是报纸发行商想要通过切断广播与新闻的联系进行还击,重新确立报纸对新闻传播的垄断地位。从此开始,部分地方广播电台发现,它们的广播节目表不再被认为"具有报道价值",因而未在报纸上发布。无线电网络的广告商在报纸上被封杀。1932年,美联社为了挫败合众社,把1932年总统选举结果提前供给广播网以进行现场播音,广播还报道了民主党与共和党大会,这使得许多报纸发行商忍无可忍。于是,美国报纸出版商协会于1932年年底向美联社以及私有电信服务业务施加压力,发布最后通牒,要求其在报纸刊出有关新闻之前,不得向广播电台出售或透露新闻,广播应该仅仅播送一些要闻,以鼓励大众读报。尽管当时也有人反对,但1933年美联社成员召开会议,还是决定不再向广播网提供新闻,并把美联社成员报纸的电台广播也限制在偶尔播送35字以内的简报上。其后,合众社与国际新闻社也都停止向广播网出售新闻。

广播网通过确立自己的新闻操作方式进行了反击。三大新闻社全部断绝新闻的供应,这就迫使广播电台不得不自己去搜集、采写新闻。哥伦比亚广播公司率先建立了一个一流的新闻搜集机构,它由以前的合众社记者保罗·怀特领导,在美国各主要城市和伦敦都设立了办事处,建立了一个广泛的记者网,并且把美国交换电讯社的新闻报道用在哥伦比亚广播公司每天的新闻广播里。当时,哥伦比亚广播公司的一些新闻评论员如H. V. 卡顿伯恩、博克·卡特、洛尔·托马斯、埃德温·C. 希尔和加布里埃尔·希特都成为了家喻户晓的人物。全国广播公司用来对抗的新闻社则是由20世纪30年代任新闻和大事部主任的谢克特筹建起来的。至于地方上的一些小电台,它们还继续依靠报纸上的消息。报纸的压力其实使广播进一步走向独立与成熟,并且使广播对报纸造成的威胁更大;但对于广播公司来说,独立搜集新闻所造成的巨大成本也是一种压力。

1933年12月,国家广播公司、哥伦比亚广播公司、新闻通讯社与美国报纸出版商协会在纽约比尔特莫酒店举行了一次会谈,哥伦比亚广播公司同意缩减新闻服务,国家广播公司也将避免开展收集新闻的业务。各广播网同意自担成本,成立一个新闻广播局,由这个机构向广播公司传递新闻摘要——每条摘要不超过 30 个词。广播网每天安排两次为时 5 分钟的新闻播报节目,一次是在上午 9 点 30 分之后,另一次是在夜间 9 点之后。选择这两个时间段的目的在于保证报纸的发行情况免受无线电竞争的影响。

但不久之后,不受新闻广播局协议限制的通讯社就开始直接向广播提供报道。新闻提供商如同雨后春笋般涌现出来,使无线电新闻的覆盖范围扩展到许多电台。1935 年,合众社和国际新闻社又重新开始向电台出售新闻,合众社甚至还设置了一项专门用于广播的服务。1940 年,美联社也不得不改弦更张,再次把自己的新闻出售给电台,并且也设置了一项专门用于广播的服务。这以后,美联社与合众社都同时活跃于广播与报纸两大领域,新闻广播局很快就销声匿迹了。报纸商纷纷意识到拥有无线电台的价值,也开始申请电台许可。1935 年,新闻广播局的尝试失败了,广播在新闻大战中获胜。

(四)二战时期的广播

在因特网和电视问世之前,广播是唯一生动、即时的大众传播媒体。回忆 1941 年某个安静的周日下午,我们就能轻而易举地了解无线电的流行程度和无线电新闻的重要性。那一天,在美国东部时间下午 2 点 31 分,一名哥伦比亚广播公司的新闻记者中断了常规广播节目,宣布日本对夏威夷的珍珠港发起了一次空中突袭。第二天,约有 6200 万美国人收听了富兰克林·罗斯福总统的对日宣战声明。

第二次世界大战期间,许多令人难忘的声音通过麦克风和无线电波传递给了民众:宣布对日开战的富兰克林·罗斯福总统、将其集权主义叫嚣着传达给他的狂热追随者的阿道夫·希特勒、在意大利激起法西斯党徒追随的墨索里尼、把同胞们集结起来不遗余力地对抗轴心国战争机器的英国首相温斯顿·丘吉尔。

在德国人的广播中,战争是以另一种面目开始的。1939年8月31日中午12时过后,希特勒书面下达了于次日拂晓对波兰发动侵略战争的命令。当晚9点,所有德国电台都广播了"元首"对波兰的"和平建议",并向德国人民解释政府为了维护和平是如何"尽心尽职"的。而在此时,德军已做好发动战争的一切准备。第二天,也就是9月1日,160万德军越过边界,分北、南、西三路杀向华沙。9月1日凌晨5时40分,希特勒在德国电台歇斯底里地叫喊:"昨天夜间,波兰正规军已经向我们领土发起第一次进攻,我们已开始还击,将以炸弹回敬炸弹。"

在英国,人们从广播中听到了二战中最鼓舞人心的讲话。1941年6月22日,德国向苏联宣战。当晚,丘吉尔就通过广播向全国民众发表讲话,称现在必须与从前的敌人苏联合作:"在过去的25年中,没有一个人像我那样始终一贯地反对共产主义。我并不想收回我说过的话,但是这一切在我们眼前展现的情景的对照之下,都已黯然失色了……任何对第三帝国作战的个人或国家,都将得到我们的援助。任何跟着希特勒走的个人或国家,都是我们的敌人。"

除了传递领导人的声音,无线电广播对战争的报道也做出了难以替代的贡献。在战争时期,听新闻广播已经成为全民的一种习惯,美国公众可以从5600万台收音机中收听到战争的消息。当全家人聚集在一起聆听晚间新闻报道时,爱德华·R.莫罗、威廉·施莱尔和其他记者们从海外将关于欧洲战争的报道通过电波送到了美国家庭的起居室里。这场战争使广播评论员和他们的听众建立起一种双方从未有过的亲密关系。沃尔特·温切尔那连珠炮似的开场白"全美的女士们、先生们,在海上航行的北美和所有国家的船只,晚上好!现在让我们开始新闻广播"回响在数以万计的美国家庭中。洛厄尔·托马斯的告别语"让我们明天见"中有一种使人心神安定的语感。这些广播评论员以他们个性化的话语风格,成为全国性的人物,并且成为这个在战争中的国家的一个重要组成部分。

在所有从二战的广播里传出来的声音当中,或许最值得纪念的就是哥伦比亚广播公司记者爱德华·默罗从伦敦发出的报道。他从伦敦发出的夜间广播总是以一句严肃的"这里是伦敦"作为开场白,然后用一种庄重而不失活泼的语气对德国轰炸给英国首都带来的破坏进行描述。有些夜晚,他的广播总是伴随着炸弹飞落爆炸的声音准时开始。

1937年,希特勒日益加紧扩军备战,欧洲局势日益紧张。哥伦比亚广播公司主管新闻部的副总经理觉得有必要选派一名记者去主持CBS的欧洲记者站。哥伦比亚广播公司起初虽然不愿从总部放走默罗,但经过一番考虑,最终觉得最合适的人还是默罗。于是,29岁的默罗受命成为伦敦欧洲记者站的负责人。默罗到达欧洲后,为了能够顺利地开展工作,决定先物色一名得心应手的助理。经过一番观察和挑选,原为赫斯特报系新闻社的记者威廉·L.夏勒成为了默罗的助手。

1938年3月,默罗从伦敦赶到华沙,筹办一个文化节目,夏勒也到维也纳为这个节目奔忙。正值此时,希特勒开始武装进攻奥地利。夏勒得到消息后立即从维也纳给默罗打电话,用暗语表示德军正在越过德奥边境,向维也纳逼近。默罗大吃一惊,指示夏勒立即飞回伦敦,准备向国内报道这一重大新闻。随后,默罗用一千美金包下一架27座的客机,独自直飞维也纳。1938年3月12日,默罗在德军进攻维也纳的同时,向美国听众广播了他的第一篇战争报道。这次报道被视为广播史上的第一次"现场直播"。

此后,默罗和夏勒默契配合又进行了一系列出色的广播报道,使得奉行"孤立主义"的美国听众对欧洲事务越来越关心,从而把美国同欧洲在心理上联为一体。1940年不列颠空战时期,"这里是伦敦"的广播报道非常成功,也成了默罗的广播风格标志。默罗的报道总是尽可能贴近战争一线,让听众听到隆隆的飞机声、爆炸声等一切与轰炸场景有关的元素,为美国听众提供了一种身临其境的战火体验。1941年,默罗回国,公司为他举行盛大晚宴,12月7日,他还被邀请到白宫与罗斯福共进晚餐。

在整个二战中,广播报道使得美国民众能够通过第一手材料了解到欧洲战场和太平洋战场的局势,了解到整个战争的进程。广播经受住了战火的考验,并在这种考验中进一步树立起自身的形象。

与一战时期的情况不同的是,在二战时期美国政府并没有强行管制无线电,而是成立了一个战时新闻处,由前哥伦比亚广播公司新闻评论员埃尔默·戴维斯掌管。战时新闻处负责判断应该向国内与国际听众报道哪些战况,其中包括新闻、关于美国战斗方法与缘由的公务信息,以及关于公众可为战争贡献哪些力量的信息。为应对来自德国、日本和意大利的国际广播,战时新闻处还创办了"美国之音"。

早在美国开展国际广播之前的1927年,荷兰为维护其殖民统治,开始用荷兰语向其遥远的海外殖民地东印度等地进行广播,成为世界上最早开办对外广播的国家。不久,德国(1929年)、法国(1931年)、英国(1932年)、日本(1934年)等国也相继向海外殖民地进行广播。苏联为了打破帝国主义的封锁,也于1929年开始对东北亚地区播出汉语、朝鲜语和英语节目。不久,莫斯科国际广播电台成立,开始连续提供德语、法语、英语节目。然而,早期的这些对外广播发射电力弱,播音时间也短。

二战期间,对外广播得到了巨大发展,交战双方都把对外广播视为一种重要武器。美国在二战时除了以14种语言播出的美国之音外,还成立了自由欧洲电台与自由电台。这两家电台的总部均设于慕尼黑,自由电台主要对苏联广播,而自由欧洲电台主要对东欧广播。1939年二战爆发前,只有27个国家有对外广播,而到1945年战争结束时,有对外广播的国家增至55个。

三、旧媒介的新生

二战中广播的出色表现给每一个人留下了深刻的印象,也直接导致了战后几年广播的兴旺发达。第二次世界大战结束时,美国的电台申请激增。从1940年到1950年,电台节目翻了一番以上,全国性电台网的播时出售额从1935年的3500万美元激增到1948年的1.33亿美元。随着收音机价格的下降,更多家庭开始拥有多台收音机,无线电逐渐从起居室走向厨房和卧室。至1950年,96%的美国家庭都拥有收音机。

然而,在这繁荣的表象下,一种新的打击悄然而至,那就是电视的产生。无线电台的扩展给许多大城市以外的居民带来了最初的地方性服务,在许多居民才刚刚开始享受无线电服务时,联邦通讯委员会已在设备制造商的支持下大力发展电视事业。电视的发展极为迅速,因为它搭建在无线电结构之上。电视借用了无线电节目的形式,又额外增加了视频,电视网与无线电广播网的运作方式类似，广告商从无线电转向电视，收音机制造商开始制作电视机。电视这种新大众传播媒介以广播无法比拟的优势很快便吸引了公众的注意，其发展速度之快大大超出了人们的预料。电视展现出的巨大潜力使得广播界也开始把注意力转向电视这个新领域，电台业主们纷纷申请开播电视台的许可证。在几大广播网中，除了相互广播公司还继续坚守着传统的阵营，其他三家公司都开始向电视拓展，毕竟人们很清楚地认识到，不仅能听而且能看的电视确实是对广播的一个巨大改进。

电视是在1948年取得突破性进展的。也正是在这一年，哥伦比亚广播公司对全国广播公司的广播明星进行了一次著名的"侵袭"。哥伦比亚广播公司当时准备发展自己的电视节目，但要吸引观众，就得有有号召力的明星来压阵，培养与推出一个明星的周期太长，最简单的办法是把已经具有较高知名度的广播明星们直接"控制"到自己的电视网来。哥伦比亚广播公司看中了全国广播公司的精兵强将，于是巧加运作，一举同全国广播公司的大牌明星杰克·本尼、阿莫斯和安迪、伯恩斯和艾伦、埃德加·伯根和宾·克罗斯比签订了电视合同。根据历史学家埃里克·巴尔诺的研究，哥伦比亚广播公司能够成功地说服这批明星跳槽，主要是利用了美国的所得税法。它让这些明星相信，如果他们把自己的节目出售给哥伦比亚广播公司，可以大大增加自己的收入，因为这种出售所得将按一个较低的税率来征税。通过这种办法，哥伦比亚广播公司买进了几乎所有全国广播公司著名的星期日晚间节目的表演明星，通过这些偶像人物掌握了电视时代的主动权。

电视对广播造成的威胁不仅在于它吸引了广播人才流向电视，更在于它直接借用了广播的节目形式。广播中的一些传统节目如肥皂剧等都被移植到电视中，电视进一步利用自身图像的优势，使这些节目青出于蓝而胜于蓝。随着电视技术的普及与电视观众的增加，广播在听众中受欢迎的程度以及广播的盈利状况持续下跌，广播节目的收听率从1949年的23.8%骤跌到1953年的5.4%。不少人都有这样一种担心：用不了多久，广播恐怕就要走向死亡。确实，广播的危机已使它处在一个生死存亡的关头，它面对的只有两种可能：变化或死亡。幸运的是它选择了前者并取得了成功，在新的大众文化中再次找到了自身的位置。

为了迎接电视的挑战,广播开始改革自身的节目形式。以往各家电台的节目往往大同小异,内容庞杂,如今开始走向特色化。广播放弃了一些无法与电视抗衡的节目形式,如舞厅音乐、肥皂剧、情景喜剧等,建立了一种以音乐和新闻为主的新模式。以音乐电台为例,各个电台都力图确立一种个性化的风格,一个地区的某家电台可能以播放音乐金曲排行榜前40名歌曲为主要内容,另一家则可能以播放黑人音乐、乡村音乐、爵士音乐或者古典音乐为特色。与这种音乐电台新模式一道产生的自然是音乐节目主持人,他们必须通过自己独特的广播风格以及对音乐的选择来吸引自己的追随者,这固然显示了节目主持人的见识与个人魅力,但也往往会产生一些争议。1959年,广播事业就受到了"贿赂丑闻"的沉重打击,许多著名的音乐节目主持人,包括曾创造了"摇滚乐"这个词的艾伦·弗里德,被指控从唱片、磁带企业收受钱和礼物,以使某些音乐节目能够登上排行榜,许多音乐节目主持人因此丢掉了工作。电台开始雇佣节目指导来选择将要播放的音乐,电台工作人员还必须签下一份文件,申明自己对联邦通讯委员会关于禁收贿赂的规定已经知晓,并同意将从音像公司收到的任何价值超过25美元的礼品上交管理部门。

从20世纪50年代起,广播的生存与发展固然与流行音乐休戚相关,但并不是所有的电台都播放音乐,电台中依然存在着全新闻电台。这种电台往往采用滚动制播出,每20分钟轮回一次,使听众总是能够及时了解最新的消息。除此之外,谈话电台也别具特色。这种电台一般是由一个主持人同几个嘉宾或几个打入电话者亲切交谈,谈话的内容范围很广,既可以是个人问题,也可以讨论社会问题,如性和政治。当时走红的谈话节目主持人有恰克·哈德、著名的性问题专家露丝·韦斯特海默博士、著名的政治记者拉里·金。据统计,在美国35岁到54岁的人中有80%的人每天平均收听3小时的谈话电台节目,他们大多数是在早晨6点到10点的"行车时间"收听节目。谈话电台还可以直接给人帮助,美国人可以免费打电话给谈话节目,询问理财、法律等方面的信息。许多知名人士也十分乐意上谈话电台与听众交流,如迈克尔·杰克逊、杜卡基斯等都上过谈话电台。

随着广播节目的变化,人们使用无线电和广告商购买广播时间的方式也发生了变化。电视网成为接触更大范围的全国观众的途径。无线电广播成为了一种地方性的广告媒体。在1954年财政年度结束时，获得许可或经授权的电台总计为2697家，接近1943年运营的电台数量的三倍。无线电台数量的增长反映了许多电台所有者对无线电的忠实信念。无线电曾经是一种夜间娱乐媒体，但在20世纪50年代，它变成了"清晨驾车时"或"下午驾车时"收听的媒体，而这种变化的原因显而易见。20世纪50年代中期是美国经济的繁荣时期，经济萧条和二战期间食品及奢侈品短缺的阴霾已经散去，消费奢侈品重归市场，消费者信心也开始提高。同时出现的还有郊区房产的蓬勃发展，更多的家庭有能力拥有一辆甚至两辆汽车。二战结束后，人口出生数量也大大增加。也是在这个时期，晶体管问世，电子设备迈向微型化，晶体管提高了收音机的质量，使用电池供电的小型晶体管收音机改变了人们收听广播的地点和方式。

总之，尽管电视对广播造成了巨大的威胁，但广播还是生存了下来，最终的一个原因是，收音机是一种易于携带、可以移动的传播媒介，人们可以带着它去上班、去野餐、去锻炼，而这种特点是当时的电视无法具备的。进入数字时代以后，广播迅速融入比特的汪洋，在媒介融合的浪潮中重获新生，作为一种历久弥新的媒介，广播以后能走的路似乎还很长。

第八章　电视：大众巅峰与人际拟态

美国传播学者保罗·莱文森在《手机》一书中写道：实际上，20世纪40年代后半期，经过大规模开发之后，电视在10年的时间里，就深入到86%的美国家庭之中。这是一个创纪录的速度，任何媒介都不能与其匹敌（电话从20世纪50年代到进入美国50%的家庭，已经花了75年的功夫。如果把网络和手机大量露面的时间定在20世纪90年代早期到中期这个范围，它们达到50%这个标准，大约也花了10年的时间。直到我写这本书的2003年，它们深入美国家庭的比例还没有达到86%）。

在被称为"数字时代的麦克卢汉"的保罗·莱文森眼里，电视在媒介史上仍然保持着这样的地位：大众化速度最快、程度最高的媒介。其实更重要的是，电视对家庭的高度渗入已经改变了当代人的生活方式，如今在人们的起居室里，每个房间最显眼的那面墙壁上都预留着有线电视的接口，电视占据着整个家庭甚至每个房间视觉中心的位置。电视是当之无愧的"第一家庭媒介"。

一、从发明到普及

（一）电视的发明

无论作为一个概念还是一项技术，电视的历史都比我们通常想的要久远得多。早在1879年，《笨拙》(Punch，英国的一份适合中产阶级阅读的幽默周报)在它的一幅插图中就预料到将来会有互动电视。它向我们描述了这样一个场景:一个家庭一边观看网球比赛,一边通过电话同其中一位参赛队员交谈。3 年后,法国艺术家阿尔贝特·罗比达对电视的描述看起来似乎与现在的更为接近:他把电视当做是一种学习的工具(教授在黑板前授课),是突发新闻的来源(坐在卧室中即知中东爆发战争),是一种娱乐的载体(一个薄衣舞女在为一个抽着雪茄的秃头胖男人跳舞),还是叫卖干货的小贩(一个妇女正在查看商家的布帛)。①

　　电视的发明从广义上说是与广播的诞生一脉相承的:从无线传播的角度看,电视的发明与电磁波理论的提出、验证和应用有关;从有线传播的角度看,电视的发明也与电话有关。可以说,电视是电报远距离快速传递信息的继承者,是在电话和广播传送声音之后的进一步发展。

　　早在 19 世纪上半叶,在传递信号的无线电报刚刚诞生时,莫尔斯的发明拓展了许多人的思维。有一些发明家设想通过类似的方式来传递声音与图像,贝尔由此想到的是利用线路传送人的语言,从而发明了电话;爱迪生则对莫尔斯电码传送时产生的声音突发灵感,电报纸带可以用来记录人的语音,从而发明了留声机。电话的发明使尼普科夫产生了传送图像的想法。

　　电视的发明过程是一个错综复杂的故事,里面包含了许许多多探索者的汗水与喜悦。1850 年,英国科学家巴克韦尔就建造了一个能够传送书面图形的电传系统,虽然它还不够精细。1865 年,英国工程师约瑟夫·梅发现了硒的光电效应,即当光线照射到含硒的物体上时,它便能产生电子放射的现象,从理论上证明了任何物体的影像都可以用电子信号来传播,这个发现启发后人沿着这个思路去探索。

　　1884 年,德国发明家尼普科夫发明了尼普科夫扫描圆盘,这对以后电视的发展影响巨大。这一发明最初的动因十分感人。保尔·尼普科夫在中学时就着迷于电话能传送人声,进而十分自然地产生了传送图像的梦想。1883 年圣诞节前夕,在柏林大学就读的他非常思念远在家乡的父母,他想这

---

① Erik Barnouw. Tube of Plenty: The Evolution of American Television[M]. 2nd ed. New York: Oxford University Press, 1990:4-7.

时要是能看到他们,哪怕只是一眼,该多好啊!尼普科夫后来说:"这使我不由自主地产生了对电视的总体设想。"1884年1月6日,尼普科夫就其发明成果向柏林皇家专利局申报,专利书上的第一句话就是:"这里所述的仪器能使处于A地的物体在任意一处B地被看到。"因此,这一发明也被称作"电望远镜"。1885年1月15日,这个专利被批准,这是世界上有关电视的第一个专利。这时距莫尔斯发明有线电报为40年,距贝尔发明电话不到10年。

1897年,德国工程师布劳恩又发明了一种带荧光屏的阴极射线管,受到电子束的撞击时,荧光屏会发出亮光。1906年,布劳恩的助手用这种简单的电子显像管传送了线条和字母。1907年,俄国发明家罗辛把尼普科夫和布劳恩的发明结合在一起,组成了一个可以远距离传输画面的电子系统。1923年,罗辛的学生、从俄国移居美国的物理学家兹沃尔金发明了光电摄像管并申请专利,1929年,他又发明了电子图像显示管。尼普科夫和兹沃尔金的发明分别成为机械电视和电子电视的基础,日后,机械电视先得到了发展,但最终被电子电视所取代。

20世纪20年代,在广播还在飞速发展的时代,各主要科技大国就开始对电视技术进行攻关。机械电视在英国发展起来,1924年,苏格兰人约翰·洛吉·贝尔德在伦敦展示采用尼普科夫原理制作出的机械电视,1925年10月2日,他在伦敦的一次实验中"扫描"出一个人的脸,15岁的店堂杂工威廉·台英顿成为世界上第一个上电视的人。1926年1月16日,贝尔德又在伦敦进行了首次电视画面直播的公开展示,这次展示由包括一名记者在内的旁观者证实,他们清楚地看到了一个木偶的鼻子和眼睛,图像从一个房间被传送到了另一个房间,虽然图像很暗而且常常模糊不清,但是已经足以让人在一个只有几平方英寸的屏幕上看到图像。两年后,贝尔德利用短波波段,把一位妇女的图像从伦敦传送到纽约州的哈茨代尔,由于距离远,需要中继,他先把图像传送到了1000英里外的一艘远洋汽船上。这次实验的时间在马可尼越洋传送无线电信号之后的第27年,在费逊登用无线电传送人声之后的第22年,当时的《纽约时报》连续报道了这一成就。从此之后,英国广播公司与贝尔德合作,开始实验性播送无声图像。1930年,第一个声图电视节目——意大利作家皮伦代洛的舞台剧《口含一朵鲜花的勇士》播出。

1936年11月2日，英国广播公司在伦敦郊外的亚历山大宫以一场规模盛大的歌舞开始了电视的正式播出，提供世界上最早的定期电视服务，这一天被认为是世界电视事业的诞生日。

电视广播之初，几乎没有多少人可以感受到这个奇迹，因为卖出去的电视机还不到300台。第二次世界大战的爆发推迟了家家户户拥有电视的梦想。在英国，为了防止敌人的轰炸机利用电视信号导航，在开播后不到三年，电视广播被迫关闭。经历过这段历史的人们还记得，那天晚上打开电视，电视中说，这将是最后的电视节目了。于是，人们突然意识到战争降临了，也意味着再也没有电视可看了。这时的美国由于远离战场，加上其强大的经济基础，反而在电视的发展方面成为世界最先进的国家。

美国的电视台筹建工作早已展开，在英国唯一的电视台正式播出后的第二年，美国已经有了17座电视试验台。早在1928年，通用电气公司开始试验远距离传送电视节目。1930年，美国广播公司不甘人后，也跟着试验性地播出电视节目。1932年，纽约市的WCBC-TV向大约7500位实验性电视机的拥有者报道了总统选举结果，使他们大吃一惊。1939年，美国无线电公司（RCA）在纽约世界博览会上展出了自己生产的5英寸和9英寸电视接收机，价格在200—600美元，电视机既是新奇的也是价格不菲的玩意儿。同年4月30日，RCA旗下全国广播公司（NBC）所属的WZXBC实验电视台实况转播了富兰克林·罗斯福总统在博览会现场致开幕词的影像，罗斯福从而成为第一个参加电视实况转播的总统，同时公司总经理萨诺夫在RCA的展区前面对摄像机讲话，从此美国电视才算正式开始定期播放。

到1940年5月，美国已有23座电视台开始播送电视节目。与此同时，联邦通讯委员会要求电视播放有限的商业性节目，这意味着尽管还不能做广告，但可以让出资者上电视，目的是为了把电视推向商业之路。不过这个要求很快又被收回，联邦通讯委员会显然已经考虑到电视可能产生的巨大影响。受限于资金来源，电视台只能处在实验台阶段，播出时间从每周最多14小时减少到4小时。

在决定技术和常规标准方面，美国联邦通讯委员会（FCC）是非常谨小慎微的。因此，在整个20世纪30年代，电视的发展非常缓慢。1940年，负责电讯和广播管理的美国联邦通讯委员会成立了一个各方均可接受的全国电视标准委员会（NTSC），以建立统一的电视标准。1941年1月，委员会提出了新的NTSC制式标准，FCC规定自1941年7月1日起实施。当时美国全电子电视采用的制式是黑白颜色，525行扫描线，每秒30帧画面，图像采用调幅制，伴音采用调频制，在甚高频段播出。

在电视发展问题上，工程师们展开了激烈的竞争，联邦通讯委员会在对此做出考虑之前，就已经有若干个电视发展计划出台，其中包括来自哥伦比亚广播公司的一项发展彩色电视的计划。直到1941年，联邦通讯委员会才着手实施电视的发展计划。1941年，联邦通讯委员会批准美国商业电视台播送节目，这时，英国及欧洲其他先开播电视的国家因为战争差不多都已经停播电视了，美国政府在这时批准电视台进入商业运作，体现了美国希望在战争没有波及本土时能够保持国家的安宁。

由于1941年12月7日珍珠港事件的发生，美国卷入了太平洋战争，当时电子学方面的试验与研究全部转向为战争服务，电视的发展就停顿了下来。在第二次世界大战期间，美国一共只有6个地方性电视台坚持了少量播出，其中两家在纽约，斯克内克塔迪、费城、芝加哥和旧金山各有一家。电视机厂转为生产军用设备，市场上剩下的电视机也被用来让防空队员集体观看防空教育节目，NBC为此专门制作、播放这一类节目。

第二次世界大战对新生的电视事业来说是一次极大的挫折。英国、法国和苏联的电视台在战争中先后停播。美国和德国的电视虽然在战争期间维持播出，但美国电视处于停滞状态，而德国的柏林电视台也在纳粹覆灭前的最后时刻被盟军炸毁。德国对波兰的突然袭击打断了英国的电视事业。1939年9月1日，BBC中断正在播放的米老鼠动画片，开始了延续7年的停播。由于事发突然，电视台甚至来不及向观众说明，便径直关机，将机器都封存起来。在战争期间，美国广播业界对电视的技术标准还在争论不休，NBC的电视播出时断时续，质量甚差。人们在逃难时，不忘带上他们的收音机，但是电视机却不行，电视确实是居家的娱乐工具，电视台的正常播出是国家生活正常的表现，这一点至今也不变。

（二）战后的发展

第二次世界大战结束后，战前就有了电视台的国家开始重建电视产业，不过由于各国在战后的首要目标是恢复经济，电视又是需要高投入的产业，因此，重建和创建电视台的步子都比较慢。

1948年以前，美国还只有少数精英阶层能消费得起电视这个时髦玩意儿。1946年，美国家庭中大约有7000台电视，播出的节目也有限，不过已经包括体育节目，如橄榄球、棒球、网球、拳击、摔跤和曲棍球等，还有新闻节目、电视剧、舞蹈演出、音乐节目以及老电影。1947年秋天，电视开始在大众文化中流行起来，约有350万人在那一年从电视中观看了全美职业棒球冠军赛。当然，他们中的许多人是在街区的小酒馆中观看的，但这也使他们有了这样一个愿望：自己家中也应该买上一台电视机。

电视取得突破性进展是在1948年，那一年两家实力雄厚的广播公司——哥伦比亚广播公司和全国广播公司开始把它们的注意力移向电视。由于电视给传统的节目增加了新奇的画面，公众对广播的兴趣开始下降，广播的广告收入也随之下降。这一年，哥伦比亚广播公司对全国广播公司的广播明星进行了一次著名的"侵袭"，使他们与新的哥伦比亚广播公司电视网签约。尽管这时的电视还不赚钱，广播网要以电台收入弥补电视经费，但是前景看好，这一点毫无疑问，所以广播网甚至要以取消一些盈利不多的电台节目为代价来发展电视。

1948年秋，美国联邦通讯委员会意识到电视作为一种新媒介将会迅速增长，于是冻结了电视经营许可证的发放，把电视台的数字限制在124，虽然这中间只有108个在真正工作。从这时一直到1952年，美国联邦通讯委员会制订了一个完整的计划，面向全国分配电视频率，这项计划批准在1300个社区建立2000个频道。联邦通讯委员会还提出建议，规范彩色电视系统，分配教育电视频率。表面的理由是为了更好地分配频率以不至于造成从前广播电台曾有过的混乱，深层的原因则在于，电视毕竟是一个需要大量投入的行业，政府也许不愿意看到大家一哄而上反而害了这个行业，希望电视行业能发展得稳健一些。但是,美国企业界和广播公司却采取了积极的行动。电视从 1948 至 1952 年还是在扩展,美国家庭中拥有电视机的数目从 172,000 台上升到 17,000 万台。冻结取消后,电视扩展更为迅猛,全国广播公司和哥伦比亚广播公司均大力发展自己的电视事业,第三家电视网 Dumont 也加入竞争,同时美国广播公司与派拉蒙影院合并,也走上发展电视之路,只有互相广播公司依然保持纯广播网的状态。竞争的结果是 Dumont 于 1955 年破产,另外三家公司成为美国电视业的霸主。从电视机的数目而言,拥有电视机的家庭到 1953 年猛增到 3000 万户,1960 年达到 4600 万户,90%的家庭至少拥有一台电视机,每人每天在电视机前消磨的时间大约是 4 小时。

20 世纪 50 年代是世界性电视台开办的时期。法国在第二次世界大战前就有了电视广播,1939 年,巴黎地区有电视机 1 万台。战后政府取消私营,对广播电视业实行国家垄断,发展速度很慢,到 1953 年初,法国全国只有 6 万台电视机,在欧洲各国户均占有率最低。与此同时,美国已经把电视传播延伸到了欧洲,1953 年 6 月,英国女王伊丽莎白二世的加冕典礼使美国三大广播公司演出了一场竞争好戏。NBC 在使用交通工具运送影片的速度上胜过 CBS,但 ABC 利用英国能够传输图像到加拿大的电缆抢先播出。英国是产生"无线电之父"麦克斯韦、马可尼和"电视之父"贝尔德的国家,又是世界上第一座正式播出电视台的诞生地,尽管第二次世界大战使它中断了电视播出,但战后的英国立即恢复了电视播出,并走上了一条不同于美国商业化电视的公私并营的电视发展道路。

1946 年,当电视重新进入人们生活的时候,大众娱乐仍然主要是看电影和听收音机,英国每周都有 3100 万人光顾电影院。电视机的价格是人们每周平均工资的七倍,超出了一般工薪阶层的消费能力,只有把电视机放在舞厅和酒吧才会有更多民众分享到这种新的娱乐方式。

当时,引进电视技术的国家一般有 3 种类型的电视台,分别是公共台、广告台和政府控制的官方台。和英国一样,法国的电视也是为公众提供服务,但观众必须缴纳观看的许可费,在经济紧缩时期,一些社区联合起来购买电视机。苏联电视业的发展则直接由国家出资,第一批电视机由政府提供。

在美国,电视和无线电广播都被当成一门生意来经营,通过商业性广告来筹集资金。美国推广电视的速度最快,在这个经济繁荣的国家里,产业工人都可以买得起电视机,到1949年,大约已经有20万户家庭拥有了电视。为了卖出更多的电视机,制造商们想方设法地刺激人们的购买欲望。

(三) 全球的普及

到20世纪60年代初期,世界上大部分地区的人开始收看电视节目了。巴西平民区的一些居民购物时首选电视机,然后才是其他家庭用品。在南美洲,电视是商业化的,它通过广告来挣钱,各家电视台竞相播放各种流行节目来竞争。但是在大多数国家,政府深知电视是如何重要,因此,他们把电视当成一种宣传工具来为自己服务。1960年,埃及只有一个由政府管理的单一的电视频道,它提供本地制作的娱乐节目以及人们喜爱的歌曲。当然,它也播放政府认为有利于自己的官方新闻,当纳赛尔总统讲话时,电视自始至终地进行现场转播。在东欧和苏联,电视的使用更加谨慎。在东德、匈牙利、波兰和罗马尼亚,观众们逐渐适应了他们的领导人关于国际形势和社会主义的观点。

就整个亚洲来说,电视的普及是在20世纪70年代末以后才逐步实现的。许多中国人也许还记得,在20世纪80年代初,观看《大西洋底来的人》《加里森敢死队》和《霍元甲》等连续剧时万人空巷的盛况,那时候中国老百姓看到的不仅仅是新奇的故事内容,还有久违了的外部世界。在亚洲地区,早期最受欢迎的系列电视节目常常来自日本。《阿信》描述了一个农村姑娘从贫穷走向富有的一生,这部电视剧非常成功,在包括中国在内的26个国家播放。

1975年,印度开始使用从未接触过的电视,这是一项由国际组织资助的实验,这一新兴技术将被用来推动乡村经济的快速发展。许多村民甚至从未听过收音机或者看过电影,他们长期完全被隔离在世界之外。美国太空署提供了一颗卫星,它的信号能够到达地面转播站传送范围以外的乡村。在很短的时间内,2000多个村民得到了卫星信号接收器和电视机,学校教师学会了如何操纵和控制这些东西。用当地方言制作的一些特别节目,开始向村民介绍卫生保健、家庭生育计划和耕种的方法。人们用电视向那些歉收的农户演示稻米耕种的新方法。由于试验的经费花完了,卫星只借了一年,但是这次试验的效果却非常好。

20世纪80年代,印度的一部名叫《罗摩衍那》的连续剧使印度人观看电视的看法有了新的改变,它讲述了罗摩神和他的妻子悉多的故事,这是印度的一个古老传说。由官方电视台播放的这部印度电视剧要比任何关于水稻栽种的电视节目更具有影响力,这是人们想要看到的。遍及全国的电视观众都把电视机看成庄严的殿堂,那里讲述着一个个神圣的故事。《罗摩衍那》让整个印度为之倾倒。如果因为停电而中断了某一集的播放,常常会酿成当地的骚乱。许多人相信扮演神的演员是最接近神的,因此,印度的一个反对党甚至要求演员们参加竞选。那位扮演悉多的女演员最后当选为巴罗达地区的人民院议员。由于放映《罗摩衍那》,国家电视台已经在不知不觉中削弱了政府的地位。

20世纪90年代,一些意识到国际市场尚待开拓的公司开辟了新的电视频道,全天24小时播放电影、流行音乐和广告。跨国电视业务通过卫星和逐渐建立起来的有线系统实现了它的商业目标。在印度,新的商业频道把国外正在播放的电视节目配上本国语言在国内播放。电视机的销售量剧增,印度人正面临着广告宣传异域文化和不同价值观念的猛烈冲击。

二、电视产生的冲击与改变

（一）电视改变生活

电视带来的现场感和真实感一下子把世界的距离缩小了,它使人们不仅了解到发生在自己身边的事情,同时也对发生在世界其他地方的事情产生关注。电视日夜不停地在全球范围内并且是在同一时刻给予每个人同样的信息,给予他们进行研讨的同样的基础,通讯中产生的这种变化又紧接着影响了新闻业、情报收集、经济学和外交。在一些学者看来,甚至连国家的概念都因之受到了影响。

当然,在开始的时候,并不是所有人都为电视传媒的出现而欢呼的。也有人对这种新媒体的力量持保留态度,其中就包括正在访美的温斯顿·丘吉尔。丘吉尔说:"电视已经在这世上占据了一席之地,作为一个十足老派的人,我不是它的拥戴者,但我认为它不需要任何外界的支持,它能沿着自己的路走下去。不错,电视的确是一样了不起的东西。试想一下,此刻我脸上的表情正被成千上万的美国人盯着看,当然了,但愿我的表现足以与电视技术相媲美。"

电视带着我们穿越时空直接目睹国内外发生的重大事件,这种魅力迎合了公众的想象,为了转播1953年英国女王的加冕仪式,电视台所做的准备工作和加冕仪式本身的筹备工作不相上下。一些人在路边宿营等待着观看仪式,其实他们还不如待在家里,那样看到的效果会更好。超过两千万的观众通过电视观看了加冕典礼,这一年,英国电视机的数目翻了一番。

早期提倡发展电视的人宣称,电视具有巨大的影响力,可以扩展公众的知识面,启发人们的各种兴趣,一开始,这些希望看起来都实现了。日本靠征收专门费用来兴办国家广播公司,试图维护和保持传统艺术。苏联电视台只播放戏剧、芭蕾、歌剧等严肃的电视节目。但是,在美国这个竞争日益加剧的商业社会中,创办电视的灵感必须和观众的需求高度结合在一起才有出路。

电视走进人们的生活既是科学技术的成功,也是商业的成功。世界上的第一条电视广告于1941年7月1日出现在美国纽约的一个电视频道上,这是一则手表广告。当时,购买十秒钟的电视广告时段只需要花9美元,而今天这个数字已经上升到几千美元。1990年,全世界用于广告的费用就已经高达两千五百亿美元。

英国的商业电视台是1955年才出现的,在这以前,英国人一直坚持认为电视是公共服务设施,所以不应该夹带广告。1979年,当中国内地的电视传媒第一次在黄金时段播出商业广告的时候,许多观众也表示不理解,有的甚至要求电视台取消这样的做法。当然,后来人们的认识发生了变化。

电视在给人们带来愉悦的时候也有可能带来祸患,它不仅有可能在人的生理上造成电视病,也有可能对青少年造成不良的心理影响。1985年的一份研究报告表明,一个美国的青年人到高中毕业的时候,在他看过的22,000小时的电视节目中就有18,000次血腥的凶杀场面。22,000小时相当于他们课堂学习时间的两倍。近年来,甚至在动画片中也出现了性和暴力的场面,这使家长们非常担心,他们呼吁电视台在追求收视率的同时也不要忘记自己的社会责任。

(二)政治的"电视时代"

据统计,当今世界上已经有超过六亿台的电视机。早在1985年,每一个美国人平均一年花在电视机前的时间就已经达到了2000小时,这个数字超过了他们用于工作的时间。电视观众既是商品的消费者,也是新闻和思想的消费者。1963年,肯尼迪总统遇刺事件的连续现场报道,就使成千上万的美国电视观众成为这一血腥事件的目睹者。电视关于越战的报道也掀起了美国的反战高潮,此刻的电视不仅是简单的娱乐用品,也是描绘一个国家、一个政党、一种主张的形象的工具。

1. 默罗与《现在请看》

在电视新闻的早期发展过程中,爱德华·默罗做出了卓越的贡献。作为一名哥伦比亚广播公司的广播明星,20世纪50年代早期,默罗转变为一名电视播音员,他把他那深受美国听众欢迎的《现在请听》节目变成了一个每周播出的电视节目《现在请看》,并通过自己的节目为美国电视新闻确立了一个标准,这一标准在以后的岁月中得到同行们的一致认可。默罗的杰出之处在于他不仅仅是一个普通的电视新闻播音员,他还利用电视这种新媒介,利用自己的声望与才能,使电视新闻成为一种维持正义的社会力量。

20世纪50年代,美国恐红症泛滥,麦卡锡主义横行,电影业的许多人上了黑名单,这一潮流也蔓延到广播业与电视业。1950年6月,一个调查委员会发布了一个列有151名广播和电视工作人员的名单,这些人被认为同情或卷入共产党活动。名单上的许多人立即丢掉了工作,大好前程顿时化为泡影。名单上包括著名的广播电视工作者威廉·夏勃和霍华德·史密斯等人,而史密斯之所以被列入黑名单,据说仅仅是因为有一家共产党报纸表扬了他对某一新闻事件的报道。就在这黑云压城之时,默罗以大无畏的勇气向麦卡锡主义发起挑战,默罗与麦卡锡参议员之间的交锋,将电视系统与党派政治的联姻关系表现得淋漓尽致。

2. "电视总统"肯尼迪

电视上的图像可以影响整个国家的政治进程。在1960年的美国总统竞选中,尼克松和肯尼迪首次同意在电视上进行现场辩论,制片人事先为候选人讲解整个过程。听收音机的人大多以为尼克松已经胜券在握了,但是,电视上的肯尼迪却给人们留下了更为深刻的印象。在电视的帮助下,肯尼迪赢得了这场选举。即使在办公室里,肯尼迪仍然要收看电视,为了确保他能够继续受到欢迎,摄像机首次被允许进入白宫。

肯尼迪被称为"电视总统",因为如果没有电视,他可能不会当选总统,而这一称号的由来得追溯到肯尼迪与尼克松的一场辩论。1960年,肯尼迪和尼克松为了竞选总统从9月26日到10月21日进行了4次全国性的电视辩论。其中,第一次最为重要,这是美国有史以来总统竞选中的第一次电视辩论,观众多达七千万人,对选举结果起了决定性作用。当时的约翰·肯尼迪还算年轻,他在开始参加辩论时,虽然不算默默无闻之辈,但也算不上多老道的辩论家。但在那天辩论结束时,他却成了骄傲的凯旋者。

肯尼迪事后承认,如果没有电视辩论,他就会失败。大选结果是:肯尼迪赢得26个州,获303张选举人票;尼克松赢得22个州,获219张选举人票。肯尼迪只比尼克松多不到12万张选票,这是此前76年中票数最接近的一次选举。但是值得深思的是,在这场电视辩论过后,通过看电视来了解辩论情况的观众认为肯尼迪必胜;而通过广播来获知信息的观众却认为尼克松才是赢家。对尼克松来说,电视辩论是一场灾难,但在某种意义上,电视辩论的凯旋者不仅仅是肯尼迪,还有电视这个新的宣传工具。

肯尼迪靠着自己的魅力、风格和敏捷,把政治和电视融为一体,赢得了全国知识界精英的一片喝彩,也赢得了"电视总统"的称号。从这场辩论我们可以看出,电视具有广播所不能及的魅力,它与单纯的声音不同,给人以听觉和视觉的双重感观。尼尔·波兹曼说:"由此可见,自由世界的领导人是电视时代的人民选择的。"①

令人唏嘘的是,电视不仅见证了肯尼迪的成功,也目击了他的死亡。

1963年11月22日是一个阳光明媚的日子,肯尼迪总统的车队在去集市的途中穿过德克萨斯州达拉斯市中心,肯尼迪要在集市向用午餐的听众讲话。当肯尼迪和妻子乘敞篷车在行车路线的尽头慢慢转弯时,子弹射出了枪膛,肯尼迪被一名刺客开枪击中身亡,那是中午12点30分,总统的轿车以及随行的警察和特工人员飞速离开,这一事件震惊了所有的美国人。后来,合众国际社的记者史密斯写道:"我们的车大概只停了几秒钟,但就像停了好长时间。人们看到历史在眼前爆炸了,甚至对最训练有素的观察家来说,一个人的理解力也是有限的。"

在美国国内,电视报道的动作出奇得快,刺杀总统的枪响6分钟时,ABC就发出消息,10分钟时CBS的克朗凯特突然出现在电视屏幕上,他根据4分钟和9分钟后合众社发出的两条简讯报道:"在德克萨斯州达拉斯市有三枪射向肯尼迪总统的车队。第一次报道说,总统'伤势严重'。"这条报道的收视率达到了95%。电视在面对这一突发事件时充分展示了自身的潜力,从案发的星期五到第二周的星期一,美国三大电视网不惜代价,中断了所有的商业节目和其他节目,24小时连续报道肯尼迪遇刺事件。

11月24日,星期天,电视镜头集中到国会圆形大厅前,12点30分刚过,被指控暗杀肯尼迪总统的古巴委员会成员李·哈维·奥斯瓦德(Lee Harvey Oswald)被从达拉斯警察局带往县监狱。在纽约,三大电视网控制室的监视器捕捉到这一场面,全国广播公司决定立即将镜头转向达拉斯,而哥伦比亚广播公司和美国广播公司的镜头仍然停留在站在灵柩边的肯尼斯夫人和她的孩子身上。在警察押着奥斯瓦德穿过地下室大门进入达拉斯一个地下停车场时,全国广播公司的汤姆·佩蒂特(Tom Pettit)离这名疑犯只有几英尺。在佩蒂特开始描述这一场景时,一个彪形大汉连推带挤地从警察和记者中

---

① 波兹曼.娱乐至死·童年的消逝[M].桂林:广西师范大学出版社,2004:85.

穿过。夜总会老板杰克·鲁比（Jack Ruby）掏出手枪,向奥斯瓦德开了一枪。人们透过电视机清楚地听到了那声枪响,这是电视上第一次直播的谋杀。哥伦比亚广播公司和美国广播公司也录下了这一场景,三大电视网在那天一遍遍反复播放。一个小时后,奥斯瓦德死亡。美国人惊愕地坐在电视机前,猜测这次意外背后的故事。鲁比事后被判有罪,然而未等到复审于1967年病死,留下一桩疑案。

11月25日,几乎全美国人都通过电视观看了葬礼。华盛顿的每一个主要路口都有电视摄像机,灵柩通过,乐队奏哀乐,在阿灵顿国家公墓,在向肯尼迪总统最后致辞后,全国默哀。军用飞机从空中掠过,一架飞机从编队中消失,象征着总统的离去。整整四天,美国人一直坐在电视机前,观看这两场谋杀案的重播,以及有关肯尼迪总统的一些纪录片,有人在这期间只睡了6个小时,其余时间都守在电视机前。

据统计,由于该事件,纽约市的电视观众从占人口的30%上升到70%,从肯尼迪遇刺到举行葬礼历时4天,电视的收视率都保持在40%。在举行葬礼、全国默哀的几分钟里,电视收视率达到了93%,可见电视的巨大影响力。也就是在这一年,美国电视网把晚间新闻从15分钟延长到30分钟。

在肯尼迪遇刺案、人类首次登月、越南战争等一系列重大新闻事件中,美国各家电视网提供的新闻直播都令观众难以忘怀,成为美国乃至全球观众共同的时代记忆。在对肯尼迪遇刺案进行直播报道的过程中,电视新闻在传播时效和影响力上明显超过了报纸和广播,从而确立了对这两大传统媒体的竞争优势。

(三)国际电视的影响

从1957年到20世纪60年代,电视传播手段也由过去的地面微波传送、局部覆盖,进入到利用同步卫星转播电视节目进行全球传播的时代。1962年,美国"电星一号"（Telstar 1）发射成功,它是世界上最早用来传播电视节目的通讯卫星;同年7月23日,"电星一号"将美国发射的电视节目传送到欧洲,又将欧洲发射的电视节目传到美国,开创了全球电视的新纪元。①

阿波罗登月计划可以说是美苏太空竞争的产物,1957 年苏联首次发射人造地球卫星的成功使美国人感到压力与挑战。1961 年 5 月,肯尼迪总统就向国会宣布:"我们这个国家应当尽一切力量在十年内实现把人类送上月球并安全返回的目标。"1969 年 7 月 16 日,全世界 5 亿多人坐在电视机前,观看人类登上月球的壮举,担负这项伟大使命的是阿波罗 11 号宇宙飞船。

随着美国太空飞行计划的实现,电视技术的新发展得到了最有说服力的验证。阿波罗登月计划既是一次探索性的飞行,同时也被策划为一次壮观的电视演示,当阿波罗 11 号向月球进发时,宇航员为观众们进行有趣的表演。直到第 4 天,地球上的观众才目睹了人类历史上那伟大的一刻。月球的图像穿过所有的国界,可以被 47 个国家同时收看。有六亿两千五百万人,即全世界五分之一的人都怀着同一种激情,为这个辉煌的成就感到骄傲。

在成功地转播了阿波罗登月之后,电视还曾多次实况转播人类进军太空的征程。这里面值得一提的是,1986 年 1 月,美国发射"挑战者"号航天飞机,机中载有第一位去太空的女教师,结果航天飞机在升空后爆炸,有无数观众在电视机前目睹这一悲剧。被采访的许多人声称自 23 年前肯尼迪总统遇刺以来,他们从未有过如此深切之痛。②

当电视播放国际体育比赛的时候,各个国家都上下团结支持本国的队伍,电视为人们带来的是更多的激动和骄傲。1972 年,在慕尼黑举行的奥林匹克运动会聚集了来自 79 个国家的记者和近 700 台摄像机。全世界都看到了卫星传送的图像,看到了美国游泳运动员麦克施皮兹是如何赢得 7 块金牌的。特殊的摄像机可以从多个不同的角度展示泳池中运动员的优美动作,电视里苏联体操运动员奥尔加·科布特的精彩表演激励了 100 万的英国学生参加体操运动。

在此次奥林匹克运动会的第 9 天,以色列代表团的成员被绑架了,于是国际体育盛事突然变成了一场生死搏斗。比赛停下来了,但是观众人数却

---

① 陆晔,赵民.当代广播电视概论[M].上海:复旦大学出版社,2010:4.
② 蔡骐,蔡雯.美国传媒与大众文化——200 年美国传播现象透视[M].北京:新华出版社,1998:208-209.

上升了,他们紧盯着那栋劫持人质的大楼,代号为"黑色九月"的巴勒斯坦组织通过这次体育盛事达到了自己的目的。恐怖分子们要求释放关押在以色列监狱中的巴勒斯坦人。在慕尼黑事件之后,其他组织也学会了制造事端,然后利用电视激起世人对他们"事业"的关注。

电视技术在世界各地的传播也导致了价值观念的转化。在20世纪80年代以前,世界格局两极分化,东西方的冷战形势也日益严峻,因此,不少国家都利用电视向公众传送自己所推崇的价值观和意识形态,这也就决定了不同的国家对电视媒体有不同的定位。

一些国家对电视自始至终严加控制,在罗马尼亚,国家电视台用来帮助构筑对齐奥塞斯库总统的个人崇拜。1989年12月,苏联和东欧的社会主义阵营正面临崩溃,这时候每当齐奥塞斯库总统在布加勒斯特集会上讲话,罗马尼亚的电视就会像往常一样突出他的领袖地位。但物资匮乏和思想控制终于导致了骚乱,就像人们通过摄像机看到的那样,齐奥塞斯库失去了对局面的控制,只短短几个小时,齐奥塞斯库就倒台了。造反者击溃了支持总统的部队以后占领了电视台,这是一场大变革的序幕。对于许多罗马尼亚人来说,这场变革首先就意味着电视台可以不间断地播放电视节目了。

1991年,美国和其盟国发动了一场针对伊拉克的战争,电视展现了战争的全过程,坐在家中的美国人可以亲眼看到美国的导弹在伊拉克的首都爆炸。因这场战争的报道而异军突起的CNN(美国有线电视新闻网)改变了电视传播新闻的方式,使电视新闻的报道和传播方式发生了根本性的变化。

CNN开播于1980年6月,是美国第一个全新闻的频道,创立之初只有200万家庭看得到。当时的批评人士认为,美国观众对24小时的新闻频道不会感兴趣,他们给CNN起了一些充满嘲笑意味的名字,如"视觉墙纸"或"鸡汤面频道"。但20年以后,CNN已经成为在全球电视新闻版图中举足轻重的媒体,全世界有20亿人可以看到它的节目。

对海湾战争的直播报道让全世界对CNN刮目相看。在美国展开对伊拉克的军事行动之后,CNN第一个发出现场报道并连续17小时直播了巴格达遭空袭的画面,其收视率一举打败了CBS、NBC和ABC三大传统电视网,而在平时,其收视率很难达到三大网的十分之一。《华尔街日报》报道说,由于

CNN报道海湾战况既迅速又充分,它的收视人数激增,在欧洲的收视率从15%飙升至85%,成为与美国三大广播公司并列的第四位电视传媒巨人。

CNN的崛起彻底改变了电视新闻的传播模式,从此,直播成为电视新闻的主要呈现方式,也成为各大电视新闻媒体竞争的焦点。CNN的成功催生了一批24小时新闻频道的诞生,英国天空新闻频道(1989年)、BBC世界新闻频道(1995)和半岛电视台(1996)等纷纷建立,欲与CNN一争高下。在20世纪八九十年代的西方,各主要媒体都开始了在电视新闻直播领域的竞争。即使是新近崛起的半岛电视台,也是在直播技术与模式的直接推动下,在卡塔尔这一中东弹丸小国成长为影响全球的媒体巨人的。

半岛电视台创建于1996年,在短短的几年时间里迅速成为阿拉伯世界和全球范围内重要的电视新闻媒体。在"9.11"事件之后的阿富汗战争中,半岛电视台几乎垄断了人们最关心的有关这场战争的讯息,这家媒体自身也成为全球关注的焦点,被称为"海湾的CNN""阿拉伯的BBC"。早已誉满全球的CNN在阿富汗战争期间却深陷美国的官方舆论不能自拔,在这次战争的新闻报道上完全败给了半岛电视台。在之后的伊拉克战争等重大国际事件中,半岛电视台因其提供的新闻报道备受关注,成为世界电视新闻版图中的重要一极,开始与CNN、BBC平起平坐,成为国际电视新闻内容的重要提供者。

半岛电视台的成功除了其所处的地理优势和它能够提供一些特殊的内容(如本·拉登的录影带)等因素之外,直播同样是不可或缺的重要因素。有学者在分析其成功经验时曾说:"半岛电视台以快速播送全球各地的即时新闻和组织主题尖锐的国际政治辩论为主。它的特点是时效性非常强,节目覆盖面广,坚持放眼全球的原则,以互动性极强的直播节目吸引观众参与。"[1]

无论是早已成名的CNN,还是新近崛起的半岛电视台,都让我们看到,半个世纪以来,国际电视新闻业务的发展已经深刻地改变了世界电视新闻业的竞争格局、盈利模式和发展方向,也改变了世界的政治秩序和舆论格局。

---

[1] 苏克军,赵彬.小国家大媒体[J].读书,2003(5):22.

(四) 电视对其他媒介的冲击

就像广播的出现曾经向报纸发出挑战一样,现在轮到广播接受电视的挑战了。的确,作为传媒的形式,广播要比报纸生动、快捷。电视比广播有更强的视觉效果,那么电视输出的信息究竟比广播多多少呢？人们直观的回答也许是多一倍,其实据科学家们的估计,要多 39 倍。

电视为电报和摄影术提供了最有力的表现形式,把瞬息传递和图像的结合发挥到了完美境界,而且进入了千家万户。我们现在已经有了电视时代的观众,对于他们来说,电视是他们首选的、最容易接近的老师,在他们中的很多人看来,电视也是他们最可靠的伙伴和朋友。简单地说,电视是新认识论的指挥中心。没有什么人会因为年幼而被禁止观看电视,没有什么人会因为贫穷而不得不舍弃电视,没有什么教育崇高得不受电视的影响。最重要的是,任何一个公众感兴趣的话题——政治、新闻、教育、宗教、科学和体育等都能在电视中找到自己的位置。所有这一切都证明电视的倾向影响着公众对所有话题的理解。

电视在很多方面也以一种微妙的方式充当着指挥中心。例如,我们对其他媒介的使用在很大程度上受到电视的影响。通过电视,我们才知道自己应该使用什么电话设备、看什么电影、读什么书、买什么磁带和杂志、听什么广播节目。电视在为我们安排交流环境方面的能力是其他媒介根本无法企及的。从此,电视赢得了"元媒介"的地位———一种不仅决定我们对世界的认识,而且决定我们怎样认识世界的工具。[1]

从 20 世纪中期开始,有关媒介的各项统计资料均得到了妥善计算和保存,因此,我们或许能够从某些数字的变化中看出电视给其他媒介带来的冲击。电视对人们收听广播的习惯产生了重要影响,1945 年,美国大约有 3300 万个家庭拥有收音机,而只有约一万个家庭拥有电视机。1949 年,当电视机生产的冻结令解除前,美国拥有电视机的家庭数目上升到近 100 万,拥有收音机的家庭则升至 3900 万。1952 年,电视在美国市场上已经获得重要地

---

[1] 波兹曼. 娱乐至死·童年的消逝[M]. 桂林:广西师范大学出版社,2004:70-71.

位,34%以上,也就是 1500 万个家庭有电视机,到 20 世纪 50 年代末,这一比例达到 86%。1960 年,美国电视机的总数约为 4600 万台,收音机则有 5000 万台。全国广播公司和哥伦比亚广播公司力争增加其附属台数目,全国广播公司以 64 对 31 领先哥伦比亚广播公司,后起的美国广播公司网络以 15 家尾随其后。

1950 年的收视调查报告显示,美国家庭收听广播的时间为每天 4 到 5 个小时。1955 年,美国每个家庭收听广播的时间降低了 50 个百分点,变为 2 小时 12 分钟;1960 年,该数字更降到了 1 小时 53 分钟。电视的收视时间在 1955 年就已上升到每天 5 个小时,在 1960 年时接近 6 个小时。值得一提的是,广播花了 24 年(1922—1946)才到达美国 90% 的家庭,电视却只花了 14 年(1948—1962)。今天收音机与电视机可说是美国家庭的必备电器。电视的出现对其他媒介还造成了另外的一些影响。1949 年,广播获得了企业电子媒介广告总花费的 11%,电视只有 1%;1953 年,两者各占到 8%。从那时起,广播获取的媒介广告总花费便逐年下滑,电视则向上剧增;到了 20 世纪 80 年代,电视已高达 21%,广播却仅占 7%。[①]

三、中国内地电视的沿革

(一)电视业的开端

20 世纪 50 年代是全球电视业大发展的年代,中国也在这时有了自己的电视台。1957 年 8 月 17 日,广播事业局决定成立北京电视台(今中央电视台)实验台筹备机构。同年 8 月,北京广播器材厂受命试制电视发射和播出系统设备。经过技术人员和有关单位的大力协作、共同努力,1958 年春,中国第一套黑白电视广播设备试制成功。从摄像机到发射机,除某些关键器件外,都是技术人员和工人群众通过坚持自力更生的精神、克服技术上的种种难关而生产出来的,特别是 1 千瓦黑白电视图像发射机的研制成功,在我

---

① 施拉姆.人类传播史[M].台北:远流出版事业股份有限公司,1994:341.

国广播电视技术史上具有重要价值。

1958年5月1日,中央电视台的前身以北京电视台为呼号开始试播,同年9月2日正式播出。尽管电视是当时世界上最先进的传播媒介,但早在1954年,美国的电视机普及率已经超过50%。中国的电视事业诞生在一个相当落后的工业基础之上,先天不足和营养不良严重制约它的发展,而更加困难的是,中国当时根本就没有多少专业的电视创作人才。

北京电视台开播后,国家为了解决电视收看问题,最先从苏联进口了200部黑白电视机应急。不久,天津广播器材厂就生产出了第一批"北京牌"电视机投放市场。最初电视信号的覆盖面积只有25公里,当时中国人拥有的电视机总共只有200台,一批党和国家的高级干部,以及一些外国专家成为中国电视最早的观众。

继北京电视台之后,许多省、市也纷纷建立电视台。1958年10月,上海电视台成立,同年12月,哈尔滨电视台开始播出。1959至1961年,天津、广东、吉林、陕西、辽宁、山西、江苏、浙江、安徽、山东、湖北、四川、云南等地也相继建立电视台。1961年底,全国建立电视台、实验电视台和转播台26座。20世纪50年代末,全国有电视机17,000部,大多数安装在公共场所供集体收看。我国的电视事业和世界发达国家相比,虽然起步较晚,基础薄弱,但也为以后电视业的发展奠定了人员、技术和物质基础。

20世纪五六十年代,电视在中国人的政治生活中没有太高的地位,影响更谈不上,不仅国家没有力量大力发展电视事业,个人也没有经济能力购买电视机,从某种意义上讲,电视机不仅仅是政治奢侈品,同时也是生活奢侈品。当时由于技术手段的局限,电视新闻都用电影胶片拍摄,其他节目都是现场直播,稍有不慎就出差错。

1978年5月1日,北京电视台改名为中央电视台,与中央人民广播电台、中国国际广播电台一起被简称为中央三台,它们作为国家台,共同担负着向国内外进行广播电视新闻宣传的重要任务。各地方台同时也改换了呼号,电视的建设被提到议事日程上来。当时的中央电视台每天播出两至两个半小时,其中一部电影占了一个半到两个小时,还有一些被称为加片的电视新闻、体育比赛和文艺节目。尽管电视节目并不丰富,但在当时单调的日常生活里,看电视却成了人们最重要的娱乐方式。购买电视机变成了一个仪式,也变成了每个小社区中的大事件,旧的文化和社会结构由于电视的介入而发生了改变,电视机成了市场上最抢手的商品、中国人结婚的必备品。1978 年,中国内地的电视机只有 150 万台,一年后变成了 450 万台,在此后的几年里,这个数字以每年上千万的速度直线上升。随着电视机数量的增多,电视作为大众传媒的影响力逐渐显露出来。

1979 年 1 月 29 日,通过电视屏幕,中国人目睹了美国阿波罗 11 号宇宙飞船首次登上月球的全过程,这次播映是为了配合邓小平前一日开始的美国之旅,这也是中国领导人首次正式出访美国。阿波罗 11 号宇宙飞船首次登月是在 1969 年 7 月 20 日,当时全球多家电视台进行了实况转播,全世界估计有 5 亿到 7 亿 5 千万的观众在紧张和期待的气氛中同美国宇航员一起登上了月球,但是当时的中国人对人类的这一大步却茫然无知。十年后,当中国人通过电视看到了十年前的奇观,心灵仍然受到了强烈的震撼。

从 1980 年 4 月 1 日起,中央电视台租用国际卫星传送新闻录像,新闻的时效性大大提高,世界上发生的重大事件,中国的观众第二天就可以知晓,这成了许多人观看《新闻联播》的主要理由。中国人了解外部世界的欲望非常强烈,以至于在 1980 年 5 月 1 日,在全国首次大规模的电视节目评选中,保留名称并入《新闻联播》的《国际新闻》名列前茅。

1982 年 9 月 1 日,从中国共产党第十二次代表大会开始,有关部门将重要新闻的发布时间从通常的 20 点,即中央人民广播电台《各地人民广播电台联播节目》的首播时间,提前到 19 点,也就是现在中央电视台《新闻联播》的首播时间。电视在中国民众生活中扮演的角色开始重要起来。

(二)中国电视新闻的语态变迁

中国电视从 20 世纪 50 年代末起步,到现今形成了拥有 2000 多个频道、近 13 亿观众的巨大的电视市场,与半个世纪以来中国的经济发展、政治体制、文化环境等多方因素息息相关。如果抛开外部因素不谈,仅从媒体传播

"范式"①的转换和变迁来看,至少有三方面的因素在中国电视新闻半个多世纪的发展历程中起到了决定性的作用:一是制作技术,二是节目形态,三是传播语态。

在决定传播范式的这三大因素中,制作技术是物质基础,节目形态是表现方式,传播语态则是语言观念。这三者彼此关联,相互作用,共同推进或是制约电视新闻业的发展状态。从一定程度上说,电视新闻业从一个阶段向另一个阶段的转化,正是这三大因素同时或渐次变化的结果。

在决定传播范式的三大因素发生变化的时候,制作技术与节目形态的变化常常表现为具体的物质形态转化,较易为人察觉和识别;传播语态的变化则发生在观念和语言层面,往往隐藏在技术与节目的背后,不易被人发现和认识。由于语态是"表达和叙述方式",②承载了传播观念和语言方式,其改变相对于制作技术与节目样式而言往往更为缓慢,不过,传播语态的改变也意味着电视新闻业的变化已经非常深刻,标志着一个阶段传播范式的转换已经完成,因此,传播语态的特点可以代表传播范式的整体特征。

从传播语态上看,中国电视新闻业从1958年开始到21世纪初的历程,可以简要地划分为3个阶段:"讲话""说话"与"对话"。下文即用传播语态的特点来代表每一阶段传播范式的整体特征,当然,电视新闻在各个阶段的传播范式都由三方面的因素共同决定。

1."讲话"的阶段(1958年至20世纪80年代初)

1958年5月1日,北京电视台的开播拉开了中国电视业的序幕。从电视事业创立到20世纪80年代初的20多年里,中国内地的电视机数量都非常少,国家没有力量大力发展电视事业,个人也没有经济能力购买电视机。在这一阶段的中国媒介生态中,电视还难以显示出其重要性。

从制作技术上看,这一阶段的中国电视新闻采用的是电影的技术体系。

---

① 范式是指"特定的科学共同体从事某一类科学活动所必须遵循的公认的'模式',它包括共有的世界观、基本理论、范例、方法、手段、标准等与科学研究有关的所有东西。"见库恩.科学革命的结构[M].北京:北京大学出版社,2003.
② 孙玉胜.十年——从改变电视的语态开始[M].北京:生活·读书·新知三联书店,2003:54.

在此期间,电视制作"沿用了电影的手段和方式:拍摄用的是 16mm 电影摄影机,片长 3 分钟一盒,最多 400 尺,约 12 分钟,声画很难实现同步记录,前期拍摄画面,编辑时也采用了电影的剪接方式,全、中、近、特画面线性组合,后期配解说、配音乐,三条平行线组合成声画记录系统"。①

电影技术手段的局限极大地限制了电视节目制作的自由。"用胶片拍电视新闻,后期要洗印、编辑、配声音,时间较长,新闻片、纪录片很难保证时效,选材、制作就容易沿袭老路:影像素材的点式摄取,声画两条线,解说为主体,影像只涉及生活的表层,以及将点连成线的蒙太奇组接。"②镜头长度小、制播一体化、制作量小、摄制周期长成为电影手段在这一时期的电视新闻节目上打下的明显技术烙印。

与电影技术手段相对应,早期的电视新闻工作者大多也来自新闻纪录电影制片厂和各故事片厂,他们熟悉并习惯运用电影的工作方式、制作手法和制作观念。"早期北京电视台的摄制人员大都来自'新影'厂和'八一'厂……在观念和实践方面都深深影响了早期中国电视的电视新闻……创作手法如出一辙"。③由于能够看到的电视节目都是用电影手法拍摄制作的,观众也习惯了用看电影的方式来看电视,他们甚至直接把电视称作"小电影"。

从节目形态上看,这一阶段中国的电视新闻还远未形成具备自身特点的样式。"早期电视新闻节目的形态有图片报道、电视新闻片以及口播新闻",④其中,图片报道大多采用来自新华社的图片,在摄像处理的同时加配解说词;电视新闻片即新闻纪录片加解说,如北京电视台的固定栏目《电视新闻》,播放的主要就是这种节目;口播新闻就是广播新闻的电视版,稿件主要来自中央人民广播电台,如沈力播报的《简明新闻》。在此期间,由于电视新闻节目制作量小,各种节目形态之间的区分并不明显,各制作机构甚至将新闻片和纪录片合二为一。直到 20 世纪 80 年代初,真正有中国特色的电视新闻节目样式——新闻专题片才开始出现,这种节目样式改变了长期以来

---

①② 朱羽君,殷乐.生活的重构[M].北京:北京广播学院出版社,1998:12.
③ 刘习良.中国电视史[M].北京:中国广播电视出版社,2007:34.
④ 刘习良.中国电视史[M].北京:中国广播电视出版社,2007:31.

电视新闻模仿、照搬其他媒体内容样式的状态,成为很长一段时间里最为典型的电视新闻节目形态。

在节目的语言方式上,当时的电视新闻同样主要是沿用其他媒介的语言样式,其自身所特有的电子媒介优势未能显现。比如,在影像上模仿纪录电影("新影体");在文字风格上模仿《人民日报》("人民体");在播报方式上模仿人民广播("广播体");在报道体裁上模仿新华通讯社("新华体")。有人形容说,在传媒系统当中,电视像是"新闻纪录电影的缩小版,《人民日报》的影像版,人民广播的图像版,新华通讯社的精简版"。①

从传播方式上看,此阶段的电视新闻主要是"上传下达"。电视媒体在这一阶段的主要功能是"喉舌""工具",电视新闻"承担的是'宣传教化'功能,扮演着党和政府的'喉舌'角色,突出强调的是意识形态要求",②电视新闻主要是"宣传品",其新闻属性和媒体特性都还未真正展现出来。

从传播语态上看,这一时期的电视新闻呈现出一种"讲话"的姿态。这一时期的中国电视在观念上深受苏联模式影响,其中最主要的观念就是"形象化的政论"。受这种观念的束缚,电视新闻节目制作人员和机构鲜有"受众"的概念,在他们看来,观众是"被教育的对象",电视新闻因而"强调艺术的教化作用,言必有意义,行必有倾向,思必有升华"。③ 电视新闻节目的口吻也是高高在上,一派"讲话"的姿态。

2."说话"的阶段(20世纪80年代初至20世纪90年代中后期)

20世纪80年代初,在国家走向开放的大背景下,中国电视界开始与日本同行合作,拍摄了《话说长江》《丝绸之路》《望长城》等一系列文化纪录片,给中国的电视荧屏带来了一股清新的空气。这些纪录片在技术和艺术上的尝试直接影响了一批国内的电视制作人,在随后的几年里,《沙与海》《最后的山神》《龙脊》等一批优秀纪录片相继出现在电视屏幕上。与以往"画面加解说"的方式不同,这些"新派"纪录片大量运用同期声、现场采访、

---

①② 胡智锋,周建新.从"宣传品"、"作品"到"产品"——中国电视50年节目创新的三个发展阶段, 2008(4):1.
③ 朱羽君,殷乐.生活的重构[M].北京:北京广播学院出版社,1998:12.

跟踪拍摄等纪实风格的创作手法,令观众耳目一新。在这些运用新的技术手段和语言方式、充满浓厚人文气息的纪录片的引领下,中国电视新闻的传播范式开始发生根本的变化。

从制作技术上看,这一时期的电视新闻以 ENG 作为主流设备,不再受到电影技术手段的局限,电视拍摄和制作获得前所未有的解放和自由。"20 世纪 70 年代以来,技术条件有了很大改善,最显著的一个例子就是电子新闻采集手段(ENG)开始使用。"[1]ENG 设备使用磁带作为记录介质,画面和声音可以同步录制,镜头长度也不再受胶片和发条长度的限制,内容可以反复编辑,为这一时期电视新闻节目样式的创新提供了全新的技术基础。

在节目形态上,这一阶段中国电视新闻的明显特征在于各种栏目的大量出现。这些栏目以舆论监督、生活纪实为内容重点,节目风格追求平民化、个性化。很多节目不仅富于探讨的深度和思考的力度,在制作上也反复推敲,非常精良。电视新闻一改以附庸、传达为主要取向的"宣传品"面貌和属性,成为充满人文内涵和艺术表现力的"作品"。在这一时期风生水起的各种电视新闻栏目中,最具代表性的要算中央电视台的早间新闻栏目《东方时空》。

《东方时空》开播于 1993 年 5 月 1 日早上 7 点,常常被视为中国电视新闻新一轮改革的发端。一方面是由于《东方时空》开栏目化运作和制片人制度之先河,另一方面则是因为这个栏目为中国电视新闻带来了新的杂志型节目形态,以及迥乎以往的制作手法和语言样式。此前的电视新闻主要用解说词的方式呈现报道的结论,人们很少能在其中看到采访的过程。画面上也经常是一些万能镜头:一拍农村就是麦浪滚滚、农民在收割打场,一派丰收的景象;一拍工厂就是机轮飞转、纺织女工在忙碌,一派繁荣的景象。《东方时空》改变了这种千篇一律、老套死板的状态,节目中饱含着真实的生活、新鲜的细节和朴实的情感。当时,有观众写信说:"看完《东方时空》,就像刚从南方的早市上拎回一条扑腾着的活鱼和一捆绿油油的青菜。"[2]这正

---

[1] 朱羽君,殷乐.生活的重构[M].北京:北京广播学院出版社,1998:13.
[2] 孙玉胜.十年——从改变电视的语态开始[M].北京:生活·读书·新知三联书店,2003:51.

是观众对这种全新的节目形态的积极回应。

《东方时空》子栏目《生活空间》制片人陈虻曾说："我们刚开始去拍老百姓的时候,他们的概念就是我也没做什么,你们为什么要拍我,换句话说就是我也没做什么好事儿,你们怎么要拍我,所以我觉得老百姓是不了解我们的拍摄意图的。他在对以前的电视应该播放什么、播放了什么的一种理解的基础上来习惯性地理解我们的拍摄行为。随着这个节目的不断播出,观众慢慢明白了,你并不一定要做了什么,而是你的生活本身就有一种值得人们关注的价值。"这正是这一时期的电视新闻所发生的重要转变。从《东方时空》开始,电视新闻节目的制作者开始把镜头对准普通人的生活,用一种平视的眼光去观察和发现生活本身的价值,强调对象的个性化和素材的原生态,强调用生活本身的逻辑去组织节目的内容,从而使电视新闻逐渐摆脱了"形象化的政论"的窠臼。

技术条件的更新、国外节目的影响以及自身经验的积累,使得这一时期的中国电视新闻在语言方式上发生了明显变化。同期声和长镜头的大量使用,日常生活细节的频繁出现,真实的时空结构,开放的情节叙述,意味着中国电视新闻开始真正发挥电子媒体的特色,并逐渐寻找到了中国观众喜爱的节目形态和语言方式。在节目形态和语言方式发生"剧变"的背后,是制作理念和语言观念的深刻变化。

20 世纪 80 年代,国外的电视语言观念不断影响着中国电视的理论和实践,其中最受重视、影响也最为深远的是"纪实",这种观念的核心即将影像作为"物质现实的复原"。"巴赞的写实主义理论和克拉考尔的物质现实复原学说受到普遍重视,它与国内的纪实主义思潮合流,形成有中国特色的纪实美学。内容上注重对人、对社会的关注,'人被看作是一个社会关系总和的个体,不仅深化了人对于自身的认识,也深化了对于现实的理解和判断'。自然景观也为人文意识所关照,焕发出生命的美。"[①]

在 ENG 等新技术的基础上,纪实主义推动这一阶段的中国电视新闻在节目样式和传播语态上常创常新,进入了一个飞速发展的"黄金时代"。以

---

① 朱羽君,殷乐.生活的重构[M].北京:北京广播学院出版社,1998:14.

"物质现实的复原"为核心的纪实观念尽管是一种源自20世纪50年代欧洲电影领域的理念和方法,但在中国的电视新闻界,它一扫长期以来电视作为"小电影"的尴尬局面,不仅一举实现了对"形象化的政论"理念的超越,同时使我们对电视媒体的本质、电视语言的方式有了全新的认识。

需要指出的是,在纪实主义的影响下,尽管这一时期的电视新闻从内容到形式都发生了彻底的改变,但由于电视新闻和纪录片站在同样的技术基础上,二者又在同样的观念引导下向前发展,电视新闻采用的仍是与纪录片类似的语言方式。整体而言,在这一阶段,电视新闻与纪录片在语言的边界上是异常模糊的,电视新闻还没有真正寻找到自己独立的语言方式。

与制作观念上的"纪实"相对应,这一时期电视新闻节目中另一个重要的改变是主持风格的变化。20世纪90年代末,凤凰卫视主持人鲁豫在《凤凰早班车》的新闻播报中,一改过去正襟危坐、字正腔圆的播音风格,开始用一种"说话"的方式播报新闻,被业界称为"说新闻"。紧随其后,湖南卫视的《晚间新闻》等一批节目也开始用类似的方式报道新闻,亲和、自然的"说新闻"在中国电视新闻界一时蔚然成风。

纪实风格的制作手法与"说新闻"的主持方式成为这一阶段中国电视新闻在传播语态上的明显特征。从传播观念上看,这一时期的电视新闻最为重要的变化在于开始尊重受众,它比之前的任何时候都强调要考虑观众的接受心理、尊重大众的审美趣味,节目也因此显得更为人性化,电视开始了向大众传媒本质的回归。随着观念的变化,电视新闻传播者的姿态不再是高高在上,而是讲求与观众平起平坐,"平等交流"代替了"上传下达",成为最为重要的传播方式。与"讲话"时代的电视新闻相比,这一时期的电视新闻在传播语态上明显软化,呈现出一种"说话"的状态。

3."对话"的阶段(20世纪90年代末至今)

20世纪90年代末以来,中国电视新闻传播进入了一个全新的发展阶段。一方面,数字技术、卫星技术的广泛应用和不断升级使电视新闻所倚仗的技术基础再一次发生了颠覆和革新,同时也为电视新闻的发展提供了新的契机和前景。另一方面,传播格局的骤然跃升和传媒生态的急速转化使电视新闻的制作体系和电视节目的内容与形式都受到直接影响,传播语态也随之发生显著变化。电视新闻的传播范式再一次发生根本性的转换。

从技术手段上看,20世纪90年代末期以来,数字设备、SNG设备和高清设备的广泛采用使中国电视新闻在传播技术上发生了前所未有的升级和转换。在"决定人类生存"①的互联网第三次浪潮中,作为电子媒体的电视也完成了数字化转换。数字化设备的普遍应用极大地改变了电视制作的状态,摄录设备小型化、后期设备非线化、存储设备虚拟化使电视制作得到解放,更为自由。SNG设备在新闻制作中的普遍采用使电视具备了无可匹敌的跨越空间的能力,电视新闻进入"即时传播"时代。高清设备的大量使用改变了影像的基本属性和质量,每秒千帧的高速高清摄影机令24格25帧的电影画面格式成为过去式,清晰度和宽容度接近电影胶片的高清画质和5.1声道的环绕立体音效使电视带来的视听享受远超以往。

简言之,技术上的划时代变革不仅没有使电视这一"传统媒体"落伍,相反,电视良好地适应和融入了新的技术潮流,并在新的技术条件下将自身的媒体特征彰显得更为充分。电视机仍然是良好的媒体终端,电视媒介大众化程度仍然最高,它依然具有非凡的活力和巨大的潜力。在新闻传播业界,电视仍然是迄今为止最为强势的大众媒体,电视新闻时效性最强,受众最广泛,影响力最大。

随着技术革新带来的影响逐步走向深入,媒介融合的趋势愈演愈烈,传媒生态正进行着深刻调整,使包括电视在内的传统媒体面临挑战。"由于数字化的缘故,全新的节目内容会大量出现,新的竞争者和新的经济模式也会浮出海面,并且有可能催生出提供信息和娱乐的家庭工业。"②一方面,媒介融合趋势的发展使网络、手机等新媒体在较短时间内取得长足进步,迅速威胁到传统媒体的生存;与此同时,电视业在新技术平台上诞生和分化出其他类型的行业类型与模式,网络电视、手机电视、移动电视、IPTV等业态的发展,使传统媒体遭遇受众分流、收视下滑的险境,同时又为传统电视业升格

---

① 尼葛洛庞蒂.数字化生存[M].胡泳,范海艳,译.海口:海南出版社,1997:15.
② 尼葛罗庞帝.数字化生存[M].胡泳,范海艳,译.海口:海南出版社,1997:28-29.

为新的内容产业提供了可能。受到新技术的解放与促动以及新的传媒生态的施压与抬升,从20世纪90年代末以来,中国电视开始向一个新的阶段转型,应该说,当前的中国电视正处在一个新阶段的起点上。

自20世纪90年代中后期以来,中国电视新闻所依存的传播格局也发生了急遽变化。"电视传媒市场化程度不断加深,电视的内容与市场、与观众的收视日益紧密地结合在一起。产业化、集团化、市场、效益、效率、收视率、受众需求以及成本核算、营销、广告等影响着电视实践。中国电视全面进入了以"产品"为主导的阶段。"[1]随着各省级电视台纷纷上星成为全国频道,电视业内的商业竞争迅速白热化。受收视率和广告效益的驱使,电视新闻内容走向多元化,社会新闻、娱乐新闻比重加大;在形式上,故事化、差异化、刺激性成为其明显的追求和取向。

在激烈竞争的业态压力下,电视新闻利用新的技术手段和平台,实现了语言样式的更新。在这一时期的电视新闻制作中,共时性的一体化制作代替了多工种分时制作,多机位分工合作代替了单机的挑、等、抢,非线性编辑替代了线性编辑,在线切换代替了后期剪辑,非常规画面替代常规画面成为影像的主体,声画分录代替声画同录形成新的声画关系。在数字平台上,感性、离散的思维方式与影像的非语言属性相吻合,理性、线性的思维方式则与口语和文字的语言属性相匹配,电视新闻的各种语言要素寻找到了各自对应的思维方式。在"形象化的政论"阶段,画面屈服于解说;在"物质现实的复原"阶段,语言让位给影像。在新的技术系统与思维观念下,电视新闻的制作者不再纠结于画面、声音与文字孰轻孰重,电视语言要素之间的关系不再紧张,语言符号与非语言符号之间的组合与对位也就更为自由和协调。至此,电视新闻终于摆脱了电影语言和纪录片样式的束缚,寻找到了更为独立也更具活力的语言方式。

从节目形态上看,由于电视跨越空间的能力和多种符号共用的优势在即时传播领域无可匹敌,这些优势又集中体现在直播形态上,因此,直播成

---

[1] 胡智锋,周建新.从"宣传品"、"作品"到"产品"——中国电视50年节目创新的三个发展阶段[J].现代传播,2008(4):4.

为电视新闻在这一阶段最为重要的节目形态。这种变化从《东方时空》由纪实类杂志型栏目变身为直播消息类节目即可见端倪。由于数字技术带来的设备小型化趋势,电视的摄录设备更便于携带,更便于现场操作,现场制作逐渐成为电视新闻节目最为核心的制作方式。电视节目编排和频道结构的方式也因直播而发生改变,不仅突发事件的直播会随时打破常规的节目编排,常规节目之间的过渡与衔接也越来越多地用直播的方式实现。一言以蔽之,对新闻频道而言,不仅节目是直播的,整个频道都是直播状态的。

　　随着直播时代的到来,电视新闻的传播方式和传播语态又一次发生了显著变化。在电视新闻直播中,主播与记者之间的连线交流成为最能体现电视媒体优势的传播样式。新闻事件的报道在主播与记者的一问一答间完成,新闻的传播方式变为"互动交流"。麦克卢汉曾说电视是"冷媒介"[1],具有"使人深度介入的特性"[2],要获得好的传播效果必然需要观众的参与,但与观众的互动是电视传播最大的难题。以往,观众只能听电视上的人说话,观众的声音无法让电视上的人听到,电视传播中的反馈链条是被切断的;作为大众传媒的电视只能通过抽样调查的方式获得收视率、忠诚度、美誉度等收视数据,而无法获得像人际传播那样实时的、在场的、鲜活的互动与反馈。连线直播报道改变了电视新闻的传播模式。主播与记者之间的实时连线实际上围绕观众展开,主播代表观众提问,记者回答主播也就是观众关心的问题,一问一答之间,观众被卷入到一个互动的交流过程中来,从而实现了"参与"。连线报道通过主播与记者之间实际、实时存在的人际交流,实现了观众与主播、观众与记者之间的互动。由于人际传播在所有的传播模式中效果最好,对人际传播要素的使用和对人际传播模式的模拟就非常有利于改善电视新闻传播的效果。在"人际传播的拟态"这种模式下,电视新闻的传播语态改变了以前以传者为中心的状态,开始以观众的参与为目标,以观众的取向为主导,呈现出一种"对话"的姿态。

　　直播并不是一个新鲜事物,但它促使中国电视新闻良好地适应了这一

---

[1] 麦克卢汉.理解媒介——论人的延伸[M].何道宽,译.北京:商务印书馆,2000:51.
[2] 麦克卢汉.理解媒介——论人的延伸[M].何道宽,译.北京:商务印书馆,2000:380.

时期传播技术、传媒生态和传播格局的变革,带来了电视新闻在节目形态和语言方式上的更新,并使电视新闻的传播方式和传播语态又一次出现了更替。在直播的促动下,中国的电视新闻正用一种新的"对话"语态迎接并参与到媒介融合中来。

四、电视的媒介特性

按"沉默的双螺旋链"来理解,电视能够形成人类传播的一个高峰很大程度上是因为电视的空间跨越能力非常强,同时能运用多种符号来对效果进行补偿,从而将传播中出现的信息损耗降低到一个其他媒介都无法达到的程度。空间上的自由度与多符号系统提供的保真度构成了电视媒介特性的基础,当然,这些特性首先立足于电视的技术系统。

(一) 空间媒介

人类发明电视的初衷是什么?其实早在100年前"television"一词出现时就已明确,它的意思就是远距离观看。这一初衷对于电视媒体的发展至关重要,因为它涉及电视传播最基本的特性和优势。我们不仅希望足不出户便知天下事,更希望我们的视力能够跨越空间,亲眼看到异国他乡发生的事情,正是电视实现了人们"千里眼"的梦想。因此,从双螺旋链中的一个链条——跨越时间与空间的角度来看,电视首先是一个空间媒介,无论与其他媒体还是自身跨越时间的能力相比,电视在跨越空间这一维度上都表现出非凡的能力,这种能力主要立足于不断提升的电视传播技术,当然,无所不在的传播终端——早已进入千家万户的电视机也是一个必要的前提。

从电视技术的发展史可以发现,电视在技术上的多次重大突破都主要集中于如何提高电视媒介跨越空间的能力,也就是说,如何扩大电视信号传播的范围,并降低电视信号跨越空间所消耗的时间成本,有线电缆、微波传送以及卫星技术的实质都是如此。以在电视传播中具有重大突破意义的关键技术——卫星技术来说,从1962年7月美国发射的第一颗通信卫星——

"电星1号"成功地进行横跨大西洋的电视转播试验,到现今SNG设备在全世界范围内的广泛采用,其主要目的都是打破空间的束缚,获得在全世界范围内传播电视信号的自由。

直播卫星技术帮助人类实现了久违了的传播理想:异地同时的信息共享。更重要的是,这样的信息还包含着异国的形象、声响的具体内容。可以说,电视将人类利用媒介跨越空间传播信息的能力发挥到极致,它是一种即时的传播,电视信号的发送和接收都在同一时间进行。自CNN在第一次海湾战争中的神奇表现之后,电视新闻直播已成为人们获取新闻的习惯,人们要在最短的时间之内了解远方发生的事情,首先会想到电视。电视的这种迅速跨越空间的能力曾经让报纸不得不转向深度报道。因此,电视所谓时效性强的优势,其实是跨越空间的能力,它指的是电视跨越空间花费的时间非常少而已。毫无疑问,电视是性能优良且高度大众化的空间型媒介。

从跨越时间的角度来说,电视同样能够记录和保存信息,但是,它并不是一个非常好的时间型媒介。这一方面是由电视的载体和介质决定的。电视至今也没有找到一种跟文字传播中的纸张类似的介质——这种介质集存储与播放于一身,制造成本非常低廉,同时占用的空间非常之小,便于携带、储存和观看。与文字相比,电视信号所需要的存储空间更大,这限制了电视在克服时间束缚上的能力。另一方面,电视信息的读取也严格地受到时间的限制。在融入互联网之前,电视节目何时播出,以及按照什么样的顺序播出,都还无法由观众自由地进行选择,观众必须严格地按照时间顺序来观看电视,而不可能像看报一样可以随意选择,比如先看完末版再看头版。而且,电视的收看过程是不可逆的,除非用录像机把电视节目录制下来,否则看电视的过程就不可能像看书看报一样可以重复,在这一点上,电视节目跟口语相似,"说"完就形迹全无,再也无法找到之前电视节目的踪迹。

(二)全能符号

除了在传播的自由度方面具备克服空间限制的优势以外,电视在媒介的双螺旋链的另一个维度——保真度方面的优势更加明显。电视能同时传递包含画面、声音、文字、音乐、音响在内的多种符号,这些符号同时作用于接收者的不同感官通道,因此,无论从传送信号的信道系统来说,还是从接受信息的感官通道来说,电视都理所当然地是一个多通道传播系统。

从利用口语作为主要传播符号的人际传播开始,人类的传播都是在多个符号层面上进行的。"人们进行传播时,几乎都会通过多种符号渠道传递和接受意义。"①当人类传播进入电视阶段后,这种特征就体现得更为明显了。"按符号学的观点,从总体上说,电视节目最重要的特点之一或许是同时使用五个频道的趋势(五个频道指的是:图像、文字、声音、音乐、音响——引者注)。"②同时使用多种符号通道是电视的媒体优势所在,这一特点正好可以解释电视为什么能提供一个比报纸和广播等大众传播媒介看起来更为"真实"的世界。

与报纸、广播相比,电视提供给人类的世界好像是真实世界的自然复制,原因在于电视能为各种来自生活的信息提供最接近其本真状态的符号平台。而且,这些符号系统之间相互组合、相互限定,从而使意义的传递十分确切、具体和固定。电视使用的多通道的符号系统使其对真实世界的复制不再像文字符号那样可被随心所欲地切断和组合。"电影画面却是十分明确的,至少从它在每个观众身上所引起的思想活动来看,它还是单义的。因此,很明显,以画面—思维为基础的电影画面,其含混性远较口头语言为少,而从其严密性看,它倒更能使人联想到数学语言。"③在这一点上,电视具有同样的特质。

更重要的是,在同一时间传送给观众的这些符号无比"自然"地聚合、重叠在房间里的一个4∶3的画框中,互相之间配合默契,用一个二维平面向人们传达着这个世界的多维度信息和意义。正如文化评论家雷蒙德·威廉斯指出的那样,电视建构了一种不断流进家庭的文本材料海洋"流"。这种"洋流"的比喻说法所喻指的不是一系列孤立的文本,而是一条形象和声音的河流——虽然它到处有通道,到处被堵塞,但此河流没有任何一个部分是与其

---

① 胡正荣.传播学总论[M].北京:北京广播学院出版社,1997:118.
② 艾伦.重组话语频道[M].麦永雄,柏敬泽,译.北京:中国社会科学出版社,2000:18.
③ 马尔丹.电影语言[M].北京:中国电影出版社,1980:引言6-7.

余部分完全分隔开的。正是因为能够为多种符号提供通道,电视具备了良好的还原生活"原生态"的能力。

除了为多种符号提供通道以外,电视还具备强大的符号整合能力,后期合成平台(无论是线性的还是非线性的)能够将各种符号自由组合完成意义的传达,画面与画面之间、画面与声音之间丰富的蒙太奇方式就是再好不过的例子了。为多种符号提供通道是电视传播的基本特点,电视传播的多符号特征随着电视技术的日新月异而表现得愈发明显。电视成为现今大众传播体系中最强势的媒介,与电视传播的这一特点密不可分。

从以上的分析中我们看到,电视几乎兼容了以往所有种类的传播符号与传播方式:它是从绘画传播开始一直到电影的图像的延伸,它是从说话开始一直到电话、广播的口语的延伸,它还是从石刻甲骨开始到纸张印刷的文字的延伸。不过有趣的是,这仿佛让我们又回到一个老生常谈的话题上面了,即电视符号是图像、声音、文字三者的组合,果真是这样吗?

经过之前对媒介发展过程中的两大要素进行检索,我们应该可以明白,图像、声音、文字这样看似清楚的三分法其实并不能表明电视在符号层面的真正特点。电视的重点在于,它同时在对包含语言符号和非语言符号的多种符号进行传递,其中尤其重要的是,它为多种非语言符号提供了传播通道,实现了多种符号的共时传播。正因为这样的特点,在保真度方面,也没有哪一种媒介能与电视相比拟。

从符号性质上来划分,电视的这些纷繁复杂、眼花缭乱的符号种族,可以归为语言符号和非语言符号两类。电视集成了视觉、声觉方面的非语言符号,也集成了口语和文字两大类语言符号,电视展现给观众的是一个由多种符号构建的复杂系统,包括文字、口语、表情、手势、活动图像、音响、音乐等语言符号或非语言符号中的几种甚至全部。电视之所以强大,是因为它在符号层面无与伦比的优势,它几乎可以传递所有的语言与非语言符号。

尤其重要的是,电视使大量的非语言符号进入到大众传播中并使这些语言符号取代了传统的语言符号(比如在前两次传播高峰中,第一次以口语语言作为主要符号,第二次以文字语言作为主要符号)而成为主要的符号形式,同时它又能够按照语言的逻辑来对各种符号进行编码,从而达到一个前所未有的传播状态。

如果从技术的角度来看,电视达到这样的效果得力于多种技术发明。比如从黑白电视到彩色电视,使色彩这种非常重要的非语言符号进入到传播中来;ENG 技术的采用使声音和画面能够被同时记录和采集,从而使表情、动作、服饰、氛围等借助于视觉传递的非语言符号与口语、口音、音响等听觉层面的非语言符号同时传递;数字技术正在改写历史,它将会带来电视的各种符号在呈现方式上的巨大变化。

可以说,电视之所以能成为迄今为止最为大众化的媒介,很大程度上是因为它立足于一个非常强大的技术平台,而在符号层面又能将语言符号与非语言符号良好地结合,为形成一种平易近人的传播状态提供了可能性。

(三) 人际拟态

从符号的功用角度来考察电视符号系统内部两类符号的运作方式会发现,电视总是以语言的方式(在行为上体现为说话)来组织语言符号和非语言符号,使二者成为一个能够传递具体信息的符号体系。

尽管目前已经有很多研究表明,非语言符号(包括画面、音乐、音响)在传递信息的过程中占据了主要的作用(有的研究结果证明是 70%),但从叙述的组织这一角度来看,这样的划分显然有些简单。实际的情形是,语言符号和非语言符号互相配合来完成意义的生成。借用符号学中的"能指与所指"理论,语言符号和非语言符号在形成电视意义的过程中互为所指,限定对方的意指范围。比如,画面上说话者的表情可以加强他说的话的意义,而屏幕上出现的他的身份的字幕又可以提醒观众他说话的立场,这种"加强""提醒"都会产生对意义的限定。不过,在传递信息的过程中,由于非语言符号在大多数时候是模糊的、不明确的,因此,语言符号更多地承担了所指的任务,这也就意味着,电视是按照语言的方式来组织语言符号和非语言符号并形成叙述的。

但是,电视在按照语言的逻辑对语言符号和非语言符号进行组织的时候,更多地倾向于口语的逻辑而不是文字的逻辑。"任一媒介都有其独特的个性,而电视语言的'符码'(code)算起来比较偏向说话,而非书写。如果我们任意将'电视正文'(television text)当成文学作品来'解码'(decode)的话,除了注定要失败,也会得出一种对电视不公平的负面评估。"① 这样的叙述方式在具体的语言行为上就体现为:电视是按照类似于说话的方式——也就是人际交流的模式来组织叙述的。尽管文字已有五六千年的历史并且是人类文化的主要记录方式,但"事实上,电视却有违文字世代的基本价值……以文字书写而言,它注重前后一致、因果逻辑、抽象、清晰、人称等要素;相反,电视则是短暂、片段、特定、具体以及戏剧性的,且它的意义来自对比、矛盾、"符号的并置"(juxtaposition of signs)与口语及视觉的逻辑。"② 在尼尔·波兹曼看来,电视甚至在根本上就是文字文化的颠覆者:"电视无法延伸或扩展文字文化,相反,电视只能攻击文字文化。如果说电视是某种东西的延续,那么这种东西只能是19世纪中叶源于电报和摄影术的传统,而不是15世纪的印刷术。"③

  那么,电视为什么要按照说话——人际交流的方式组织自己的叙述呢?按照媒介进化论的观点,这是人类的自然选择,简单地说,是因为人际传播在所有的传播模式中效果最好。利用电视即时传播的特性以及利用多种通道传递多种符号的能力,电视新闻在传播模式上已经能够最大限度地接近人际传播这种模式,这种模式和效果正是电视所独有的,同时也是其他媒介无法达到的。当一个新闻节目开始的时候,总是由主播向你问好,引出事件,与现场记者交流情况,对当事人进行采访。总之,这一切信息的传递,都是在人与人的交流中展开的,尽管是以变动的现场画面作为核心,但它必须包裹在一个类似于人际传播的系统之内。它实现的效果正像一个人把你带到他要告诉你的实物面前,细细地向你解释其来龙去脉,它是一种人际传播的拟态,或者说,拟人际传播。"电视就像是理所当然的日常语言,它有助于了解人类如何建构周遭世界。事实上,正因为"电视论述"(television dis-

---

①② John Fiske, John Hartley. Reading Television[M]. 郑明椿,译. 台北:远流出版事业股份有限公司, 2002:8.
③ 波兹曼. 娱乐至死[M]. 章艳,译. 桂林:广西师范大学出版社, 2004:110.

course）与口语类似，我们才会有兴趣研究电视在社会中所扮演的传播角色。"①

当然，电视传播还是人际传播的"拟态"。之所以称"拟"，是因为电视的说话还是单向的、不可逆的。在主播和记者对观众说话时，观众是没法对他们说话的。尽管非常投入的观众在主播说"各位观众晚安"的时候也会在心里祝愿主播晚安，但无论如何这位主播是无法听见的。从这个意义上讲，电视还是传播（单向的），而不是交流（双向的），它只是接近于面对面的传播。之所以称为人际的拟态，是因为种种符号，无论是语言还是非语言，都是被包含在一个"我"向你"说"的人际交流状态过程中的。对于电视而言，这意味着：没有语言符号，非语言符号是难以理解的；而没有非语言符号，语言是非常干涩的。但这种过程缺乏一个即时回馈，因此只能是一种"拟态"。数字技术对符号的整合能力还在加强，我们可以通过短信、电话、邮件的方式对电视传播的效果进行反馈，但这只是另外一种补偿，在电视利用影像、文字、声音传播信息的过程中，受众无法用同样的符号向传播者传递信息，这一过程是不可逆的。

数年前，已有研究者非常明确地指出，电视传播的本质是人本化。"电视的本质是实现人本化传播，作为电视产生的本意，电视纪实发展的每一个进步都体现了人们利用技术的手段向人本性的回归。"②的确如此，但我们更加关心的是，电视人本化传播具体的实现方式是怎样的。前文的分析已经表明，正是在这样一种类似于人际传播的模式中，电视传播实现了人本化，因此，"拟人际传播模式"构成了电视人本化传播的实际内容。

电视并不完美，人类对于传播自由和传播效果的追求还在继续。在以互联网为基础构筑的信息社会中，我们已经看到了人类传播第四次高峰在云端展露的峥嵘。网络解决了电视在超越时间上的瑕疵，人类可以通过虚拟空间自由地穿越时间，可以实现远距离的人际交流。无论是对时间还是空间的跨越，互联网都达到了之前的媒介所无法企及的高度。

---

① 波兹曼.娱乐至死[M].章艳,译.桂林:广西师范大学出版社,2004:110.
② 殷乐.现代电视纪实的发展轨迹——传播的人本化[M]//朱羽君.现代电视纪实.北京:北京广播学院出版社,2000:378.

第九章 网络:数字连接与虚拟生存

巴芬岛,加拿大第一大岛,大部分位于北极圈内,在极地苔原上,一望无际的雪原,坚冰覆盖的海岸线,北极熊出没其间,这里是观测极光的绝佳地点,在漫长的极夜里,极光是世上最动人的风景。

岛上沿岸地区,生活着爱斯基摩人,他们更愿意称自己为"因纽特人"。这个世界上最大的原住民自治区,名叫纽纳瓦特,在因纽特语中的意思是"我们的土地"。他们的祖先4000年前来到这里,以渔猎为主的生活方式延续至今。与2000公里之外那些喧嚣的城市相比,这里完全是另一个世界,不过令人吃惊的是,这里是加拿大互联网最发达的地区。

岛上超过一半的居民家庭都接入了互联网,或许在世界上任何其他地方,互联网在居民生活中所起的作用,都不像在纽纳瓦特这么重要。政府有自己的网站,在专门的网页上可以读到因纽特人的历史。医生借助摄像机为病人做检查,病人哪怕远在离其首府伊卡鲁伊特1480公里以外,仍可以通过专业电子摄像机得到专家的急救。在这里出生的孩子,5岁便开始上计算机课,只要一涉及信息技术,天生好吵闹的孩子们便马上安静下来。他们浏览网上世界各地同龄人的照片,在教师的帮助下,写下人生的第一封电子邮件:"我们生活在美好自由的国度纽纳瓦特。您什么时候会来我们这里做客呢?"

这是当今世界网络化生存的极致景象。当以最原始的方式生活在极地的人们都被纳入互联网编织的虚拟世界时,人类就已经进入以互联网命名的全新时代。

一、网络的发展历程

（一）互联网发明的契机与背景

1."史泼尼克"危机

2007年出版的美国中学读物《史泼尼克号太空探索》的电子版的一开始写道：1957年10月4日，星期五，天光像往常一样亮起。数百万美国人黎明即起，在家里享用早餐。他们早餐时谈论的内容跟往常也没有太多不同。

然而，就在这一天莫斯科时间的晚上22点28分，在苏联的拜科努尔航天中心，三节捆绑式R-7运载火箭腾空而起，将人类第一颗人造地球卫星送入太空。这颗卫星名叫"史泼尼克"，旅行同伴的意思。它离地18,000英尺，每96分钟绕地球一周。这本50年后出版的中学读物中说：很多美国人声称第二天就听到了这颗卫星从天空发射出来的"滴—滴"声响。

在当时的苏联，"史泼尼克"并没有吸引太多的注意力。就连最高统帅赫鲁晓夫的儿子在第一时间知道这一消息时，也只是觉得苏联在技术领域又取得了一项成绩，就像造出一架新客机或建成第一座核电厂一样。苏联第一则关于"史泼尼克"卫星的官方消息非常简短，深埋在《真理报》中。直到两天后，相关消息才登上头条。

然而，在媒介更为发达的美国，"史泼尼克"却成为一场危机的名字。《纽约时报》指出，这颗卫星重83公斤，比美国准备在第二年初发射的卫星重8倍，这让包括总统艾森豪威尔在内的美国人感到震惊。这一事件狠狠地打击了美国一向以"自由世界领袖"自居的自大心理；开辟了冷战的另一个战场：太空竞争，以赢得太空领域的霸权地位；警示了美国整个科学界、文化界和教育界，迫使其反思美国的教育体制与教育理念。[1]

由于对科学技术的敏锐，美国人把苏联的卫星看成是对自己技术落后

---

[1] 程洁,张健.网络传播学[M].苏州:苏州大学出版社,2007:35.

的严重警告,并决心奋起直追。1958 年 1 月 31 日,美国人就匆匆忙忙地把体重只有 8 公斤的人造卫星"Explorer I"也送上了天。尽管其主要意义是象征性的,而不是实用性的,却表明美国人开始在国家安全和军事科学领域全面反思和着手加强。① 同一天,《时代周刊》引用国际物理空间年美国轮值主席约瑟夫·卡普兰博士的话说,苏联人的这项成就无与伦比。总统顾问、经济学家伯纳德·巴鲁克在《纽约先驱论坛报》上发表了公开信,题目是《失败的教训》,巴鲁克说:"当我们努力制造出新型汽车和更多小玩意儿时,苏联人正在征服太空……"

在接下来的几周时间里,"史泼尼克"成为美国人早餐时必谈的话题。然而,经历了"史泼尼克"时刻的美国人不会想到,此后的半个世纪人类将经历什么样的变迁。如今在 Ipad 上读到这本《史泼尼克号太空探索》的中学生们也很难想到 60 年前的故事与自己所处的时代有什么样的关联。

2."阿帕"成立

没有永恒的敌人,也没有永恒的朋友。

20 世纪中期,二战的硝烟刚刚散去,美苏两国因意识形态的不同,更因为争夺世界霸权的需要,由昔日的盟友转而成为剑拔弩张的仇敌。

1947 年 3 月,美国"杜鲁门主义"出台,苏联半年后就在社会主义阵营中成立了"情报局"。

1947 年 6 月,美国推出援助西欧的"马歇尔计划",7 个月后,苏联就建立了"经济合作互助委员会"。

1949 年,美国在军事方面建立了北大西洋公约组织,苏联则在 1955 年组织成立了华沙条约组织。

二战期间,美国已成功研制了原子弹。苏联则在 1949 年 8 月爆炸了第一颗原子弹,紧随美国成为世界上第二个拥有核武器的国家。1953 年和 1954 年,美国和苏联先后成功爆炸了比原子弹更具威力的氢弹。核战争的阴云一时弥漫在两个超级大国上空。

---

① 吉永宏,李彬,陈军.信息网络——人类新的时空隧道[M].北京:军事科学出版社,2003:6.

在史泼尼克升空之前,美国一直认为自己在导弹和航天领域占据领导地位。但史泼尼克的成功发射意味着苏联有能力从太空将核武器投射到世界的任何地方,这令美国如芒刺在背。对美国而言,国防指挥系统和控制系统的安全问题成为国家安全的最大隐患。

在经历了"史泼尼克时刻"之后,时任美国总统艾森豪威尔在5天之后的记者招待会上说,我已一再强调我对国家安全的担心。

要真正解决国家安全危机,必须保证美国拥有全世界最尖端的军事技术。1958年1月7日,在时任美国总统艾森豪威尔的提议下,美国国防部成立了"高级研究计划署"[①],简称"阿帕"。这个机构最初的工作重心是太空开发及最新战略导弹研究,后来研究领域渐渐拓宽,承担起探索未来技术发展、确保美国技术优势的任务。

5天后,国会的第一笔启动资金520万美元就拨了下来,而且总预算高达2亿美元,[②]是当时中国国家外汇储备的3倍。

按照美国的法律和政策,联邦政府的重大投资项目不由政府包办,而必须发包给民间,这样的做法避免了政府部门的腐败和浪费。具有浓厚国防色彩的阿帕自然也不例外,它要进行的国防科研计划全部由大学或公司进行研发,这个军事研究机构由此变身为慷慨的创新基金机构。

1965年,鲍勃·泰勒成为阿帕核心部门——信息技术处理办公室的第三任主任。上任不久,泰勒拿到了100万美元的研究经费,他并不知道,这将带来一个全新的伟大事物的诞生。

(二)互联网的发明与拓展

1. 联网的想法

退休以后居住在硅谷的泰勒家中没有移动电话、没有复印机、没有传真机和扫描仪,他的生活与数字世界似乎毫无关联,但是,在他家里可以俯瞰

---

① 程洁,张健.网络传播学[M].苏州:苏州大学出版社,2007:43.
② 吉永宏,李彬,陈军.信息网络——人类新的时空隧道[M].北京:军事科学出版社,2003:6.

整个硅谷。

因为对互联网的前身——阿帕网、个人电脑和计算机网络等现代计算技术发展的富有前瞻性的领导,鲍勃·泰勒获得了1999年度美国技术奖章,这是美国国家最高荣誉,由当时的总统克林顿亲自颁发。但泰勒不愿出差到华盛顿,他说:"我这辈子出差已经出够了,现在只想待在家里,实在不愿再出门。"他的理由居然被接受了,最后由他当年"阿帕"的老上级赫兹菲尔德替他从克林顿手中接过了奖章。

泰勒负责的信息技术处理办公室的前身是命令控制研究所,更名之后,这个机构一直关注电脑图形、网络通讯、超级计算机等领域的尖端课题。泰勒的办公室位于五角大楼的三楼,紧挨着国防部部长的办公室。泰勒的办公室有一间里屋是终端室,里面摆放着3台终端,型号都不相同,分别与3台主机相连。一台主机远在麻省理工学院,一台远在加州伯克利大学,一台位于加州圣莫尼卡市,3个终端互不兼容,各有各的程序语言、操作系统和上机步骤。

在泰勒看来,3台大型计算机不能相互进行信息交流,这对联邦经费是个极大的浪费。与此同时,使用阿帕经费的研究人员对计算机功能的需求越来越大,而当时的计算机是非常昂贵的,一般每台都在50万美元以上,甚至要好几百万美元,而且相互不兼容。一个站点的研究人员无法共享另一个站点的计算机资源,除非把机器挪过去。显然,唯一的办法是将这些互不相干的计算机连接起来。

这种把计算机连接起来的想法并非泰勒的一时灵感。

1946年,世界第一台电子计算机在美国宾夕法尼亚大学的莫尔电子工程学院诞生。[①] 这台为计算弹道而研发的机器并未在战场上使用,但它开启了电子计算机的历史,并为30多年后互联网的诞生奠定了第一块基石。

正是在计算机技术及与之关联的硅技术和微加工技术的基础上,人类关于未来技术发展方向的探索才变得越来越明朗。1945年7月,参与了第一台计算机发明的万尼瓦尔·布什在《大西洋月刊》第176期第1卷上发表了著名的《诚如所思》一文,他在文中假想了这样一台机器,"一种机械化的

[①] 吉永宏,李彬,陈军.信息网络——人类新的时空隧道[M].北京:军事科学出版社,2003:7.

私人档案馆及图书馆"，"可以任意地由一条信息立即自动选出另一条信息"，这就是影响深远的"Memex"（记忆延伸）概念，个人计算机、信息检索、超文本、超媒体、在线公用目录、全球网络及数字图书馆等技术发展方向都在此基础上产生。

万尼瓦尔提出这一概念并非一时偶然。二战以后，科学界对于理解通讯科学显示出极大的热情，一个由科学家、数学家、工程师和社会科学家组成的群体，对探索通讯过程产生了浓厚的兴趣。一些研究者组成跨学科的研究团体，半年或一年集会一次，其中，最知名的是"梅西基金会控制论会议"，从1942年到1953年共举行了10次，科学家们不仅对通讯和交流进行研究，更致力于如何推动有益的实践。

2."分布式"与"包交换"

1966年2月，有了联网想法的泰勒前去面见阿帕的主任赫兹菲尔德，建议由阿帕出面创建一个小型的试验网络，先将4台主机连接起来，然后再逐步扩大。泰勒讲得很简练，其中最能打动赫兹菲尔德的，恐怕就是网络的可靠性：一旦建成了这种由多条通道构成的通讯系统，即使发生了战争，即使某个节点被核武器炸毁，国防部下达的命令仍然可以通过其他节点传送，军事通讯依然畅通无阻。

一向大方的赫兹菲尔德马上拨给他100万美元。泰勒回忆说："不到20分钟，他就从不知什么人的户头上拨出100万美元给我，并对我说，'太好了，干吧！'"但光有钱是不够的，泰勒还需要找到一个能够完全领会他建立网络的思想，并且能够把这一思想贯彻到底的、优秀而有远见的电脑工程师。在泰勒心中，此人非拉里·罗伯茨莫属。

29岁的罗伯茨是当时麻省理工学院的林肯实验室高级研究员。他自学计算机技术，为林肯实验室最先进的电脑TX-2编了全套的操作系统程序，被人认定为计算机的天才。

1965年10月，罗伯茨曾主持过一次具有历史意义的电脑远程联网实验。他以电话线传输和声音调制方式，将麻省理工学院的一台TX-2小型电脑成功地连接到千里之外的加州圣莫尼卡，与另一台Q-32大型计算机实现了远程通讯。这是人类第一次实现两种不同电脑之间的远距离联网,而这正是泰勒需要的。

当泰勒专程到位于波士顿的林肯实验室请罗伯茨的时候,罗伯茨的态度却不那么积极。罗伯茨可以有足够的钱来"自行其是",并且有可能担任IPTO办公室未来的主任。出乎泰勒意料的是,罗伯茨拒绝了他的请求,他认为,这只是一个管理职位,他更想留下来做技术。

几个星期后,泰勒再次请罗伯茨出山,而得到的回答却更加明确:林肯实验室的工作已经够令人满意了,没有必要去华盛顿。

在此之后,泰勒几乎每两个月要给罗伯茨打一次电话,苦口婆心地劝他为国家效力,但罗伯茨仍然不为之动心。

"1966年的一年里,我都在挖空心思,想让罗伯茨改变想法,但我屡屡失败。"泰勒回忆说。

泰勒不是个轻易认输的人。屡遭拒绝后,泰勒使出了"杀手锏"——向阿帕主任赫兹菲尔德求援:"你不是掌握着林肯实验室的经费吗?难道你就没有办法让拉里来为我们工作?"赫兹菲尔德听后立即拿起电话,不一会儿就笑着回答:"让我们等着瞧吧。"

两个星期之后,罗伯茨进入阿帕履职。几个星期后,年仅29岁的他那种废寝忘食近乎工作狂的精神已广为同事所知。据说他曾深入研究被称为拜占庭的五角大楼的五环地形,用秒表计算出五角大楼各办公室之间最快捷的路线。

罗伯茨面临的首要任务就是筹建计算机网络。罗伯茨要解决的关键问题是:网络应该有哪几个节点,网络应该如何互联,结点之间怎样通信,如何解决网络结点计算机的不兼容问题,网络应不应该支持交互式计算,等等。其中,最关键的是如何解决网络的布局,并找到数据通信交换的关键技术。

在接下来将近一年的时间里,罗伯茨并没有找到理想的解决方案,直到1967年10月,在美国田纳西州召开的计算机装备协会研讨会上,他和阿帕的同事第一次听到了"信息包交换系统"。

罗伯茨听说的"信息包交换系统"来自英国国家物理实验室物理学家戴维斯的工作小组,按照这种设计,戴维斯已经建立了一个实验性的网络。由于经费的限制,戴维斯建立全国性网络的设想还无法实施。

罗伯茨从英国人口中还听说了一个人——保罗·巴兰。当罗伯茨回到华盛顿时,他才发现巴兰的论文早就躺在办公桌上,上面布满了灰尘。

保罗·巴兰是兰德公司的研究员,兰德公司以研究军事尖端科学技术和重大军事战略而著称于世。20世纪60年代初,核战争中的军事信息安全让美国国防部的大佬们头疼不已。传统的中央控制式通信网络是标准金字塔结构,一旦指挥系统被摧毁,整个通信网就会万劫不复。兰德公司受命研究这一课题。

1962年,巴兰构想出一种"渔网"状的网络,"渔网"的每一节点都有多条道路与其他节点相连,这样,网络中的任何一点被破坏都不会影响到整个网络的正常工作,巴兰把它称为"分布式网络"。

在此基础上,巴兰进一步设想,分布式网络的通讯可以把传送的信息切分为被称作"信息块"的较小单元,每个信息块自动选择网络中可以走得最快的"道路"传输,一旦所有的"块"都到达了目的地,就重新编排恢复成原来的信息。

巴兰并不孤独,在他进行研究的同时,英国物理学家戴维斯正在进行相似的研究。1965年11月,戴维斯构想出了被称为"信息交换系统"的数据通信网络。4个月后,当他在一个公开演讲中描述了自己的构想后,一位国防部的官员告诉了他保罗·巴兰的研究。几年后与巴兰碰面时,戴维斯说:"可能是你先有了这个构想,但我为它取了名。"

互联网是个庞大的信息传递游戏,这个游戏由成千上万台计算机共同参与,大家都使用共同语言TCP/IP,工程师称之为"包交换系统"。[①] 网站的每个信息包都是通过这个系统传递的,因此,在信息通道上,每台相关的计算机都要对"信封"上的目的地地址进行扫描,再发往下一台计算机,不停地朝个体的方向传递,直到到达个体的计算机上为止。

实际上,在巴兰提出"分布式网络"理论半年之前,麻省理工学院的伦纳德·克兰罗克博士就已发表过一篇类似的理论文章。三位科学家在三个不

---

① 诺顿.互联网——从神话到现实[M].南京:江苏人民出版社,2001:19.

同的地方,在互相完全不知情的情况下竟然得出了完全相同的结论——远距离网络通信必须通过"包交换"来实现。互联网的布局方案与核心技术必然性地出现在了地平线上。

分布式网络不仅奠定了互联网的结构基础,还将深远地改变以互联网命名的时代的社会结构。正如阿帕网从一开始设计时就是要改变传统军事指挥系统的金字塔结构一样,当互联网成为信息社会的结构基础以后,整个社会的结构方式也必然要从以前的金字塔式变为越来越扁平化的结构方式。正如弗里德曼所说:"这个世界是平的——越来越多的人会发现他们能够找到越来越多的合作对象和竞争对手,人们将和世界各地越来越多的人互相竞争和合作,人们将会在越来越多的工作岗位上互相竞争和合作,人们的机会将越来越平等。将他们联系在一起的是电脑、电子邮件、网络、远程会议和各种新软件。"[①]

3. 第一次连接

当"分布式"和"包交换"进入罗伯茨的锦囊之后,计算机网络的基础奠定了。罗伯茨关于网络的构思开始付诸实施。他首先要将加州大学洛杉矶分校、斯坦福研究所、加州大学伯克利分校以及犹他大学连接起来,以后再从这个核心出发,连接圣莫尼卡的系统 SDC、密执安大学和伊利诺伊大学,然后再与麻省理工学院的马克项目、哈佛大学以及位于匹兹堡的卡内基大学相连。

1968 年 6 月,罗伯茨向阿帕递交了"资源共享的电脑网络"设计报告,很快就获得了肯定,不到 20 天,阿帕就拨付了 50 万美元予以支持。

然而,要在两台遥远的主机之间建立顺畅的连接,每台主机还需要一台连接主机和网络输送线的小型计算机,来完成主机之间的信号交换,这就是后来被称作小精灵的批处理机。在罗伯茨递交设计报告的两个月之后,建造批处理机的招投标程序正式启动。

一年以后,第一台小精灵运往加州大学洛杉矶分校,它的大小相当于一

[①] 弗里德曼.世界是平的[M].2 版.何帆,肖莹莹,郝正非,译.长沙:湖南科学技术出版社,2006:7.

只冰箱,重 900 多磅,装在战舰那种灰色的钢制箱子里。第二台小精灵在一个月后送达斯坦福研究所。随着两台批处理机安装到位并与主机连接,两个节点的网络形成了。

第一个电脑网络在 1969 年 9 月 1 日上线,以其强大的出资者命名,称为"先进研究计划局网络"(ARPANET,阿帕网络),刚开始的 4 个节点设置在加州大学洛杉矶校区、斯坦福研究所、加州大学及犹他大学。这个网络开放给美国国防部合作的研究中心使用,但科学家一开始是为了他们自己的沟通而使用,还包括一个科幻小说迷的信息网络。[①]

1969 年 10 月 1 日,斯坦福大学和加州大学洛杉矶分校的计算机将进行首次连接。试验的第一步是要让洛杉矶操作人员把登录命令(LOGIN)传送到斯坦福大学的机器上。从麻省毕业后来到加州大学任教的克兰罗克教授命令他的助手查理·克莱恩坐在终端前,戴上头戴式耳机和麦克风,通过长途电话随时与斯坦福大学的终端操作员保持密切联系,以确认在包交换技术基础上建立的分布式网络的传输效果。

22 点 30 分,克莱恩带着激动不安的心情,准备在第一次联网时传输一个单词:LOGIN。他在键盘上敲入第一个字母"L",然后对着麦克风喊:"你收到'L'了吗?"

"是的,我收到了'L'。"耳机里传来对方操作员的回答。

"你收到'O'了吗?"

"是的,我收到了'O',请再传下一个。"

克莱恩没有迟疑,继续键入第 3 个字母"G"。然而,仪表显示传输系统突然崩溃,通讯无法继续进行了。世界上第一次互联网络的通讯试验,仅仅传送了两个字母"LO"!但它已足够成为网络连通的历史性时刻。

克兰罗克幽默地说,根据语音判断,"LO"可以代表"喂"(Hello),是我们向斯坦福大学的致意和问候。这是人类通过互联的计算机向世界发出的第一声问候。

1969 年 10 月 29 日晚上 10 点半,加州大学洛杉矶分校的查理·克莱恩

---

① 卡斯特.网络社会的崛起[M].夏铸九,王志弘,译.北京:社会科学文献出版社,2001:54.

与斯坦福研究院实现了对接。在克莱恩敲下第一个字符两个月后,具有4个节点的阿帕网搭建完毕并投入使用,一个崭新时代的轮廓开始慢慢浮现并不断清晰起来。①

4. 成功的基础

互联网发展的背后是科学、机构和个人的网络。② 作为最尖端的科研成果,阿帕网的成功建立并非偶然,它根植于美国二战以后科技迅猛发展的沃土。

1945年7月5日,万尼瓦尔·布什向刚刚就任的美国总统杜鲁门提交了研究报告《科学,无尽的边疆》,这就是著名的"布什报告"。作为罗斯福总统的科学顾问,万尼瓦尔·布什20世纪40年代早期组织和领导了制造第一颗原子弹的"曼哈顿计划"。其后,他先后参与了从氢弹的发明、登月飞行直到"星球大战计划"等众多重大的科学技术工程。

在报告中布什说,为了同疾病作斗争、为了国家的安全、为了公共的福利,必须依赖科学的进步,而科学的进步——即新知识的获得,要通过基础科学研究。他因此建议美国政府大力支持科学研究,而且政府不需自己设立研究机构,只需提供研究经费,让大学和私人企业依照研究表现来竞争政府的研究经费。

布什提出了一个对美国科研发展至关重要的原则,那就是国家在尽最大可能支持科学研究的同时,不能以损害科学家的独立地位为代价,因为他一贯认为"不戴枷锁"的科学家才能自由地思考并创造出新的知识。

5年之后,布什的设想得以实现,美国成立了国家科学基金会(NSF),政府提供的科学研究经费大幅增加,一批批杰出的研究成果随之涌现,美国很快成为全球科技第一的国家。

能够让美国科技真正腾飞的是全世界高端人才前所未有的汇聚。早在20世纪30年代和20世纪40年代,美国从逃离欧洲特别是纳粹德国的难民中挑选了三千多名科学家,他们在二战时期美国研制原子弹的过程中发挥

---

① 杨吉. 互联网:一部概念史[M]. 北京:清华大学出版社,2016:18.
② 卡斯特. 网络社会的崛起[M]. 夏铸九,王志弘,译. 北京:社会科学文献出版社,2001:57.

了突出的作用。二战后,美国政府根据国内外形势需要,颁布了影响深远的《1952年外来移民与国籍法》,其中有关吸引外来人才的原则规定,具有突出才能的移民占每年入境移民的50%。

全球人才中心从欧洲向美国转移,高端人才移入美国的浪潮像大西洋的海浪一样汹涌澎湃。在欧洲前往美国的移民中,技术类移民居多,以至于英国政府惊呼其"人才流失",认为在1952—1961年,每年永久性地迁出英国的专业技术人才相当于英国每年授予博士学位人数的17%。1961—1966年,英国流失的工程师和科学家达到2.67万人,相当于1964—1966年每年新增科学家和工程师的31%,其中1966年高达46%。

科技的发展、人才的汇聚为阿帕网这类科研成果的诞生提供了最好的孕育环境。

5. 阿帕网

在美国,凡政府出资的项目,都应体现着纳税人的权利而必须由纳税人分享,这意味着本属于军事科研项目的阿帕网,也不能由国防部门据为己有。外部的计算机因此可以连上这一网络,阿帕网被越来越多的人使用和共享。

1970年,美国4座城市的大学计算机实现连接。1972年,阿帕网建立了40多个网点,开发出电子邮件、远程登录、文件传输等3项重要功能。[1] 此后,平均每20天便有一台新的计算机上网。1973年,阿帕网首次跨过大西洋,利用卫星技术与英国和挪威实现了连接,世界范围的登录开始了。1975年7月,阿帕网移交给美国国防部通信局管理。1976年,阿帕网已经拥有了60多个节点和超过100台主机,其触角遍及美国并通过卫星延伸到了欧洲[2],1981年已有94个节点,分布在88个不同的地点。

1983年,担心军事机密安全问题的美国军方从阿帕网分离出来,建立了自己的军网,用于国防部门通信,国防数据网将民用和军用网络分开,113个

---

[1] 程洁,张健.网络传播学[M].苏州:苏州大学出版社,2007:44.
[2] 杨吉.互联网:一部概念史[M].北京:清华大学出版社,2016:33.

节点的阿帕网减少至 68 个。美国得克萨斯大学奥斯汀分校教授、以太网发明人罗伯特·梅特卡夫说:"这个项目是由军队赞助的,但并不是传统意义上的军队赞助。因为这个研究只是基本的电脑科学研究,而不是专门针对某项任务的军事研究。"

20 世纪 80 年代,阿帕网的使用逐渐以科研教育的民用为主。许多计算机科学家及技术发明人,如利克里德、保罗·巴兰、道格拉斯·英格尔巴特(鼠标发明人)、罗伯特·泰勒、罗伯特·科恩等对技术的热忱创造了一个网络化的创新氛围,使阿帕网逐渐脱离了与军事策略或超级电脑的关联。除此之外,在美国出现并逐渐蔓延的电脑反文化风波对互联网走向普通大众也起了重要作用。[1]

1985 年,美国国家科学基金会建立了"国家科学基金网",把已经建立的各种网络连接起来,并大规模扩充各主要州际站点的中枢,成为美国因特网的主干网。除科研机构和教育机构以外,美国的政府机构如国家航空航天局和能源部以及其他国家的一些组织和机构也加入进来。1986 年,因特网这一名称正是在这一基础上被正式使用的,其"网间网"(Internet)的含义表明:这是一种把不同的计算机局域网和广域网互连在一起的网络。

1989 年年底,阿帕网完成了自己的历史使命,退出了历史舞台。1990 年,东西方对峙多年的冷战以苏联解体宣告结束。1990 年,互联网上第一个提供电话拨号上网的商业机构"世界联网"成立。[2]

阿帕网对网络互联技术的发展起到了奠基性的作用。此时,全世界已有大约 30 万台主机、900 个网络连在了一起,它们构成了当今互联网的雏形。阿帕网由一个在核战争中免受毁灭性打击的系统,变成了和平条件下的民用交互通信网。它"由于自己的成功,而成为了一种快乐的牺牲品"。[3]

6. 同一个协议

在阿帕网运作之初,通过接口信号处理机实现互联的电脑并不多,大部

---

[1] 卡斯特.网络社会的崛起[M].夏铸九,王志弘,译.北京:社会科学文献出版社,2001:58.
[2] 程洁,张健.网络传播学[M].苏州:苏州大学出版社,2007:45.
[3] 美国信息研究所.知识社会[M].南昌:江西教育出版社,1999:189.

分电脑相互之间不兼容,在一台电脑上完成的工作,很难拿到另一台电脑上去用,想让硬件和软件都不一样的电脑联网,也有很多困难。当时美国的状况是,陆军用的电脑是 DEC 系列产品,海军用的电脑是 Honeywell 中标机器,空军用的是 IBM 公司中标的电脑,每一个军种的电脑在各自的系统里都运行良好,但却有一个大弊病:不能共享资源。

自始至终,几乎所有的科学家都一致认为:所有的计算机生来平等。为了让这些"生来平等"的电脑能够实现"资源共享",就得在这些系统的标准之上,建立一种大家必须共同遵守的标准,这样才能让不同的电脑按照一定的规则进行"谈判",并且在谈判之后能"握手"。

1970 年 12 月,最初的通信协议——由卡恩开发、瑟夫参与的"网络控制协议"(NCP)制定出来了,但要真正建立一个共同的标准很不容易。1972 年 10 月,国际电脑通信大会结束后,科学家们都在为此而努力。1977 年,在那辆厢式货车中,它被证明是可能的。两位计算机科学家温顿·瑟夫和鲍勃·卡恩共同参与开发了这个传输体系——"TCP/IP 协议"(见下图)。[①] 这一协议可以协调不同计算机之间的信息传递,发现中继错误,整理网址,完成信息传输任务。

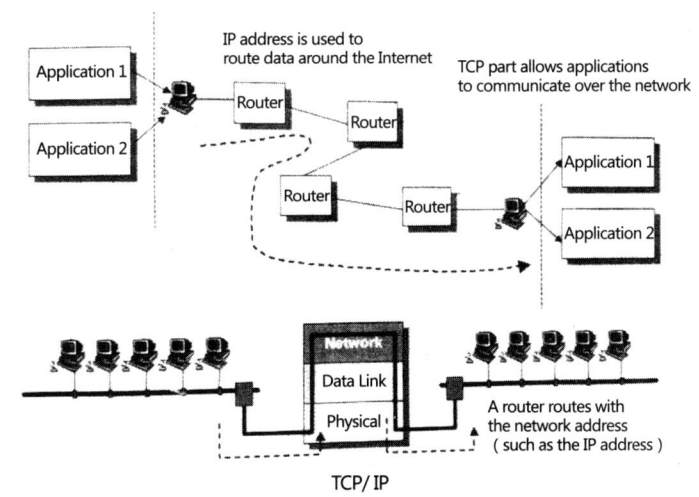

TCP/IP 协议示意图

---

① 杨吉.互联网:一部概念史[M].北京:清华大学出版社,2016:28.

在制定传输控制协议的一次试验中,从美国发出的信息包通过点对点的卫星网络,横越大西洋到达挪威,再从挪威通过陆地电缆到达伦敦,贯穿欧洲,再通过卫星网络和地面传输,传送回美国。传输期间经过各种电脑系统,全程9.4万英里竟然没有丢失一个数据,如此远距离的可靠数据传输证明了这一协议的成功。

1983年1月1日,TCP/IP协议成为因特网上所有主机间的共同协议,成为直到今天在开放系统下所有网民仍然遵循的基本规则。在这一协议的约束下,数十亿信息包每时每刻都在进行传递,从不间断,而且完全自动进行,无需人的干预,不得不说这是信息传输的一个奇迹。

1986年,互联网的发展再次迎来转折。这一年,美国国家科学基金会(National Science Foundation,NSF)为了满足各大学及政府机构促进其研究工作的迫切要求,将其在全美的6个超级计算机中心以TCP/IP协议为基础连接为一个主干网络,供全美大学、研究机构等社会公众免费使用,这就是著名的"国家科学基金网络"(NSFNET)。NSFNET开创了计算机网络建设的新时代:在美国国家科学基金会的鼓励下,很多大学、政府资助的研究机构甚至私营的研究机构也在随后几年纷纷把自己的局域网并入NSFNET中。①

1987年9月14日的一个晚上,在北京计算机应用技术研究所里,十几个人围在一台德国制造的西门子7760大型计算机旁,他们的任务是发送一封电子邮件,内容以英德两种文字书写,中文直译为"跨越长城,走向世界"。这个小组的负责人是王运丰,还有一位来自德国卡尔斯鲁厄大学的专家维纳·措恩。经过一番调试,技术小组在北京的计算机应用技术研究所搭建了邮件服务器节点。但第一次发送却因为服务器上的一个数据交换协议存在漏洞而失败。在第一次发送失败的6天后,项目组修补了漏洞,第二次试发邮件。1987年9月20日20点55分,这封邮件终于穿越了半个地球到达德国,这便是中国互联网在国际上的开山之笔。

---

① 杨吉.互联网:一部概念史[M].北京:清华大学出版社,2016:36.

美国政府担心中国会从互联网上攫取大量信息和技术成果,于是限制中国专线只能联入能源科学网(ESNET)、不得散布病毒、不得将 Internet 用于军事和商业领域。中国必须同意上述条件并签字,中国网才能与美国连通。中国接受了这些条件并由国务委员宋健在访美期间签字生效。

1994 年 3 月,中国获准加入 Internet。① 这标志着中国成为世界网络大家庭中的一员,成为第 77 个接入全功能互联网的国家。1994 年 5 月,中国联网工作全部完成。中国政府对 Internet 进入中国表示认可。中国的网络域名也最终确定为.cn。②

7.献给所有人

欧洲原子核研究会粒子实验室,简称 CERN,位于瑞士日内瓦城地下,是一个直径 17 英里的圆环。在这个圆环中,粒子被加速到接近光速后与其他粒子撞击,物理学家们通过这种撞击的结果来了解我们所存在的这个物质世界的本质。

20 世纪 80 年代末,一位名叫蒂姆·伯纳斯·李的英国软件工程师再一次来到 CERN,用他自己的话说是"回到了这里",他的任务是帮助实验室的物理学家们更好地处理信息。在 CERN,太多的信息让物理学家们在获取必要的信息和处理过多的信息时感到非常棘手。蒂姆用一年多的时间解决了这一问题,物理学家们难以想象的是,他提供的解决方案远远超出了他们的需求,直接导致了互联网历史性时刻的来临——万维网的诞生。

更让人难以想象的是,这一切的发生竟然是因为蒂姆的记忆力很差。比如,他经常记不清人的姓名和面容。他说:"我需要一个软件来使我更有条理,来保持对事情的记忆。"1980 年,他自己编写了这样一个程序,这时他正在 CERN 参加课题论证工作。几年后再次来到这里时,让他触动的是,这个庞大的实验室竟然也面临着跟自己一样的记忆难题。

CERN 的研究极为复杂,其人员流动性又极大,这让保持文件记录的连贯性成为极为可怕的任务。1989 年初,蒂姆坐在一台电脑前,开始致力于解

---

①② 胡泳,范海燕.网络为王[M].海口:海南出版社,1997:411.

决这一难题,他写出了一份字斟句酌的建议,这份建议将会使世界发生改变。

蒂姆提出用超文本的方式来解决 CERN 的难题,他写道:"使超文本系统和现有的数据结合为一体,以便提供一个通用的系统,并尽早达到实用的程度。"超文本授予读者强大的力量,到某个时候,他们获得的授权可能比作者想要的还要多。①

1989 年 12 月,蒂姆将他的发明正式定名为 World Wide Web,这就是我们熟悉的 WWW,也就是俗称的万维网。

对于"万维网"和"互联网",人们常常将它们搞混。实际上,互联网是一种电脑之间相互连接的全球网络,采用 TCP/IP 协议,通过分组交换实现数据的共享。万维网是集合了标志性语言、文档上网和超文本的概念,通过开放标准和协议使任何人都可建立自己的网络服务器和 html 文档。也就是说,互联网包含了万维网,在一定意义上,互联网与万维网是父集同子集的关系。②

1990 年 11 月,蒂姆编写出一个名为"浏览器"的程序,这是一个虚拟的"窗口",用户可以通过它看到互联网上各种资源链接而成的"网页"。它使大量毫不相干的信息变成了一个互联的统一体。

在蒂姆发明万维网之前,人们要访问互联网得像使用 MS－DOS 系统一样,人们要进入网络必须具有技术知识和最贵的工具,这使互联网成为计算机专业人员的领域,普通人很难进入。

蒂姆的万维网降低了互联网的门槛。他开发的超文本浏览器不仅可以让人们看到互联网上的内容,还可以在阅读文件时直接与其他文件进行链接。为了确保世界上任何地方的任何一台联网的计算机上的公开信息都能通过这种浏览器来访问,蒂姆又制订了一整套协议,包括 URL(统一资源定位器)、HTTP(超文本传输协议),并发明了构造文件的统一方法,即 HTML(超文本标注语言),这些发明简单易懂,普通人都能轻松掌握。

---

① 莱文森. 软利器:信息革命的自然历史与未来[M]. 何道宽,译. 上海:复旦大学出版社,2011:117.
② 杨吉. 互联网:一部概念史[M]. 北京:清华大学出版社,2016:41.

从概念的提出到编写浏览器和服务器程序,再到制订各项协议,仅仅一年多的时间,蒂姆便完成了万维网创造的全过程。1991年5月,万维网在因特网中首次露面,立即引起轰动,迅速在世界范围内推广应用。

普通人可以共享共用的互联网真的诞生了。

《数字化生存》的作者尼葛洛庞帝认为:1989年是因特网历史上划时代的分水岭。万维网技术给因特网赋予了强大的生命力,网页浏览的方式给了互联网靓丽的青春。多媒体手段的使用也使万维网信息内容从单一文字方式进入图画、声音甚至影像配合的阶段。①

如果说当初分布式网络奠定了互联网及这个时代的结构基础,那么超文本链接则具体地让每一个个体便捷地连接起来。连接,与他人的连接,与整个世界的连接,必然性地改变了互联网时代的价值坐标,人与人之间连接的重要性远远大于单个个体的重要性。群体至上开始替代工业时代以来甚嚣尘上的个人主义、个性主义,成为这个时代价值判断的新标准。

为了让所有人不受限制地使用互联网,尽管意识到WWW具有无限的商业价值,蒂姆·伯纳斯·李仍然放弃了为"WWW"申请专利,把自己的研究成果无偿向全世界开放。

如果蒂姆·伯纳斯·李为万维网申请专利,他将是世界最富有的亿万富豪。1992年,也就是著名的网景公司发明的浏览器尚未问市之前,蒂姆和他的研究伙伴曾向欧洲权威的律师咨询,考虑销售网络浏览器软件,但他最后放弃了这个决定。因为蒂姆当时预见到一旦他的浏览器市场开售,势必引起新一轮的网络软件大战,使得好不容易能得到统一的互联网浏览器协议又陷入割据分裂的状态,况且不同的标准将延误互联网的发展。② 伯纳斯·李个人失去了天价财富,却让互联网成为全人类的福音。

蒂姆后来在接受采访时说:"事实上,我已经对以何方式度过自己的一生作出了一些相当清醒的决定……我所受教育的核心是这样一种价值体

---

① 袁道之,白莉.网络:席卷全球的风暴[M].北京:经济日报出版社,1997:205.
② 杨吉.互联网:一部概念史[M].北京:清华大学出版社,2016:42.

系,即把金钱的得益放在恰当的位置,放在诸如去做我真正想做的事情的后面。"

1994年是互联网发展史上极为重要的一年,是互联网从科研教育网络转型为商业性网络的关键一年。这一年,提供搜索引擎和Web指南服务的公司迅猛增加,同时社会公众也越来越理解网络对社会变革的本质性意义,纷纷在网络上建立自己的个人网站。可以说,万维网软件的发明为互联网的大规模商业化、大众化、社会化奠定了基础。没有万维网,互联网就不能在短期内成为极具影响力的全球媒体,也不可能取得如今的成就。[①]

因无偿把万维网开放给全世界,蒂姆·伯纳斯·李赢得了世人的尊重。他被评为20世纪最杰出的100位科学家之一,《时代周刊》在介绍他的个人成就时说:"很难用语言来形容他的发明在信息全球化的发展中有多大的意义,这就像古印刷术一样,谁又能说得清楚它为全世界带来了怎样的影响。"

今天,人们只需要键入"WWW",就可以非常便捷地在互联网世界遨游,这一切都要归功于蒂姆·伯纳斯·李。在他波士顿的家中,蒂姆的妻子和两个孩子跟所有人一样,享受着互联网带来的快乐。

2012年7月27日,在伦敦奥运会开幕式上,"万维网之父"蒂姆·伯纳斯·李隆重登场,在全世界的注目下,他在一台老旧的NeXT电脑上敲击着键盘,通过现场大屏幕打出了"This is for everyone"(献给所有人)的字样,"感谢蒂姆"的环节赢得了全场的掌声,也赢得了全世界的喝彩。

8. 移动互联网

1999年2月22日的日本不同于以往,人们可以开通移动网络业务随时随地连接因特网,浏览信息,观看电影预告短片,下载游戏及图像,选择性别、星座、流派(空手道及相扑等)来创造自己的角色。

这种移动互联网业务是由日本最大的移动电话营运公司DoCoMo公司推出的I-MODE商业模式,也是全球最早开展的移动互联网业务。这种业务由社会各界多方合作,共同向用户提供服务,与一般PC拨号上网不同,I

[①] 程洁,张健.网络传播学[M].苏州:苏州大学出版社,2007:50.

-MODE 更像专线上网,只要开机就一直保持在线状态。运营商按使用量向用户收取网络使用费,内容提供商、应用开发商等根据不同的服务内容向用户收取信息服务费。I-MODE 手机一经推出,迅速风靡日本,一般售价在 3 万日元左右(约 3 千多元人民币),在线浏览以数据流量收费,每 128 字节 0.3 日元。

2001 年 5 月,日本 NTT DoCoMo 公司在全球率先推出 3G 移动电话试验服务。2008 年 6 月,苹果公司在全球开发者大会推出的 iPhone 手机掀起了 3G 的热潮。3G iPhone 凭借自己高端智能化的优势,迅速成为全球 3G 手机市场的引领者。

2010 年 3 月,全美第三大运营商 Sprint 在美国无线通信展上推出全球第一款 4G 手机 HTC EVO,这部手机采用 4.3 寸屏幕、1GHz 处理器及 Android 2.1 系统。

随着 4G 时代的到来,移动互联网的生活场景随处可见:人们选择外出时,可以在手机软件上订购机票、车票、出租车等;智能家居的应用使手机能够远程控制家里房门、窗帘、电视、电饭煲等的开关;人们可以通过手机随时随地进行文字、语音或视频聊天,也可以通过某个平台来发布自己不同形式的生活感想;人们在街上听见一首好听却不知道名字的歌曲时,可以拿出手机自动识别出这首歌。此外,智能手机还可以向我们提供新闻、天气、地图等各种跨越时间与空间的信息。

手机创造了一个移动互联的时代。越来越多的应用程序、增值移动业务的出现,让一机在手,越来越得心应手、无所不能,因此,用户也愈加"寸不离手",这是对用户而言的。从商家的角度来看,移动科技驱使他们走向一个空前彻底的"从实时到随时"的时代,无时不在、无处不在、无所不能,这便是移动互联产业极具想象力和爆炸力的地方。[1]

以微电子为基础的数字、无线通信等技术,可以通过不断扩展其可能的领域的方式,在通信的范畴和内容方面发挥着促进、增强和创造的作用。由于交往是人类活动的基本过程,在社会结构、社会实践和一种新的通信技术

---

[1] 杨吉.互联网:一部概念史[M].北京:清华大学出版社,2016:157.

之间的互动所修正的通信过程的确构成了一种深刻的社会变迁。①

9. 智能世界

2016年3月15日,韩国首尔四季酒店,一场不同寻常的围棋比赛正在举行。对弈的一方是14次获得世界冠军,在围棋界赫赫有名的韩国棋手李世石,另一方是由谷歌Deep Mind团队开发出的人工智能机器人——阿尔法狗。这场比赛已经进行了5个多小时,李世石由开局时的镇定自若,逐渐变得心烦意乱,失意疲惫,最终技尽途穷,于第180手投棋认输。

更让李世石始料未及的是,这场以他完败告终的比赛所获得的关注度,远远超过了此前任何一次他完胜的赛事。开赛之前,世界各地的媒体早已蜂拥而至。在比赛中,全球的观众,无论是否懂得围棋,都通过直播画面,注视着场上的一举一动,共同见证比赛结果的诞生,人们惊叹阿尔法狗的学习能力与智力水平,同时也恐慌人工智能会控制人类。

阿尔法狗的围棋大胜无疑是一场人工智能最好的启蒙宣传,到2017年,全球和中国的高科技巨头无一例外地推出人工智能战略,重金下注人工智能,可以说,人工智能的大热也预示着互联网开始进入"智能世界"。"互联网女皇"玛丽·米克尔发布的《2017年互联网趋势报告》提到了AR、图像识别、语音助手等技术正在改变人们的交流方式,这些技术逐步让人们不再只依赖打字这种信息输入方式。

二、网络的媒介特性

(一)时空偏向

1. 时间偏向

一般来说,传播媒介中的时间往往指某种活动在媒介中存在的长短,某

---

① 卡斯特尔.移动通信与社会变迁:全球视角下的传播变革[M].傅玉辉,何睿,译.北京:清华大学出版社,2014:210.

种活动与另一活动在媒介中依次出现的顺序以及它们之间的间隔时间。由此,我们可以通过3个指标来检验网络媒介的时间偏向,即信息保存的长久性、信息传播的顺序性、信息传播的时效性。

首先,就信息的保存而言,网络媒介是集计算机技术、网络技术、通讯技术等技术支持的新型传播媒介,不仅能够存储海量信息并备份,而且还能够实现信息在纵向时间里的长久存储。就信息存储而言,网络媒介的存储介质越来越小,信息不仅可以存储到磁盘、U盘、硬盘等介质中,而且可以存储且备份到网络介质中。

其次,互联网传播已经完全颠覆了大众传播的线性模式,成为典型的动态、开放、非线性传播的混沌系统。[1] 这种非线性传播可以说很大程度上得益于超文本技术的应用——一种按信息之间的关系用超级链接的方法,将各种不同空间的文字信息组织在一起,存储、组织、管理和浏览信息的计算机技术。[2] 这种由超文本发展出来的非线性浏览方式,使用户不再用一种一页页、一行行、一本本的方式,而是以直觉的、联想的方式将信息链接起来。[3] 由此,原有基于时间顺序的传播受到了冲击,信息得以超越时间而存在。

最后,信息传播的时效性也是衡量网络媒介时间偏向的一大标准。网络媒介固有的计算机网络通讯技术、互联技术以及信息工程技术等给大众提供了信息接收或内容生产分发的平台,因此,不论是大众信息,还是专业领域的细分化信息,甚至是"草根"个性化信息,网络信息传播的时效性都大大增强了。

由此,我们可以说,网络媒介先进的技术使其信息能够长久保存;非线性传播使信息突破了时间的限制;低门槛使信息传播内容更广,速度更快,时效性更强。

---

[1] 陈力丹.互联网的非线性传播及对其的批判思维[J].新闻记者,2017(10):46.
[2] 毕强,等.超文本信息组织技术[M].北京:科学技术文献出版社,2004:2.
[3] 毕强,等.超文本信息组织技术[M].北京:科学技术文献出版社,2004:56.

2. 空间延伸

伊尼斯认为传播媒介的空间偏向是指该媒介轻巧易于运输,适合知识在空间中的横向传播,可以说,信息传播的地理延伸越远,媒介的空间偏向越强,网络媒介正是具有高度空间偏向的媒介。尼葛洛庞帝说:"比特没有颜色、尺寸或重量,能以光速传播。"网络媒介中信息的传输以"比特"的形式,通过各种移动终端——手机、平板、笔记本电脑等随时随地来进行,从而打破传统媒介在物理空间中的局限,在地理空间中广泛延伸。"信息传递时间的不断缩短,使原来限制人们交流与交往的空间问题从某种意义上可以被忽略,即空间距离相对缩小……网络超越了传统的国家界限,令距离感归于消失。"① 除此以外,网络媒介中的信息通过文本、图像、动画、声音等元素糅杂在一起的多媒体表现形式来进行传输,这种形式使信息的并行信道大大拓宽,也使网络媒介的空间偏向大大增强。

当代国际上最著名的社会学家曼纽尔·卡斯特提出两个颇有创意的概念——"流动空间"与"无限时间"。"流动空间"是指在电信、交互通信系统和快速交通运输技术等技术支持之下,物流组织通过网络通信在一定距离之间所同时进行的社会交互活动;"无限时间"是指按照时间密集排列或根据顺序的瞬间而即时排列的社会行为的先后顺序。② 可以说,网络媒介这种去地域性与去时间性正是其信息传播时空偏向的写照。

(二) 符号互动

网络媒介给人类传播带来的变革不仅是空间距离与时间速度上的突破,它还采用文字、图像、声音、影像、音乐等几乎所有的符号形式给人们带来全新的感官体验。可以说,网络媒介形成了人类体外化的声音信息系统与体外化的影像信息系统,这种视听符号媒介使人类的信息传播与文化传

---

① 董炎.信息文化论——数字化生存状态冷思考[M].北京:北京图书馆出版社,2003:92.
② 卡斯特.移动通信与社会变迁:全球视角下的传播变革[M].傅玉辉,何睿,译.北京:清华大学出版社,2014:145.

承的效率和质量产生了新的飞跃。网络媒介中的文本与文本之间、电脑与电脑之间、网络与网络之间可以通过"超链接"实现"让任何人在任何地点、任何时间,通过任何设备完成他们想做的任何事情"。"历史上首度将人类沟通的书写、口语和视听模态整合到一个系统里,通过人脑两端,也就是机械与社会脉络之间的崭新互动,将人类心灵的不同向度重新结合起来。"①

如果将互联网看成符号系统,它的虚拟性与交互性无疑使人类语言符号能力在信息社会得到延伸。在当下的互联网语境中,我们不再需要以面对面的方式来传递信息符号,网络视频这一丰富的符号集合便能完整地传递人们的内心密码。无论是文本、图片、标志等视觉符号,还是音乐、声音、自然之声等听觉符号都可以通过社交软件、直播平台、网站、邮箱等进行"原始性"分享。正是这种对现实的反映与信息的无门槛分享使互联网构成了一个以人为中心的符号世界。

"互联网符号王国"从某种意义上来说也是网络中的大众通过象征符号和意义相互作用、相互影响的结果。乔治·米德认为,自我是"主我"与"客我"的统一,前者是个人的主体意识,后者是从周围观察到的他人对自己的态度、评价和角色期待。② 这种社会自我的形成也是符号意义互动与共享的过程,可以说,人类社会交往的本质就是运用符号体系的活动,而互联网文本、图片、语音、视频等多种沟通方式最能体现这种本质。

(三)网络的局限

1.介质局限

互联网在以电脑为介质形态进行传输时存在着难以规避的载体局限。互联网最初是以电子计算机为介质进行指令传输的,虽然现在的笔记本电脑已经做到体积小巧且携带方便,但世界上第一台电脑却重达27吨,占地167.2平方米。即使电子计算机一直在进行介质形态的进化与完善,但在互

---

① 卡斯特.网络社会的崛起[M].夏铸九,王志弘,译.北京:社会科学文献出版社,2001:406.
② 郭庆光.传播学教程[M].北京:中国人民大学出版社,2011:44.

联网成长的过程中,很长时间内包括现在,一些国家或地区都是以使用台式电脑为主。网络媒介主要的载体——电脑,存在着固有的缺憾——体积庞大、沉重且携带不便、存储容量小、价格昂贵、无法容纳大容量软件、显示屏尺寸固定、长时间使用会给使用者的视觉带来不适等。除此之外,电脑的使用也是有条件的——有能力支付电脑与网络费用,有识字能力,有电脑操作能力。

2. 信息失控

互联网是人类的一项伟大创造,为我们打开了信息时代的大门,然而,它的媒介内容却很难为人所控制而完全走向良性发展。

美国作家尼古拉斯·卡尔在他的著作《浅薄:互联网如何毒化了我们的大脑》中指出:"互联网为我们提供了一个容量大得多的记忆体(存储器),同时也清空了我们的大脑空间,以便执行更有价值甚至'更加人性化'的计算任务。"①可以说,在当下网络技术不断发展的背景下,世界的知识与信息都处于大爆炸状态,网络信息已经浸染到人们生活的方方面面,大大超过了人们的处理能力和有效应用的需要,个人信息接收严重"超载"。卡尔也做出提醒:"人类文明不只是互联网所表现出来的'全世界信息'的总和,也不只是可以简化为二进制代码并上传到互联网的所有内容。人类文明要保持勃勃生机,就必须在每一代人所有成员的头脑当中重建。"②

此外,"第二屏效应"正在入侵每个"网络人"。第二屏效应是指一边看电视直播,一边玩手机或平板电脑,即同时使用多个设备消费媒体内容,长久发展可能会对人的大脑系统产生损害。据英国相关机构统计,三分之二的英国青少年会在观看电视节目的同时,使用另外一个移动设备。

网络化生活中的人类的所有时间碎片几乎已经被整合,人类数万年形成的"一心一意"的思维惯性,正在被"一心多意"和"三心二意"的互联网接收和传播方式取代。

---

① 卡尔.浅薄:互联网如何毒化了我们的大脑[M].北京:中信出版社,2012:33.
② 卡尔.浅薄:互联网如何毒化了我们的大脑[M].北京:中信出版社,2012:40.

"大数据"时代,网络给人们提供了更加全面、快捷、有效信息的同时,也使个人信息安全遭到更大的威胁。在网络环境下,每个网民都难以规避在网络上留下信息痕迹,黑客甚至普通网络用户都可以搜集到用户的信息,这极大地削弱了用户对个人信息的控制权。虽然就网络信息安全问题,人类已经出台了相关法律法规与保护措施,但网络信息安全仍然是网络媒介不可避免的问题。

网络媒介发展伊始以传递信息为主,但发展到今天,不良信息的入侵也成为网络媒介的一大问题,毕竟它还无法在技术上完全实现信息把关与过滤。互联网在发展的早期以提供知识型信息为主,但随着互联网的快速发展,多元海量信息,包括各种低俗、虚假、赌博、诈骗等不良信息开始涌入这张网,这不仅使青少年的价值观念受到了侵袭与毒害,而且对社会的和谐稳定造成了影响。

美国哈佛大学知名教授桑斯坦在他的著作《网络共和国》中指出,网络技术的发达以及网络信息的剧增使用户能够搜索自己感兴趣的信息,甚至能够根据自己的喜好量身定制一份"个人日报"(这种个人定制已经作为算法类资讯平台的商业信息服务),但当个人长期处于自己所建构的信息茧房中,这种信息"同质化"与"窄化"会使个人生活呈现定式化与程序化。可以说,在当下的网络环境下,几乎没有人能逃得了"算法"的控制。

3. 数字鸿沟

1999年,美国国家远程通信和信息管理局发表的报告《在网络中落伍:定义数字鸿沟》中指出,人们接触和使用的互联网基础设施、软硬件设备与其经济地位呈正相关;人们使用互联网处理信息的基本知识和技能与其所受的教育密切相关。我国学者陈力丹也指出:"数字鸿沟是一个复杂的、多维度的现象,它既存在于信息设备的技术领域,也存在于信息资源的应用领域;它既存在于多个不同国家、不同地区之间,也存在于同一社会的不同社会群体之间。它是伴随互联网和新媒体技术产生的一种社会不平等现象,与社会各类不平等因素之间有着相互作用的关系。信息技术接入前和信息资源接收时的社会不平等因素造就了数字鸿沟,数字鸿沟可能会深化社会结构方面的不平等现象。"①可以说,技术带来的数字鸿沟是网络媒介发展中不可避免的现象。

三、互联网与数字文明

网络媒介不仅仅是人们生活中的"器物",它还为我们建构了一个虚拟世界,彻底改变了我们的生存方式、交流形态,使我们成为它的"朋友""伙伴",甚至演变成"网络人";它改变了世界格局,改变了人类知识生产和传播的方式与方法,同时也改变了人类对时间和空间的看法以及处理方式;它改变了人类社会形态、生产方式、社会结构、文化特征、人类心理等各个方面,对人类文明的变革是不论巨细、彻底全面的。

(一)虚拟世界

新事物的出现总是超越我们既有经验和逻辑,让智慧的人类对未来发生不可避免的错误判断。在电话发明时,邮政业发达的英国拒不接受,美国人倒是接受了这一新鲜发明,但一个市长在展望未来时说:100年之后,我相信每个城市都会有一部电话。让汽车走进普通人家庭的福特曾说,人们需要五颜六色的汽车,但我们福特只生产黑色的。曾在IT业呼风唤雨的IBM曾说,世界上只需要5台电脑。

互联网开启和创造的一切,早已超出人类的想象。在短短的时间之内,互联网已经成长为一个辉煌的"年轻人"。到2018年,互联网在全球范围内拥有40亿"粉丝",相当于地球总人口数的52%;全球50亿人拥有手机,且超半数是智能型设备;人们每日为这个迷人的"年轻人"投入的时间达6小时,相当于将10亿年的目光投注在它身上。

除此之外,互联网带来的虚拟世界已经挣脱了时间与空间的束缚。在后信息时代,由于工作和生活可以在一个或多个地点,于是"地址"的概念也

---

① 陈力丹,金灿.论互联网时代的数字鸿沟[J].新闻爱好者,2015(7):33.

就有了崭新的涵义。① 数字化的生活好像"超文本"挣脱了印刷篇幅的限制一般,越来越不需要依赖特定的时间与地点。互联网创造了一个所有人瞬间共在的数字世界,这个上天入海、遍布世界的虚拟网络,已经将人类栖居的地球变为瞬间互联的小小村落。

然而,在网络虚拟世界中畅游的我们也应警惕网络景观的随处入侵。对每个网民而言,网络世界不再仅仅是客观世界的复制,它已经成为一种"第二自然"环境,因为对这一环境的痴迷导致许多网民丧失了自己对本真生活的渴望与要求。

(二)交往形态的嬗变

万维网带来的全人类信息共享让所有人为之欢呼,当我们用历史的潜望镜回望,这种强烈的情感释放根植于百万年来人类在进化过程中对信息自由传递的永恒追求。

互联网时代的到来使迄今为止最大范围、最快速度、最自由的信息获取方式出现了。互联网几乎让以往的所有交流方式发生了改变。它让244岁的《大英百科全书》停止印刷;它让305岁的报纸广告营收被互联网广告超过;它让固定电话变为移动手机;它让文档存取从文件柜、贴标签变为云存储、多终端;它让信息传递的主体从专业记者、专业媒体变为公民记者、自媒体;它让人与人之间的交往从面对面变为社交网络;它让教育从教室、阅读材料变为网络上的公开课堂;它让知识获得从查阅图书馆的书籍变为随处可得、实时更新、人人都是权威;它让摄影从专用相机、手动传输、冲洗照片变为手机拍摄、随时分享;它让黄页从纸质目录变为有评论、照片、推荐且易于搜索的网站;它让交通从查阅地图、广播路况变为数字地图、实时交通数据;它把过去令人牵挂渴盼的一封信变成今天每天围绕在周边的 E-mail、短信、微信;它把过去成为社区一景的老邮差变成今天满城飞奔的快递员;它把珍藏的唱片变成今天人们可以下载的影音文件;它甚至让支撑它的计算设备朝生夕改,从台式机、笔记本变为平板电脑、智能手机,从键盘、鼠标变

---

① 尼葛洛庞蒂.数字化生存[M].胡泳,范海燕[M].海口:海南出版社,1997:195.

为触屏、声音。

自从这个名叫互联网的孩子爬上了人类舞台的中心之后,旧有的生活节奏全都改变了。今天这个被发明了,明天那个被发明了,它创造了一个发明创造、更新换代的空前快速的节奏,让日历都感到紧张。

如果我们把一天中的 24 小时作为一个单元,Facebook 可以产生 32 亿条评论和 3 亿张照片;Twitter 可以新增 2 亿条微博,约 50 亿个单词,而这个数字比《纽约时报》60 年的词语总量还多一倍;YouTube 可以上载 7 万小时的视频和获得 40 亿次的浏览量。2015 年,互联网上一秒钟传输的视频需要一个人花 5 年的时间才能看完。

这个虚拟的网络为人类堆出了一座信息、知识、智慧的珠穆朗玛峰,高不可攀,但我们又必须攀登。

网络在给我们的交往带来巨大便利的同时,也使人们逐渐感到孤独与焦虑。在虚拟社交平台,人们能够控制交流的呈现方式,能够编辑、修改面容、语言、声音,使其达到刚刚好的程度。社交网络让人们能够体验到被关心和陪伴的感觉,同时又能控制这种联系。虚拟社交让用户在不同的社交平台不断切换,联系越来越多,但孤独、焦虑却没有因此减少。人们开始丧失独处的能力,一旦出现独处的情况,人们就会变得更加焦虑、恐慌,然后拿出手机,打开社交媒体,尝试用联系他人的方式解决孤独的恐慌。被称为信息技术领域的"弗洛伊德"、网络文化领域的"玛格丽特·米德"的网络时代最权威的社会心理学家雪莉·图克尔 2012 年在 TED 演讲中说道:"人们通过移动设备把自己牢牢地拴在网络上,从而获得一种自我的新状态。从一开始,它就意味着某种授权:它可以从现实环境中脱离——包括其中的人。"信息技术在给人们带来沟通便利的同时,也使人与人之间的关系弱化,有些人甚至因此丧失了面对面交流的能力。

网络的虚拟环境已经在潜移默化中影响着我们的日常生活:家人在一起,不再谈心,而是各自看电脑或手机;朋友聚餐,不再叙旧,而是拍照或看手机;学生上课时,不再听讲,而在自己的网络世界"活动";即使是相邻几米的舍友或家人,也要通过手机进行沟通。

英国心理健康基金会的调查显示,在 18—34 岁的人群中,感到孤独的人所占比例近60%,而这一年龄段的人群正是社交网络的主要使用者。社交媒体开始成为现代年轻人必不可少的"伴侣",但这个"伴侣"并没有给他们带来归属感与满足感。在社交网络中,每个人都看似相互联系,但又各自生活在自己的"气泡"中。

图克尔认为,在互联网时代,如果我们既要享受信息技术带来的便利,又要摆脱信息技术导致的孤独,就必须找到一个两全其美的好办法:一方面,我们要学会独处,体会独处带给人们的好处;另一方面,朋友、亲人要更多地坐在一起,面对面谈话、讨论。

(三)部落化生存

在流淌的人类历史长河中,人类从洞穴丛林中的原始部落,走向日出而作、炊烟袅袅的村庄,走向拥挤繁华、昼夜不息的都市,而当互联网把地球变成一个小小的村落的时候,人类是否又开始像地球村的提出者麦克卢汉所说的那样,重新走向部落化的生存?可以肯定的是,我们再次像蚂蚁、蜜蜂一样聚合在一起,但不再是像大迁徙、大航海、城市的脚手架那样物理聚合而成的群体,而是个性万千、自由分合、自组织、自适应的关系部落。

网络的力量在于它使构建群体的努力变成一件"简单的可笑"的事情。[1] 再也不存在商业机构一手垄断图像、艺术、信息、舆论等事项的大规模分发出口的情况了。[2] 在大规模业余化时代,具备新能力的群体在形成,他们的工作无须遵循管理规则,克服了限制其有效性的传统桎梏。[3] "社会性软件和人人时代"使人与人之间,恢复了部落时代才有的"湿乎乎"的关系——充满人情、关注意义、回到现象、重视具体。

在这个部落里,微博上的一条转发,微信上的一个留言,随手拍下的一幅街景,与宏大的社会建构似乎毫无关联,但未来世界就是如此建构起来的。每一个微小的努力和细微的个体都是紧密连接的互联世界的有机组成

---

[1] 舍基.未来是湿的[M].胡泳,沈满琳,译.北京:中国人民大学出版社,2009:译者序6.
[2] 舍基.未来是湿的[M].胡泳,沈满琳,译.北京:中国人民大学出版社,2009:译者序13.
[3] 舍基.未来是湿的[M].胡泳,沈满琳,译.北京:中国人民大学出版社,2009:15.

部分,没有哪一个部分是置身网外的,也没有谁可以充当救世主。信息的公开透明已经逐步让位于信息的流动。流动性,成为新时代、新世界的新哲学。一个人所共知、共存、共享的互联网时代已经不可抑制地来临,我们每个人都已身在其中了。

(四)网络人

我们的孩子还没有学会语言表达,却试图触摸所有的屏幕,因为男人、女人、富人和穷人都在这样点着。这个须臾不可离开的强大新事物,不仅让我们平均每天超过 6 小时以这样的姿势伸展着双臂,而且有了一个被称为技术性病变的鼠标手。这是一种每 100 人中就会有 5—10 人患上的手部综合征,除此以外,互联网给人类的身体带来的姿势性病变还包括键盘腕和屏幕脸。

在曾经熟悉的生活中,每一种表情都与环境互为表里,表情中渗透着环境,环境支配着表情。然而现在,就在身边出现的表情却属于遥远的地方,它们被一个引力强大的远处世界牢牢牵系,被一个名为互联网的庞大新生重新支配。

我们就这样不知不觉,又震惊地进入了新时代。

千百万年来,人类一直生活在地球这一唯一的家园之中。然而,当人类进入互联网时代的时候,仍然栖居在地球上的人们都将不得不面临前所未有的困惑:我们将更多地生存在真实的、物理的地球之上,还是会更多地生存在虚拟的、数字的村落之中?

(五)网络赋权

在传统媒体时代,社会资源的分布极不平衡,大部分资源都集聚在精英阶层,普通受众并没有充分享受信息的选择权与新闻舆论的监督权。法国哲学家米切尔·福柯生动地将这种对人类社会控制的形式与状况比作古罗马人发明的一种金字塔式的全景式监狱,即狱卒可以在牢房顶端观看底下的所有犯人,而犯人们却看不到他,并且犯人之间也缺少沟通与信息传递的渠道。

互联网的到来打破了这种局面,在信息的生产、传播甚至监督中,公众的参与度都大大增强。人们通过参与信息的生产与传播,改变了政府与媒体掌控信息的单一局面。除此之外,个体还可以通过网络平台形成发声群体,设置着社会公共议程,监督且议论着公共视野中的管理者或媒体,使处于网络环境信息场域下的政府承受着前所未有的压力与挑战。

(六)共享时代

在传统社会,邻里之间会互借东西,朋友之间会相互借书或传递信息,这都是一种"共享经济"形式上的表现。但这种共享一方面会受制于空间,另一方面也需要彼此之间相互信任。

随着Web2.0时代的到来,各种网络虚拟社区、BBS、论坛开始兴起,人们可以在这些平台上分享信息,表达观点。2010年前后,随着Uber、Airbnb等一系列实物共享平台的出现,共享经济的形式走向实体化。共享经济成为一种以获得一定报酬为主要目的,基于陌生人且存在物品使用权暂时转移的商业模式。

2013年3月9日出版的《经济学人》杂志封面文章——"共享经济",描述了这样的情景:"在这个星球上,没有什么是不能从别人那里租到的。30美元一晚的客房、8美元一天的自行车、9美元一小时的皮卡、10美元一天的停车位、6美元一天的割草机。如果你去参加派对,但是缺一个爱马仕手包,花100百美元就能租用一天;如果你想出海,但是没有游艇,花300美元就能拥有一天;那出门时没人照看宠物狗怎么办?只需要花5美元,就会有人来帮你遛狗……"

时至今日,共享经济已经深入我们的生活。这是一个前所未有的共享时代。

> 互联网时代是一个关联的时代,在这个时代中,我们会由一种个体变为一种集体。我认为,在互联网时代中,我们通过结合把自己变为一种新的、更强大的物种。
>
> ——《连线》杂志创始主编、"网络游侠"凯文·凯利

我觉得，至少在某些方面，互联网像蒸汽机一样掀起了一场革命。今天，大多数人都以一种我们当时开创互联网从未意识到的方式进行沟通。当今，几乎所有的沟通都有赖于互联网技术，在二十年前，这几乎是通信企业也无法相信的场景。

——英国伦敦大学计算机学院教授、英国互联网之父彼得·克斯汀

网络的形式将成为贯穿一切事物的形式，正如工业组织的形式是工业社会内贯穿一切的形式一样。网络形式是一种社会形式，而非技术形式，没有网络科技即无从存在。这就是我所说的网络社会。

——美国南加州大学传播学院教授、
国际著名社会学家曼纽尔·卡斯特尔

网络从很多方面改变了人和人之间的关系。我认为我们现在还处在起点上，互联网已经改变了我们工作和生活的方式，但是我们现在真正想要实现的是，利用互联网帮助世界各地的人们相互交流和加深理解。

——万维网发明人、互联网之父蒂姆·伯纳斯·李

这些将毕生都奉献给互联网发明或研究的人不约而同地谈到网络媒介给人类社会文明带来的巨大变革，互联网使世界各地的人与人之间快速产生联系，且基本是零花费；互联网使人类的社交文明焕然一新；互联网使事与事之间不再是静态游离的联系，而变成移动的相互联系。

如果说互联网给人类带来以上诸多且巨大的沟通便利与信息传播便利，那么手机的发明则让互联网的作用发挥到极致——手机补偿了网络媒介的介质局限，让沟通变得随时随地，打开了互联网的另一扇大门。

第十章　手机：移动交互与智慧文明

公元前51年，古罗马政治家兼演说家马库斯·图利乌斯·西塞罗在今天土耳其东南部的西里西亚任地区行政官。作为政治生活的中心人物，通过各方信息来掌握罗马的情况对于西塞罗而言尤为重要。

当时，"既没有印刷机，也没有纸张，信息传播靠的是信件和其他文件的交流"。[①] 人们将信息或文件抄录在莎草纸上，写下自己的评论，然后与别人分享；书籍的流传也是一卷卷莎草纸从一个人手中传至另一个人手中；有些可公开的信息会被当众公布或高声朗读，以飨大众。作为政治家的西塞罗做完演讲后也会将演讲词的抄本赠给身边的朋友，这些人阅读后再传给其他人；他如果想知道最新的官方新闻，就得派人将国家新闻公报上的内容抄写下来，再经由几周时间传递到自己手中。西塞罗也常常用获取到的抄本或信息与其他精英阶层知道的信息互换，即使有些是谣言。

今天，西塞罗曾经面对的无比繁复的传播过程通过一个随身携带的小小电子器件就可轻松实现：一部手机跨越了人声与车马、书信与行走，人们可以任意选择文字、语音或是视频来即时地传递或获取信息。而且，手机不再只是信息传输的便捷工具，这个被人们玩弄于股掌的物件连接着家人和朋友、连接着工作和生活、连接着生产和消费、连接着经济和政治、连接着文化和娱乐，仿佛人类社会的一切都可以由它一手掌握。手机改变了媒介自身的历史地位，影响着社会的多个层面，渗透进每个普通人的日常生活、思

---

① 斯丹迪奇.社交媒体2000年——从莎草纸到互联网[M].林华，译.北京：中信出版社，2015：3.

维方式和精神世界,从而开启了一个全新的智慧文明。

如果西塞罗穿越到现在,一定会对手机及其引发的社会变革大吃一惊,尽管生活在这种变化中的人们对此已经习以为常。

一、手机的发明与普及

(一)手机的诞生

1973年4月3日,美国纽约曼哈顿的大街上,一位男子手握一个比砖头还大的"对讲机",兴高采烈地说了一通话,这一举动引起了过往路人的关注与好奇,但没人能想到这个类似"对讲机"的通信工具,将会经历迅速的更新迭代,成为改变人类信息接收和传递方式的媒介——手机。这位男子就是美国摩托罗拉公司工程师,被誉为"手机之父"的马丁·库珀。

马丁·库珀

手机诞生伊始,只是人们用来通话的工具。"手机,原本只是一种人们在移动中进行人际传播的通信工具,又被称为行动电话、移动电话。"①但随着手机的迅速迭代,其传播形式已突破了单一的人际传播,成为网络传播、大众传播和人际传播等多种传播形态融合其间的复合媒介。

手机的迅速发展使其很难从外观形态与特征功能上被定义。有学者将手机媒体定义为:手机媒体是借助手机进行信息传播的工具;随着通信技术、计算机技术的发展与普及,手机就是具有通信功能的迷你型电脑;手机媒体是网络媒体的延伸。手机媒体也只能成为海量信息的网络媒体新的组

---

① 匡文波.手机媒体概论(第二版)[M].北京:中国人民大学出版社,2012:1.

成部分,否则它将面临信息贫乏的难题。① 手机的一大特征在于它与其他媒体的不断融合,新技术的不断融入使它可以涵盖广播、电视,甚至电脑的功能。在使用中,手机与平板电脑、笔记本电脑以及其他移动终端的边界变得越来越模糊,且随着技术的进一步发展,这一趋势也更为明显。

如今,手机已不单单是人与人之间信息传递的工具,手机娱乐、移动支付、网购与外卖、网约车以及网上政务的应用,使得手机成为在各种场景中发挥巨大作用的智能终端设备。随着移动通信技术的进一步发展,手机也必将在新的技术条件下孕育出新的功能与特征。

(二)手机的发展

1. 1G 时代:移动电话

手机产生之初,尽管较之固定电话可随身携带使用,但此时的手机"体型"硕大,笨重难用。由于市场与基础设施等方面的原因,直到距离马丁·库珀发明第一台手机近十年后的 1983 年,世界上第一款面向市场的便携式手机才姗姗来迟,这款由摩托罗拉推出的 Dyna TAC 8000X 重 794 克,长 33 厘米,体型较大的同时,也缺乏经济性与实用性,当时的标价为 3995 美元,但最长通话时间只有一个小时。也正由于这一时期的手机笨重厚实,中国人习惯称它为"大哥大"。"大哥大"本是粤港人称呼帮会头目的谐语,由于这些"大哥大"常手持移动电话在屏幕上出现,所以人们便把"移动电话"称为"大哥大"。

"大哥大"在中国的出现,意味着中国开始步入移动通讯时代。1987 年,广东率先开通移动电话局,成为中国大陆第一个使用手机的地区。初期的移动电话,就是厚实笨重的"大哥大",由于其价格不菲,很少有人能买得起。这种价格高昂的"大哥大"的功能十分单一,几乎只能用来打电话,且受制于硬件技术与电信设施的建设情况,通话质量常常不够清晰稳定,显然还不是普通人能够触及的通信工具。不过有意思的是,价格昂贵、功能单一、使用

---

① 匡文波.手机媒体概论(第二版)[M].北京:中国人民大学出版社,2012:14.

不便的"大哥大",在市场上却十分紧俏,由于供应较少,难以买到,物以稀为贵,使之成了备受瞩目的奢侈品。

2.2G 时代:多媒体终端

实现移动通话之后,手机逐渐成为集短信、游戏、音乐、照相等多种功能于一体的融合终端。这一切都离不开数字蜂窝移动通信系统的发展与使用。GSM 是由欧洲电信联盟开发出的一种数字蜂窝移动通信系统,它具备对频谱的利用率高、容量大、信号好、可漫游等特点,还有业务种类多、易于加密、抗干扰能力强等优点。1991 年,GSM 系统正式投入使用,这标志着移动通信由模拟信号的 1G 时代进入数字通信的 2G 时代。[①]

进入 2G 时代的手机迎来了全方位的发展,不仅外观得到了显著改善,功能也进一步拓展加强。手机的形式开始突破传统的"大哥大",向着多样化的方向发展。除了摩托罗拉外,更多手机研发生产公司异军突起,生产出了一批这一时期有代表性的手机。

2G 时代手机的发展首先体现在外形的改变上。基于集成电路板技术的革新,手机渐渐摆脱厚实笨重的外观,向着小型化、轻薄化的方向发展,样式也不断翻新。1996 年,摩托罗拉公司推出第一款翻盖手机——StarTAC,其小巧的外形与翻盖的样式,大大改变了人们对传统手机的印象;1998 年,诺基亚公司推出第一款具有里程碑意义的无天线手机——8810;1999 年,西门子公司推出第一款滑盖手机——SL1088。除了外形的轻巧化与形式的多样化外,彩屏手机和触屏手机在 20 世纪末也相继出现,加上手机生产商增多、手机产量提升以及手机成本下降,手机的价格逐渐进入大众可以接受的范围,越来越多的人开始使用手机。

同时,2G 手机的功能也较"大哥大"时代大为拓展。1992 年 12 月,世界上第一条短消息通过英国沃达丰公司的 GSM 网络,从一台电脑传递到一部诺基亚手机上,开启了人类使用手机短信进行交流的时代。1994 年后,短信功能开始商用,日益发展成为手机最重要的功能之一。21 世纪后,这一功能

---

① 姚丁杨.手机诞生40年[J].新湘评论,2013(14):57-59.

在中国手机用户中发展迅速。据中国移动提供的数据,2000 年,中国移动的短信量为 10 亿条;2001 年,中国移动的短信量是 159 亿条;2002 年,中国移动的短信量超过 750 亿条。[①] 短信的使用让手机突破了只能传递声音信号的束缚,使文字成为手机传播信息的重要载体。

继短信功能诞生后,游戏、上网、音乐与拍照等功能也相继产生。1997 年,诺基亚公司推出了第一款内置游戏的手机——6110,尽管游戏内容简单、数量有限,但它迈出了手机娱乐化的第一步。两年后,诺基亚公司又推出了一款配备 WAP 浏览器的上网手机,实现了手机与互联网的直接对接。[②] 除了游戏与上网,音乐、拍照等后来十分受用户欢迎的功能在 2G 时代也开始融入手机。2000 年,韩国的三星公司生产了世界上第一部可以播放 mp3 的手机。2000 年,日本 J-Phone 推出了世界上第一部照相手机,尽管这款手机的摄像头只有 11 万像素且无法变焦、没有闪光灯,但却使拍照功能成为手机发展的新方向。

当手机开始融合多种媒体形式时,设备间的连接与数据的交换就显得十分重要。2001 年,爱立信发布的 T39mc 成为了第一款支持蓝牙传输功能的手机。在此之前,人们熟悉的连接方式只有红外线和数据线这两种方式,数据传输受到较大限制。蓝牙的诞生使数据传输变得更加高效便捷,同时也为无线通讯拓宽了道路。至此,手机与传统媒体不断融合,成为一种可移动、随身携带的多媒体终端。

3. 3G、4G 时代:智能媒体

3G(3rd-generation)是第三代移动通信技术的简称,是指支持高速数据传输的蜂窝移动通讯技术。3G 服务能够同时传送声音(通话)及数据信息(电子邮件、即时通信等),其特征是提供高速数据业务。2001 年,日本运营商 NTT DoCoMo 开通 3G 服务,成为世界上第一个开展 3G 业务的运营商。2004 年起,欧洲各主要国家也相继开通了 3G 服务。2009 年是中国

---

① 匡文波. 论手机媒体[J]. 国际新闻界,2003(3):55-59.
② 姚丁杨. 手机诞生 40 年[J]. 新湘评论,2013(14):57-59.

3G 商用元年。

2013 年 12 月 4 日,工信部向中国联通、中国移动和中国电信三家电信运营商发放了第四代移动通信业务牌照,中国由此迈入 4G 时代。4G(4th-generation)即第四代移动通信技术,按照国际电信联盟(ITU)的定义,4G 技术需满足静态传输速率达到 1Gbps,用户在高速移动状态下传输速率可以达到 100Mbps。相较于 3G,4G 的传输速率更高,有人生动地将 3G 的网速比作"高速公路",将 4G 的网速比作"磁悬浮"。

伴随着更快的数据传输速度,手机功能也有了巨大的进步。由于网速的提升,手机成为人们上网的重要媒介,通话与短信在手机功能使用中所占的比重开始下降,网上购物、影视娱乐、视频电话等开始成为人们使用的手机的重要功能。同时,传输速率的提升使图片、声音以及视频内容的传递更为快速便捷,手机的传播内容不再只限于语音和文字。到了 4G 时代,更快的网速使手机视频迅速发展,短视频、直播等功能不断兴起,AR 等新的视觉形式也在手机程序与游戏中得到了应用。

这一时期,诺基亚、摩托罗拉等在 1G、2G 时代引领手机发展方向的品牌逐渐失去了优势地位,智能手机品牌不断涌现。苹果手机 iPhone 的上市是手机智能化的标志性事件。iPhone 是一款结合照相机、个人数码助理、媒体播放器以及无线通信设备的智能手机。2007 年,苹果触摸屏手机上市,让一直用按键操作的手机世界焕然一新。2008 年,苹果发售了第二代智能手机 iPhone3G,这部支持 3G 服务的手机一经推出即受到关注,发售首周销量突破 100 万。2010 年推出的 iPhone4 更是成为苹果手机发展史上有里程碑意义的产品,外观上,金属边框加上极具设计感的前后玻璃令人眼前一亮;性能上,被称为"视网膜屏幕"的高分辨率显示屏,前置摄像头与闪光灯的加入以及 500 万像素的后置摄像头、主动降噪麦克风都是当时具有突破性的新特征。同时,iPhone 是世界上第一台使用电容屏的智能手机,它的多点触摸技术使拨打电话、程序转换等操作"触屏可及"。另外,iPhone 手机内部有重力感应器、内置光感器等使手机具备了前所未有的功能。[1] 除了硬件上的创

---

[1] 姚丁杨.手机诞生 40 年[J].新湘评论,2013(14):57-59.

新,苹果公司还实现了手机的智能化个性服务,使手机逐渐成为人们生活中的智慧平台,其应用商店为软件开发者和用户提供了广阔的创新空间,苹果公司 CEO 史蒂夫·乔布斯称:"Apple 在 2008 年第三季度售出 690 万部 iPhone 手机,开通仅 102 天的 Apple Store 软件付费下载总量已超过 2 亿次,拥有 5500 种应用程序,在 62 个国家销售。"[1]

这一时期,我国的国产手机品牌也进入了快速发展的阶段。华为、小米以及 vivo、OPPO 等国产手机品牌开始加入到日益白热化的智能手机市场竞争之中,不仅在国内取得了不错的成绩,还远销海外。除了手机设备,我国在通信技术领域不断取得突破,开始打破西方国家的技术垄断。

在 3G、4G 时代,手机完成了从移动电话到智能媒体的转变。随着手机的普及,人们的信息接收与传递方式,甚至整个生活和认知方式都发生了变化。这一时期,手机媒体获得了更快的数据传输速度,也拥有了更强大的融合能力,这使得用户能够便捷地接收和发送图像、音乐、视频等多种内容。在此基础上,手机媒体"社交化"功能的不断增强,使其成为人们生活中必不可少的"伴侣"。

4. 5G 时代:新的可能

从手机作为移动电话诞生至今,不到半个世纪的时间里,其发展与普及速度令人惊叹。2019 年 8 月发布的《第 44 次中国互联网络发展状况统计报告》显示,截至 2019 年 6 月,我国手机网民规模达 8.47 亿,我国网民使用手机上网的比例达到了 99.1%。手机为更多的人提供了接入互联网的机会,也通过连接更多的人推动整个社会进入了移动互联时代。

手机的迅速发展离不开移动通信技术的进步,从 20 世纪 80 年代的 1G 到如今,移动通信技术经历了快速的迭代发展。1G 时代,中国的移动通信技术几乎是空白的;2G、3G 时代,中国的移动通信技术开始发展并不断进步与突破;到了 5G 时代,在国家对 5G 相关技术研发的大力投入、5G 产业的加速布局之下,中国已经成为了 5G 的领先者。中国企业华为不仅生产 5G 智能

---

[1] 包冉,白羽,韩彪. 新媒体——从被时代到我世代[M]. 北京:中国传媒大学出版社,2010:246.

终端设备,还是全球领先的 5G 基础设施提供商。2019 年 6 月 6 日,工信部正式向中国移动、中国联通、中国电信和中国广电发放 5G 商用牌照,标志着中国开始进入 5G 时代。

5G 时代的序幕已经拉开,更快的数据传输速度与更高的技术水平为手机的发展创造了更多可能。首先,手机的形态将迎来巨大变革,如今华为等一些手机制造商已经开始打破传统手机样态,使用可以折叠弯曲的柔性屏幕生产手机,解决了长久以来人们对大屏幕的视觉偏好与手机便携性之间的矛盾。当屏幕可以进行折叠从而自由改变形状与大小时,以外形限定的手机定义将不复存在。手机功能日益完备,手机、平板、电脑等终端之间的界限将更为模糊。5G 的发展也为物联网、智能家居与建筑、智慧城市等业态的发展提供了基础技术架构,在广泛交互、万物互联的智慧网络中,手机也将发挥更大的作用。同时,人工智能、VR、AR 等技术的应用为手机功能和内容的进一步拓展提供了可能,就像图文内容在 3G 时代的爆发式增长,短视频、直播等视频内容在 4G 时代的流行,5G 时代的手机也将迎来全新的内容与功能。

二、手机的媒介特性

"手机满足了人的需要……这个需要与人类的历史一样古老——这就是走路说话的需要,交流和移动的需要;这个需要使人有别于其它的动物。"在保罗·莱文森看来,说话和走路将人类与其他物种区别开来,而自从媒介诞生以来,这两个功能就开始分割,直到手机横空出世。① 手机不仅可以突破空间的限制,实现远距离的交流,还可以随身携带,让人们在移动的过程中随时随地进行信息的传递。

作为人们最经常接触的媒介之一,手机也深刻影响了人们获取、认知与表达信息的方式。2G 时代,手机短信的盛行使文字开始挤占语音通话在手机传播中的主导地位。文字在短信交流中的使用还进一步影响了人们运用

---

① 莱文森.手机:挡不住的呼唤[M].何道宽,译.北京:中国人民大学出版社,2004:5.

语言的方式。卡斯特指出,短信通过其在无线通信领域的广泛使用使语言发生变化,从演进的观点来看,我们可以找到由于采用新技术对包括使用者语言实践活动中的词汇和语法规则等方面在内的语言产生影响的新例证。这些实践活动最终将会影响共同语言和语言本身。①

当然,尽管手机在今日已成为许多人必不可少的媒介,甚至产生了手机依赖,但它也存在着诸多局限,既包括手机媒体自身的不足,也包括手机的使用对人与社会环境产生的负面影响。

(一)新型时空的形成

在媒介发展变迁的过程中,媒介跨越时间和空间的能力不断提升。在数字媒介出现之前,正如伊尼斯所发现和阐释的那样,媒介具有一定的时空偏向。有的媒介偏向时间,能够长久保存却难以在物理空间上远距离传递;有的媒介偏向空间,有着跨越空间的良好性能,但又难以跨越时间,长久留存。在计算机、互联网等数字媒介彻底突破了人类传播所受的时空束缚之后,手机更是以其便携性、强大的储存功能以及几乎无处不在的移动互联网,进一步解放了每次具体的传播所受的时空限制,使人类获得了更大的传播自由度,如保罗·莱文森所言:"互联网使马歇尔·麦克卢汉的地球村成为一个互动频繁的社会;手机使地球村的村民离开固定的座位,站起来周游世界了。"②

手机让随时随地的传播成为可能。一方面,手机媒体突破了时间的限制,"随时"的传播得以实现。手机体积较小,容易携带,加上移动互联网几乎无所不在的广泛覆盖,使得"移动性"成为手机媒体不同于其他媒体的显著特征。人们可以在任何时候使用手机进行沟通和交流,线上线下的关系越来越紧密,边界越来越模糊,不仅工作、学习和与人交流可以在线上完成,日常生活中的衣食住行也越来越依靠线上平台,手机让所有人仿佛永远在线、时刻被连接。另一方面,手机媒体也突破了空间限制,这种"随地"的传

---

① 卡斯特.移动通信与社会变迁[M].傅玉辉,何睿,薛辉,译.北京:清华大学出版社,2014:157.
② 莱文森.手机:挡不住的呼唤[M].何道宽,译.北京:中国人民大学出版社,2004:2.

播不仅突破了远距离、大范围的空间限制,还使每个传播主体"在地"的具体情境可以清晰地传播和共享,"场景"因而成为这个时代的重要传播要素,对传播过程和结果产生了不同于以往的直接影响。"移动传播的本质是基于场景的服务,即对场景(情境)的感知及信息(服务)适配。换句话说,移动互联网时代争夺的是场景。"①

手机在传播过程中形成的新的时空特点使媒介的变迁开始出现又一次迭代过程,人类传播开始进入"第三媒介时代"。在马克·波斯特看来:"第一电子媒介时代的最大局限是,图像只能通过电波或同轴电缆从少数发送中心传输给大批接收者。"②网络与计算机、电话的结合促成了一种集制作者、销售者、消费者于一体的系统,这一系统带来了第二电子媒介时代。不同于以单向的大众传播为主要传播形式的第一媒介,第二媒介呈现出双向互动的特征。如今,以智能手机为代表的移动终端与泛在网络的结合创造了新的传播生态,有学者开始称之为"第三媒介时代"③。在这次新的媒介迭代过程中,"手机媒体的诞生真正实现了人和媒体在时空中的无缝连接,让人感觉拥有和控制媒体的能力"④。

对于用户而言,手机在使用过程中模糊了传统的时间结构和空间环境,打破了真实时空与虚拟时空之间的壁垒,使人类的生存仿佛进入一种新型的时空之中,获得了一种全然不同的时空体验。在这种新型时空中,空间随着手机和人的移动而时刻变化,成为一种流动空间;时间则由于可以永远在线,显示出一种无限不间断的特征。正如卡斯特所指出的,这是由通信流及其基础设施所营造的一种新型的时空构造。这种基础设施依靠以地点为基础的节点和网络而存在,因此可以说,流动的空间成就了无限的时间,而你所处的位置则决定了你超越时间和空间的能力。无线通信的空间结构决定了人们的能力和我们所接入的当今时代新的、主流的空间构造的功能。越来越多的信息系统和数据库能够通过移动设备实现接入和互动,越来越多

---

① 彭兰. 场景:移动时代媒体的新要素[J]. 新闻记者,2015(3):20-27.
② 波斯特. 第二媒介时代[M]. 范静哗,译. 南京:南京大学出版社,2000:35.
③ 李沁,熊澄宇. 沉浸传播与"第三媒介时代"[J]. 新闻与传播研究,2013(2):34-43.
④ 匡文波. 颠覆传媒——手机:新时代的电脑和器官[M]. 北京:华夏出版社,2013:25.

的对于流动空间的接入则成为社会组织所具有的决定性特征。① 同时,新的时空也催生出新的文化,流动空间与无限时间是新文化的物质基础,超越并包纳了历史传递之再现系统的多种状态;这个文化便是真实虚拟之文化。② 这种新型时空的形成使人们对手机更加依赖,人们每天早上醒来之后的第一件事是迫不及待地打开手机,每天晚上睡去之前的最后一件事情是恋恋不舍地关闭手机,甚至很多人睡觉都不舍得关机,仿佛手机一关就失去了与整个世界的联系。手机成了人们在这个新的时空中获得存在感的重要中介物,这种由手机赋予"媒介"这个概念的全新涵义,可能是手机的发明创造者们始料未及的。

(二)视听平衡的媒介

人们使用媒介、接收信息总是依赖于特定的感官通道。麦克卢汉将媒介与不同的人类感官联系起来,提出"媒介即人的延伸",认为不同的媒介有着不同的感官偏向,在延伸特定感官的同时,也会"截除"其他感官。他指出:"任何发明或技术都是人体的延伸或自我截除。这样一种延伸还要求其他的器官和其他的延伸产生新的比率、谋求新的平衡。"③莱文森发展了麦克卢汉的观点来支持自己媒介进化的"人性化趋势"理论,他认为:"原始延伸通过延伸一种或两种而非全部的知觉器官从而改变知觉平衡,此外,之后出现的技术倾向于把知觉范围延伸得更广泛,以此来修复丢失的平衡。"④在媒介技术相对落后的时代,新的媒介呈现出对某一特定感官的延伸,如印刷术之于眼睛和视觉,电话之于耳朵和听觉。随着媒介技术的发展,人们会通过平衡媒介的感官偏向来弥补被"截除"的感知通道,从而尽可能达到感官平衡。

手机的发明主要是为了弥补固定电话无法移动的缺憾。在手机发展初期,传输听觉符号也一直是手机的主要功能。即使到了智能手机时代,除了

---

① 卡斯特.移动通信与社会变迁[M].傅玉辉,何睿,薛辉,译.北京:清华大学出版社,2014:151.
② 卡斯特.网络社会的崛起[M].夏铸九,王志弘,等译.北京:社会科学文献出版社,2001:465.
③ 麦克卢汉.理解媒介:论人的延伸[M].何道宽,译.南京:译林出版社,2011:61.
④ 莱文森.人类历程回放:媒介进化论[M].邬建中,译.重庆:西南师范大学出版社,2016:31.

手机通话外,手机音乐、手机录音、手机广播、语音聊天等听觉符号的大量传输仍然是手机的常用功能。以手机广播来说,手机作为贴身媒体将广播伴随性收听的优势发挥到极致,它弥补了传统广播线性传播的不足,打破了时间和地域的限制,让广播在移动网络上得以延伸。在视频快速发展的当下,听觉信息以其伴随性的优势仍占有重要地位,人们在车里、在整理房间时、在跑步运动中、在闭目冥思时,手机里丰富的声音内容让人们可以随时获得理想的听觉场景。同时,在视频内容的传播中,声音在其中也占据着重要地位,是人们理解画面内容必不可少的信息通道。

随着处理能力和传输速率的提升,手机报、手机网页浏览器、社交软件文字以及图像传输等诉诸视觉的移动传播方式不断更新,手机媒介的视觉功能不断拓展延伸。手机报最初的形态就是手机加报纸,是数字移动通讯的传送技术与传统报业内容生产技术的嫁接。随着智能手机的出现,手机功能日益多样化,短信、彩信、微信、新闻应用等使手机传播信息的手段不断增多。移动互联网的发展为手机提供了更丰富、快速的信息获取方式,传统媒体纷纷通过手机应用与网络平台实现转型,也为手机带来了丰富的图文视频内容。除此之外,用户还可以通过手机网页查询信息,浏览新闻,阅读小说;通过社交软件进行文本传送、图片共享等,这些内容样式都不断丰富了手机媒介的视觉功能。进入 4G 时代以来,短视频与直播等新的视觉形式使手机媒体的视听功能进一步加强。

手机不仅在听觉与视觉的传播中逐渐获得了感官平衡,还因其强烈的现场感、接触感、逼真性扩展了人类的其他感觉。现在许多智能手机已经能够制作出逼真的 3D 人物,并与手机用户实现对话交流,使用户的沉浸感不断增强,用户甚至可以将手机中的"人物"视为自己的朋友。随着 VR、AR、MR 等技术的发展,真实世界与虚拟环境的界限进一步模糊,人类感觉正在向新的空间拓展。此外,在触屏实现的实物触摸感觉基础上,如今通过人工智能等实现的语音控制与指令识别还在进一步丰富人与手机的交互方式,无论是对手机各项功能的"调遣",还是通过声音、手势、表情等对用户进行识别,人机交互的感觉通道还将不断拓宽。

(三) 手机的媒体局限

1. 手机的局限

尽管手机给人们带来了极大的便利,成为当下最重要的媒介之一,但它在发展的各个时期都存在着一定的局限。这些局限影响着人们的使用体验,也成为手机进一步发展改进的动力,使手机变得越来越小巧便携、功能越来越强大。如今,尽管智能手机已发展得相当成熟,但仍存在一定的改进空间。

首先是屏幕大小与便携度的矛盾。当手机的影视娱乐功能日益强大时,人们对大屏幕的需求就愈发强烈,不少手机厂商推出了大屏手机,但在折叠屏普遍使用之前,大屏意味着便携度的降低,使手机的携带、接打电话等都变得更为困难。

其次是使用时长与电池容量有限的矛盾。智能手机由于功能更为强大多样、数据传输量更大,所需消耗的电量也随之增加。超长续航、超长待机成为手机的卖点,无线充电、快充等充电方式的创新也从一定程度上方便了手机续航。不过,在革命性的技术出现之前,电池容量的增加往往意味着重量的增加,这显然是用户不愿意接受的。

最后,手机作为存储和传递信息的工具,在信息的安全性上也面临巨大挑战。移动支付等应用在当下日益普及,手机安全对信息与财产安全的影响变得更为直接。然而,随着手机数据传输功能的实现,手机病毒也出现了。手机病毒是指以手机为感染对象,以移动通信网络和计算机网络为平台,通过病毒短信等形式,对手机进行攻击,从而造成手机异常的一种新型病毒。[1] 在进入5G时代以后,移动互联网迅速扩容、数据传输方式更加多样便捷,如何更好地解决手机面临的信息安全问题已成为当代社会治理的重要课题。

手机的发展过程正是一个在弥补技术缺憾中不断升级迭代的过程。如今,柔性屏幕的开发正推动手机形态的全面变革,新的电池材料也在不断探

---

[1] 匡文波.手机媒体概论(第二版)[M].北京:中国人民大学出版社,2012:222-223.

索和试验中,相信未来手机的形态与性能都会迎来突破。同时,随着人们信息安全意识的加强、技术的进步以及相关法律法规的完善,手机信息安全等级也将不断提升。

2. 手机的负面影响

随着功能的日益强大,手机让人们在社会交往与日常生活中享受着越来越多便利的同时,也在不知不觉中加强了对用户的控制。保罗·莱文森认为,手机"cell phone"一词中,cell 一词有细胞、蜂窝和牢房三个意思。手机也有类似的特征:一方面,手机像有机体的细胞一样可以移动,无论走到哪里,它都能生成新的社会、新的可能、新的关系。但同时,"牢房"一词从另一个角度描绘了手机的功能,它使我们身处无处藏身、随时待命的囚笼。[①]当空间不再是交往的障碍,"在线"就成为一种社会运行和生活展开的常态。人们时刻处于某个网络群体之中,通过手机与同事或是家人交流,与熟人或是陌生人互动,这一方面使人们的交流欲望得到极大满足,另一方面,无论何时何地仿佛都可以永远在线的人们,有时也面临着一种线上越是热络、线下更觉冷清的情况,产生任何时候都感觉是"孤身一人"的"群体性孤独"。

手机让人们的交流和生活变得越来越自由,但对手机的依赖却正在形成新的束缚。手机的广泛使用进一步加强了网络对人的束缚,在特克尔看来:"网络的虚拟生活为个人提供了足够的空间,同时也让青少年难以从新的群体需求中逃脱。"[②]人们在期待他人随时在线的同时,自我也开始受到这种契约的束缚,这一时刻"在线"的要求如影随形地跟随着人们,无时无刻不在发挥作用。实时连接的技术给人们提供了逃离现实的可能,交流不再意味着真正在场。通过手机与网络实现的交流也模糊了真实与虚假的边界,人们创造出用来自我表达的虚拟自我。逃避现实、自我沉溺与网络世界的社交规则,则使人们面对现实时更加手足无措。正如弗洛姆所说:"我们没有真正认识到,虽然人除掉了自由的旧敌,但性质不同的新敌又出现了。"[③]

---

① 莱文森.手机:挡不住的呼唤[M].何道宽,译.北京:中国人民大学出版社,2004:1.
② 特克尔.群体性孤独[M].周奎,刘菁荆,译.杭州:浙江人民出版社,2014:187.
③ 弗罗姆.逃避自由[M].刘林海,译.北京:国际文化出版公司,2002:76.

除了对人类心理和社会关系产生一些负面影响外,手机也会对生态和生活环境造成一些污染,废弃的手机电子元件、无处不在的手机噪声,都是使用手机的人类必须应对的难题。无论私人空间还是公共场所,随时随地都会响起铃声,在公共场合大声播放音乐、无视他人高声接打电话,已经成为难以治理的社会问题。

三、随身携带的智慧文明

(一)手机带来的媒介生态变革

1. 媒介形态的改变

在人类媒介的发展史上,媒介形态的重要变迁总与新技术相伴而行。15 世纪中期,德国人古登堡发明了金属活字印刷术,从此开启了西方的印刷时代。随着印刷术普及带来的印刷成本的下降,作为第一种大众媒介的报纸应运而生。此后,电子技术的发明与发展让广播、电视走入千家万户,深刻地改变了媒介的生态格局和人们的生活方式。

1969 年,美国出于军事目的组建的阿帕网投入使用,这一建立在"包交换理论"基础之上的分布式网络接下来在不断的技术更新中迅速扩容成为连接全球的互联网。30 年后,随着普通人的接入,互联网用户出现爆发式增长,很快就扩张成为今日几乎无处不在的庞大的全球化网络。2019 年,这一技术力量已将全球一半以上的人联系在一起。与印刷术、电子技术一样,互联网技术塑造了新的媒介形态。个人电脑等互联网终端走入千家万户,一种迥异于传统大众传播媒介的网络化媒介发展起来。互联网突破了传统大众媒介的单向性、地域化限制与体量限制,有着更强的互动性、更广的传播范围与近乎无限的信息容量。

随着移动通讯与互联网技术的结合,网络空间进一步拓展。PC 时代,人们通过个人电脑获取信息、浏览网页,通过电子邮件和即时通信软件与他人交流。如今,移动互联网技术使随时随地接收和传输大量的信息成为可能,网络已无处不在。手机媒介正在塑造全新的媒介生态。在时空层面,手机超越了以往的所有媒介,实现了极大程度上的时空自由;在传播范式层面,手机所形成的移动传播正在颠覆既有的传播格局,"网络媒体和手机媒体作为文化生产的传播载体,在很多方面解构了既定的秩序,颠覆了既定的话语,传统媒体的传播范式已经开始显现危机"。①

2. 媒介内容的迭代

在数字技术催生的全新媒介平台上,新的多样化的媒介内容不断产生。印刷时代,文字是媒介内容呈现的主要形式;电子时代,广播使口语传播无远弗届,电视更让视听形象进入了几乎每个家庭。手机的出现使以往壁垒森严的媒介功能不断融合,文字、图片、声音、动画、视频以及交互网页等各种内容形式,可以在无限广阔的移动网络空间中自由传递,传统媒介的内容边界在数字化交互平台上逐渐消弭。

在手机平台上,传统的媒介内容在融合的过程中被改造和重塑,新的传播样式也在聚合和裂变的过程中不断衍生迭代。手机媒体平台上信息获取过程的碎片化特征,促使短视频迅速走红,这种以较短时长呈现创意内容的视频形式,已大量占据网民碎片化的媒介消费时间,传统的视听传播已经被新媒体平台重塑为全新的样貌。另外,随身化的移动互联网使人们时时处于"在线"状态,日常化、实时化交流的需求催生了视频直播的火爆。传统媒体时代用于突发新闻、体育赛事、综艺活动的直播,已经从一种追求轰动传播效应的大体量、高规格的内容形态转为个性化、多样化的草根直播。

新技术还正在催生出更多样态的全新内容。随着 VR 技术的发展与用户数量的提升,VR 影像、VR 新闻、VR 游戏等多种形式的 VR 产品开始走入大众生活,使人通过感官体验"在场感"。沉浸式的传播开始成为人们越来越熟悉的传播体验,这种体验现在通过手机和外接设备已经可以轻松实现。不同于 VR 技术对虚拟环境的创建,AR 技术将真实世界与虚拟世界集成在一起,在当前手机媒体上已经发展出更为广泛的应用。2016 年,AR 游戏

---

① 孙慧英.手机媒体与社会文化[M].北京:世界图书出版广东有限公司,2016:38.

Pokémon Go 推出后广受欢迎,街头巷尾随处可见"捉精灵"的人们。这款游戏基于谷歌地图与定位技术,用手机摄像头呈现的现实场景融合了虚拟的"精灵",让现实中并不存在的"精灵"根据手机屏幕上的真实场景显示并自然地呈现。

除了游戏,AR 技术在手机上还有更多与现实生活关联紧密的应用。2017 年春节期间,腾讯推出"LBS + AR 天降红包",将地图、定位技术与红包相结合。QQ 用户进入地图后,可在设定地点发放现金红包,好友在到达红包设定地点的一定范围内时,"财神 QQ"就会在实景中出现,将现金塞入 3 个红包中让用户进行抽取。支付宝的扫"福"字集福卡活动也使用了 AR 技术,用户使用手机扫描现实场景中的"福"字,便可得到虚拟的"福卡"。AR 与创新玩法的结合,掀起了新一轮的"抢红包"风潮。同时,越来越多的室内设计、造型设计以及购物网站等都开始利用 AR 技术更直观地向用户进行展示和呈现。

在手机移动传播催生的新的媒介形态中,传播内容的形态和样式不断翻新,内容生产方式也开始推陈出新。去中心化的网络为每个普通用户提供了自由创作的新天地,大量的用户生产内容开始成为网络内容的主体,其数量甚至开始超过专业生产内容。一方面,草根生产的大量内容极大活跃了网络的信息空间,改变了舆论形成的既有方式和格局;另一方面,这些内容良莠不齐、真假难辨,用户甄别与选择的难度空前提升。同时,网络谣言频发、网络暴力频现,劣质和有害的内容形成的社会影响也成为人们不得不正视的问题。

3. 传媒业态的重塑

手机媒体不仅改变了媒介的形态与内容,也在很大程度上重塑着传媒的整体业态。近年来,越来越多的传统媒体遭遇停刊或停播,或在市场压力下寻求新媒体转型。新媒介技术在让传统媒体饱受冲击的同时,也赋予其涅槃重生的可能性,媒体融合发展为传统媒体提供了转型之路。转型初期,"两微一端"成为传统媒体转型普遍采用的发展模式,通过微博、微信平台以及移动客户端发布新闻资讯内容,利用推送与社交媒体的分享特性提升阅读量,扩大影响力,在保持内容优势的同时,更新拓展平台渠道。随着媒体融合的不断深入,智慧化平台、个性化内容进一步成为媒体发展的方向。

手机媒体还改变了新闻报道的形式。在传统新闻的文字与图像报道之外,短视频、H5、直播,甚至 VR、AR 都成为常见的新闻表现形式。手机如今已经成为新闻报道中的重要设备,新闻记者在采访报道中使用多信道直播云台,通过手机、相机等多种设备同步拍摄的情况已很常见。集各种设备于一体的直播云台使得一名记者即可完成视频、全景、VR 等内容的同步直播与录制。2017 年亮相两会报道的"钢铁侠多信道直播云台"首次实现了裸眼与 VR 直播被应用于全国两会的新闻报道。报道新闻的新闻工作人员转而成为了被报道的对象,长期以来,靠着摄像机、话筒甚至一支笔杆走天下的新闻记者,在技术的驱使下投入了各式新技术设备的怀抱。

手机媒体时代,"人人都是记者"已成常态。很多新闻都出自手机媒体用户之手,在事件现场,手机媒体可实现图像视频的拍摄,文字内容的即时上传与分享。这使得"以前专属媒体从业人员的种种工作被广泛地业余化了"[1]。

在媒体融合向纵深发展的当下,媒介技术迅速更新,传播环境日益复杂,媒体与社会融合程度不断加深。媒体的融合发展逐渐打破原有媒体的传播边界,重塑着媒介生态,这一进程的影响是巨大而复杂的。媒体的深度融合将不仅仅是新旧媒体的融合,而是媒体渗入社会的方方面面,进一步加深社会的信息化程度。随着 5G 时代的到来、物联网的兴起,手机作为智慧生活终端和数据化社会枢纽,不仅将进一步改变媒介的形态和生态,还将进一步改变社会的结构和层级。

(二)手机媒体带来的社会变迁

1. 社会资源的整合

手机的使用带来了社会资源的重新整合与有效利用。由于信息生产和

---

[1] 舍基.人人时代——无组织的组织力量[M].胡泳,沈满琳,译.北京:中国人民大学出版社,2015:98.

传播过程越来越便捷,越来越多的普通人参与到由新技术连接起来的庞大社会网络之中,形成更为丰富的社会连接和社交关系,也形成新的社会时间资源和结构。人们的交往与连接方式或许不完全取决于新技术,但却离不开新技术的驱动。克莱·舍基肯定了技术赋予了人们新的机遇,"并不是我们的工具塑造了我们的行为,但是工具赋予了我们行为发生的可能"。而在这可能性背后,是崛起的互联网群体的力量。生产力的发展和教育的普及,使得整个社会存在着大量受教育公民的自由时间,随着互联网,尤其是移动互联网的发展,这些自由时间被进一步有效利用,成为可被获取的资源。

技术促成了连接,而连接使"认知盈余"成为可利用的资源。"正是因为具备了大范围在线互动的条件,才出现了由各种各样的人组成的社会网络。这样的网络在过去是不可能存在的。"[1]于是,获取与分享信息变得前所未有的便利,由非专业人员创造的信息与知识空前丰富。在 PC 时代,人们通过互联网参与维基百科、百度百科等网络百科全书的编写,在 Quora、知乎等问答网站帮助他人解疑答惑的同时,也为自己的疑问寻求解答。除了分享知识,人们还在马蜂窝上分享自己的旅游心得,在大众点评写下美食评论,在豆瓣网分享影评与书评,甚至通过线上的组织,进行线下活动。移动互联网的发展进一步拓展了知识分享的可能性,借助手机,各种直播与短视频已成为 4G 时代流行的知识分享形式。

在认知资源以外,交通资源、人力资源等多种社会资源也在手机功能的进一步拓展中得到了有效整合与利用。比如时下流行的"网约车",通过对有车一族的汽车和人力资源与交通需求进行实时对接,实现有效的资源整合。在手机日常应用当中,基于其能够"移动"的特点,手机在交通出行等方面能够体现出独特的应用优势,避免了各种交通场景下的盲目行为。[2] 手机用户可以在手机上查询路况信息,随时随地掌握实时交通状况,避开交通拥堵路线;通过移动网络,按照手机地图导航即时出行,摆脱过去问路式或随身携带地图本的出行模式;通过手机打车软件,与出租车之间实现资源最大

---

[1] 克里斯塔基斯,富勒.大连接:社会网络是如何形成的以及对人类现实行为的影响[M].简学,译.北京:中国人民大学出版社,2013:300.
[2] 孙慧英.手机媒体与社会文化[M].北京:世界图书出版广东有限公司,2016:183.

化利用;使用手机二维码来替代地铁卡与公交卡,避免忘带地铁卡或公交卡的窘境。真可谓,一机在手,出行无忧。

当然,网络社会草根群体的崛起带来的并不全是好处。手机如今在人们的信息和知识获取中已开始扮演着垄断者的角色,"网络几乎吸引了我们的全部注意力,我们必然会成为错误信息传播的受害者",信息过载使信息的甄选和分辨变得更加困难。另外,在日益"移动化出行"的交通方式中,"网约车"安全事件频出,司机与行人遭遇的"手机车祸"已成为令人格外关注的社会问题。据数据统计,司机在开车时因看导航、打电话、发微信、发短信、看视频等引发的交通事故占比近30%。目前,世界上已有50多个国家禁止司机开车时打电话。在英国,开车打电话最高可判入狱2年,如因发短信造成致死车祸,肇事司机将面临最高14年的监禁。美国行人走路发短信罚款85美元,驾车打电话、操作GPS导航、发送接收短信和电子邮件被定义为危害公共安全罪,每次罚款120美元。

2. 信息接收的碎片化

手机的使用使随时随地获取信息成为可能,但也切割了时空的完整性,让信息传播变得碎片化。就传播内容来看,移动时代无论是文字还是视频信息,都呈现出短小的特征,微博、短视频的风行就是这一趋势的产物。就4G时代迅速发展起来的短视频来说,与以往影视作品相比,短视频不仅在时长上表现出短小精悍的特征,在结构与意义上也大多不以完整深刻为诉求。意义片段成为可供重新组合用以表达和传递信息的"视频词汇",完整的、封闭的文本结构被打破,图像制作者不仅可以拍摄短小的视频片段分享生活,还可对已有图像片段进行剪辑与重组,重新建构意义。

同时,人们获取信息的方式也呈现出碎片化的特征。信息获取不再基于特定时间地点,人们随时随地拿出手机即可实现,可以是在通勤的地铁上,可以是在吃饭的间隙,也可以是在工作学习时的休息时间。碎片化观看的突出特征是"短、浅、快"。首先,内容往往短小。文字篇幅小和视频时长短使简短的文字和短视频更能适应移动互联网时代的随身化信息获取方式,无论是生产还是观看,都无需耗费过多精力,可随时随地完成。其次,内容浅显,无需深度思考。这一方面是因为文字少与视频短使这些内容在大多情况下无法表达深刻的含义,另一方面,阅读、观看时间的割裂使用户无法将整段时间投入思考,只能是浅表化的浏览。最后,观看速度快。短视频应用将短视频间的切换设置得十分便利,用户仅需上下滑动屏幕即可切换视频内容,而内容的浅显使用户偏向于捕捉即时的意义,进行扫描式的快速观看。

3. 代际文化的形成

手机媒体不仅为不同文化群体的沟通与交流提供了条件,也对这一代青年文化的形成有着重要作用。移动手机网络为趣味相投、年龄相仿的青年群体提供了交流媒介,为这一代青年形成特有的代际文化提供了基础性的社会关系。"手机给现代青年人带来了另一种社会关系整合方式,它使现代社会中散落在各地的个人彼此联系起来,围绕每个人形成了以自我为中心的社会关系网络,手机的贴身性和便携性使得手机成为青年人随身携带的社会关系网络。"[1]

在一代人的成长过程中,信息和传播技术对其代际文化的形成有至关重要的影响,这种文化特征的形成和改变往往发生在其青年时期。目前,已有研究者宣称,全新的"交互持久的技术"已经带来了"当代青年身份构建中的构造性转变"。这些新的技术从根本上使青年人远离传统社会结构的影响范围,比如家庭、教育系统和广播电视媒体,从而获得了一个更为广阔的社交以及身份认同选项,这种变化引起了一种所谓的"界限的危机"。从一个更为广泛的层面来说,随着技术日益融入常规的活动,新的数字和移动技术使用户每天的生活体验发生了质的变化。高度沉浸于数字生活方式的青年人很容易产生一种"技术社会化敏感",这种"存在的新方式、价值的新链条以及对于时间、空间和文化项目的新敏感",已经成为新一代青年文化的发生情景和环境条件。[2]

---

[1] 孙慧英. 手机媒体与社会文化[M]. 北京:世界图书出版广东有限公司,2016:117.
[2] 卡斯特. 移动通信与社会变迁[M]. 傅玉辉,何睿,薛辉,译. 北京:清华大学出版社,2014:122.

4. 传统边界的打破

手机的出现和移动传播的发展使一直以来分明的众多社会边界被打破。首先是工作与生活的边界,随时随地的信息传播在方便信息传递的同时,也造成工作与私生活的界限日益模糊。信息的发展使越来越多的工作需要通过网络进行,这样的变化在打破传统工作形态的同时,也模糊了工作与日常生活的界限。便捷自由的连接、随时随地的沟通,使得工作侵入到家庭和朋友圈中,也使私人化的交流有可能渗透到工作之中。在卢旺达的当地企业中,仅有1/3的电话是与工作相关的,另外的2/3则只与员工的私事相关。移动通信不仅是一项新技术的功能或是一种行动的自由,而是一种舒适的和亲密的技术社会性的维系,一种在日常生活中持续、轻微的具有平凡性存在特征的个人设备和通信方式。[①]

手机还创造出新的工作模式,这些工作模式本身就以与生活甚至娱乐的跨界打通作为基本特征。比如网络直播,只需要一部接入互联网的手机,主播们就可以通过在镜头面前展示自己以吸引观众来完成"工作"。作为一种职业,网络主播的主要工作内容就是直播,工作的时间、地点不再像传统的工作一样固定,而是更为自由和随意,许多主播在家里即可完成直播,工作与生活的空间合二为一。另外,手机游戏的发展还催生出职业手游电竞选手,与传统体育项目的运动员相似,手游电竞选手也需要进行专门的训练与大量的练习,但其比赛与训练都主要通过手机进行。

便捷而频繁的线上沟通大大减少了线下的当面交流,从而使得传统人际关系的边界被打破。日本的一项研究发现,经常使用电脑上网的人跟朋友在一起的时间更少,而经常使用移动电话上网的人则在人际交往和社会活动方面表现得更为积极。移动电话用户也更易于披露自己的心事,因为移动电话用户往往把移动电话用于与关系亲密的人的交流,即移动电话用户比非移动电话用户更乐于交际。通过手机等移动网络设备进行的沟通不同于传统的面对面交流,一个人可以通过手机跨越空间的距离,随时维持人

[①] 卡斯特.移动通信与社会变迁[M].傅玉辉,何睿,薛辉,译.北京:清华大学出版社,2014:78.

际关系,通过频繁的交流增强亲密关系。与此同时,这种状态也有可能导致手机通信之外真实社会关系的疏远。

(三)文明视野中的手机媒介

1. 虚拟部落的仿真化

原始社会,受制于落后的生产力,人们通过相互协作以获得食物与生存所需,在血缘关系的基础上,形成一个个原始的部落。随着生产力的发展与文字的产生,口语交流的时空限制被打破,部落开始逐渐消解,部族、城邦、国家、民族等更大规模的社会结构产生,并随着地缘关系逐渐结合辐射成为更大体量的文明,个人和家庭则逐渐成为劳作、生活等社会活动得以开展的基本单位。

如今,随着互联网,特别是移动互联网和社会化媒体的发展,一种不受地理空间限制的群体在网络社会成长起来。网络使世界各地的人们只需一台可接入互联网的设备便能实现随时随地的交流,对大多数人来说,手机正是他们成为群体成员的媒介。于是,基于各自不同的趣味或目的,人们借助手机在新的互联网领域中划定疆域,建立或强或弱的关系,形成一种在虚拟网络空间聚集而成的新型部落。

手机与移动互联网不仅推动了新的连接方式的产生,还通过多通道内容的实时传递营造出一种拟态的真实环境。移动通信技术的不断升级不但提升了信息传输的速度,也使越来越多的感官通道进入信息传播的过程,除了语言、文字等抽象信息,诉诸视觉、听觉、触觉的大量具象信息也可以在移动传播中自由传递,全感传播的状态逐渐形成。即时、逼真、全感的传播过程使人们即使身处不同的时空,也可以像部落时代那样实现多感官的交流。移动传播技术所创造的仿真化场景,正在日渐接近现实交往环境。因此,无论从连接关系上,还是从交往情景上,移动传播都建构出了一种虚拟部落的仿真化过程。

2. 政治参与的社交化

移动传播技术的发展不仅改变了人与人的连接方式,也解构着传统的社会政治阶层。当信息不再是特权者的专利而广泛流动在整个互联网世界中时,以往层级分明的社会等级开始逐渐扁平化。更多公民通过手机在互联网上获取政治资讯,进行政治讨论,甚至在网上参与决策,公开透明成为互联网时代政治的基本要义。在越来越多的民众通过互联网参与到政治中去时,"政治组织的网络形式开始取代旧的阶级划分形式"[①]。

这种改变是双向的。一方面,民众可以通过互联网直接向相关事务的负责人反映问题;另一方面,处于政治金字塔顶端的决策者,也可以跨越层级直达基层民众。比如人民网开设了全国各地有关领导的留言板,民众可直接通过网络反映问题并获得反馈;两会期间还特别开展"我有问题问总理"网上活动,网民可就直接关心的问题向总理提问并参与网上互动。美国总统特朗普则抛开传统的广播电视媒体,通过社交媒体直接发布信息,这些信息不经任何中间环节而直达关注特朗普的各类网民。

手机与网络不仅改变了既有的政治参与方式,还塑造着新的公共空间。17世纪的西方,教堂等公共场所是人们收集新闻信息的主要地点,人们在那里碰头,相互交换新闻、进行讨论。1692年的记录如此描述当时作为信息集散地的圣保罗大教堂:"里面的噪音如同蜂群,是一种奇怪的嗡嗡声,不断走动的靴子声或脚步声;那是一种低沉的吼叫,大声的耳语。这里是一切谈话的场所,是无话不谈、无事不说的地方。"[②]随着城市的发展、信息传播方式的变革以及人们生活方式的不断改变,作为信息交换中心的公共空间日益衰落。但在传统公共空间不断萎缩消弭的同时,网络却构建出了另一种新型的公共空间。

社交平台的成熟推动着这种新型公共空间的形成。网络社交的途径随着互联网的发展而不断更新,从最初的电子邮件、论坛与博客等形式,到如

---

① 查德威克.互联网政治学:国家、公民与新传播技术[M].任孟山,译.北京:华夏出版社,2010:28-29.
② 斯丹迪奇.社交媒体2000年——从莎草纸到互联网[M].林华,译.北京:中信出版社,2015:131.

今各种社交媒体的普遍使用。社交媒体又被称为"社会化媒体",指的是"一系列以 Web2.0 技术和意识形态为基础的网络应用程序,允许用户自己生成内容并进行交流,主要包括协作性项目(如 Wiki)、博客、内容型社区(如 Youtube)、社交网站等"。① 手机的广泛使用和接入为社交平台提供了更多参与者,使得社交平台真正成为信息和意见的集散地,成为移动时代新的公共空间。

不过,技术在给一部分人带来便利的同时,也对另一些人筑起了高墙。与发达国家相比,很多发展中国家的技术水平有限,存在大量的非互联网人口,无法通过互联网参与网络政治经济生活,在众声喧哗的网络时代,其诉求更难以表达。比如,墨西哥的移动电话在城市的使用率明显比偏远地区高。一个对比加纳城市贫民区(马莫比)和乡村地区(莫拉索)的研究发现,在移动电话使用水平较高的马莫比,在很大比例上是将移动电话作为"一种社会联系,协调和实用信息交换的工具"来使用的,而在没有电信覆盖和 ICT 支撑的莫拉索,可以感受到城乡鸿沟正在逐渐拉大。②

3. 娱乐消费的草根化

人类的传播活动除了可以传递信息,还富于娱乐、游戏和消遣的功能。赖特、施拉姆等学者均论及过大众传播的娱乐功能,史蒂芬森提出"游戏理论",认为大众传播"使人们沉浸在主观性的游戏之中"③。电视繁荣时期,波兹曼就对这种视觉媒介表达了深深的担忧,他认为在美国日益占据主导媒介地位的电视正在把娱乐变成表现一切经历的形式。这一判断和其背后的忧虑主要来自于两个方面。一是图像自身的特征,即相对于富于理性和秩序、需要运用逻辑思维理解的文字来说,图像显得更为直观,连续的画面更强化了即时感官而弱化了思维的过程。另一方面,信息过剩带来的"注意力市场"竞争驱使电视行业过分追求节目收视率,由于娱乐化的节目更能吸引

---

① 闵庆飞,王彦博. 社会化媒体的影响与应用[M]. 北京:科学出版社,2013:3-4.
② 卡斯特. 移动通信与社会变迁[M]. 傅玉辉,何睿,薛辉,译. 北京:清华大学出版社,2014:182.
③ William Stephenson. The Play Theory of Mass Communication[M]. Chicago :The University of Chicago Press,1967:1.

观众,娱乐化内容超越了其他的内容类型,成为电视节目的主打。

到了移动互联网时代,用户可以更为便捷地参与到传播过程中,于是,各种内容平台对用户的争夺进一步推动娱乐消遣成为这个时代的基本语境。卡斯特指出,娱乐正迅速地成为移动通信的一个重要功能,这种发展趋势主要是由技术驱动的,因为生产商已经学会将更多的功能包装在设备上,商品提供者急切地想提供新产品和新服务以便扩大市场。这种趋势同时也受到移动市场人口统计资料的影响,在大部分地区主要是由年轻人主导,而这些人相比于更年长的一代更容易被移动娱乐所吸引。[1]

在中国当下的互联网语境中,草根化的娱乐消遣语汇几乎已经充斥社交活动的所有场景。"屌丝"成为人们的口头禅,"逆袭"成了潮流的评价方式,"倒写体"又带来了人们愿意把固有的框架打破、重新来一遍的跃跃欲试的心理。在手机媒体社交软件中,娱乐化用语也不断"与时俱进",从"亲,包邮哦"到"扎心了,老铁";从"有木有""感觉不会再爱了"到"你的良心不会痛吗";从"给力""女汉子"到"尬聊""戏精",这些具有明显草根文化特征的网络用语在手机媒体上裂变式传播,形成了互联网信息海洋上漂浮着的一层又一层娱乐化浮沫。

从大约5万年前学会说话以来,人类开始成为智能生物,从此开始了生物学和地理学意义上的大规模集群扩张,信息、传播、媒介也开始不断迭代并影响人类的历史进程。自从人类开始利用自身以外的器物突破口语传播所受的时空束缚以来,每一种媒介都开始自成体系,不断形成媒介与媒介之间的壁垒,建构出媒介系统中的道道樊篱,划分出媒介世界中的一个又一个清晰的边界。

人类历史的发展也是如此。从部落、邦国、民族、国家发展到文明,世界从最早的自由空间,变为了由重重边界划定的空间,无论是地域的有形边界,还是由政治文化经济因素形成的无形边界,到处都是障碍重重,殊难跨越。如何突破地理的、利益的、文化的、心理的各种边界,实现人与人之间的自由交往、沟通和协作,作为一个历史难题,一直考验着人类的智慧。

---

[1] 卡斯特.移动通信与社会变迁[M].傅玉辉,何睿,薛辉,译.北京:清华大学出版社,2014:94.

以跨界、融合作为基本特征的手机媒介，把世界载入了一个快速畅通的信息通道。借助无所不在的连接，手机不仅打通了内容的边界、媒介的边界、信息的边界，也有助于突破个人的、社会的、国家的边界，有助于打破政治的、经济的、文化的边界。在这种打通、融合、裂变、新生的过程中，手机已经极大地改变了人类的生产方式、生活方式和社会结构，影响着人类的心理活动、思维方式以及精神世界。手机改变了历史，它创造了一个全新的贴身随行的智慧文明，我们每个人都可以将这种智慧文明握于掌心，而在与这一文明保持连接之时，我们每个人也成为这一文明中的小小节点。

图书在版编目(CIP)数据

媒介的变迁：从印刷术到互联网/崔林著. -- 北京：中国传媒大学出版社，2020.10
ISBN 978-7-5657-2679-8

Ⅰ．①媒… Ⅱ．①崔… Ⅲ．①传播媒介—历史—研究—世界 Ⅳ．①G206.2

中国版本图书馆 CIP 数据核字(2019)第 292707 号

媒介的变迁：从印刷术到互联网
MEIJIE DE BIANQIAN:CONG YINSHUASHU DAO HULIANWANG

著　　者	崔　林
策划编辑	王雁来
责任编辑	王　硕
特约编辑	景贵英
责任印制	李志鹏
封扉设计	风得信设计·阿东
出版发行	中国传媒大学出版社
社　　址	北京市朝阳区定福庄东街 1 号　　邮　编　100024
电　　话	86-10-65450528　65450532　　传　真　65779405
网　　址	http://cucp.cuc.edu.cn
经　　销	全国新华书店
印　　刷	北京玺诚印务有限公司
开　　本	710mm×1000mm　1/16
印　　张	18.5
字　　数	276 千字
版　　次	2020 年 10 月第 1 版
印　　次	2020 年 10 月第 1 次印刷
书　　号	ISBN 978-7-5657-2679-8/G·2679　　定　价　98.00 元

本社法律顾问：北京李伟斌律师事务所　郭建平
版权所有　翻印必究　印装错误　负责调换